# "神话学文库"编委会

## 主　编

叶舒宪

## 编　委
（以姓氏笔画为序）

马昌仪　　王孝廉　　王明珂　　王宪昭

户晓辉　　邓　微　　田兆元　　冯晓立

吕　微　　刘东风　　齐　红　　纪　盛

苏永前　　李永平　　李继凯　　杨庆存

杨利慧　　陈岗龙　　陈建宪　　顾　锋

徐新建　　高有鹏　　高莉芬　　唐启翠

萧　兵　　彭兆荣　　朝戈金　　谭　佳

# "神话学文库"学术支持

上海交通大学文学人类学研究中心

上海交通大学神话学研究院

中国社会科学院比较文学研究中心

陕西师范大学人文社会科学高等研究院

上海市社会科学创新研究基地——中华创世神话研究

"十二五""十三五"国家重点图书出版规划项目
第五届、第八届中华优秀出版物奖获奖作品

神话学文库

叶舒宪 主编

李永平 ◎ 著

LITERARY ANTHROPOLOGICAL PERSPECTIVES ON THE BIG CULTURAL TRADITION

# 文化大传统的文学人类学视野

陕西师范大学出版总社

图书代号　SK23N1159

**图书在版编目（CIP）数据**

文化大传统的文学人类学视野／李永平著. — 西安：
陕西师范大学出版总社有限公司, 2023.10
（神话学文库／叶舒宪主编）
ISBN 978 – 7 – 5695 – 3660 – 7

Ⅰ. ①文… Ⅱ. ①李… Ⅲ. ①文化人类学—研究
Ⅳ. ①C958

中国国家版本馆 CIP 数据核字（2023）第 110724 号

文化大传统的文学人类学视野
WENHUA DA CHUANTONG DE WENXUE RENLEIXUE SHIYE
李永平　著

| | |
|---|---|
| 出 版 人 | 刘东风 |
| 责任编辑 | 张旭升 |
| 责任校对 | 庄婧卿 |
| 出版发行 | 陕西师范大学出版总社 |
| | （西安市长安南路 199 号　邮编　710062） |
| 网　　址 | http://www.snupg.com |
| 印　　刷 | 中煤地西安地图制印有限公司 |
| 开　　本 | 720 mm × 1020 mm　1/16 |
| 印　　张 | 19.75 |
| 插　　页 | 4 |
| 字　　数 | 295 千 |
| 版　　次 | 2023 年 10 月第 1 版 |
| 印　　次 | 2023 年 10 月第 1 次印刷 |
| 书　　号 | ISBN 978 – 7 – 5695 – 3660 – 7 |
| 定　　价 | 118.00 元 |

读者购书、书店添货或发现印刷装订问题，影响阅读，请与营销部联系、调换。
电话：(029)85307864　85303635　传真：(029)85303879

# "神话学文库"总序

叶舒宪

　　神话是文学和文化的源头，也是人类群体的梦。

　　神话学是研究神话的新兴边缘学科，近一个世纪以来，获得了长足发展，并与哲学、文学、美学、民俗学、文化人类学、宗教学、心理学、精神分析、文化创意产业等领域形成了密切的互动关系。当代思想家中精研神话学知识的学者，如詹姆斯·乔治·弗雷泽、爱德华·泰勒、西格蒙德·弗洛伊德、卡尔·古斯塔夫·荣格、恩斯特·卡西尔、克劳德·列维－斯特劳斯、罗兰·巴特、约瑟夫·坎贝尔等，都对20世纪以来的世界人文学术产生了巨大影响，其研究著述给现代读者带来了深刻的启迪。

　　进入21世纪，自然资源逐渐枯竭，环境危机日益加剧，人类生活和思想正面临前所未有的大转型。在全球知识精英寻求转变发展方式的探索中，对文化资本的认识和开发正在形成一种国际新潮流。作为文化资本的神话思维和神话题材，成为当今的学术研究和文化产业共同关注的热点。经过《指环王》《哈利·波特》《达·芬奇密码》《纳尼亚传奇》《阿凡达》等一系列新神话作品的"洗礼"，越来越多的当代作家、编剧和导演意识到神话原型的巨大文化号召力和影响力。我们从学术上给这一方兴未艾的创作潮流起名叫"新神话主义"，将其思想背景概括为全球"文化寻根运动"。目前，"新神话主义"和"文化寻根运动"已经成为当代生活中不可缺少的内容，影响到文学艺术、影视、动漫、网络游戏、主题公园、品牌策划、物语营销等各个方面。现代人终于重新发现：在前现代乃至原始时代所产生的神话，原来就是人类生存不可或缺的文化之根和精神本源，是人之所以为人的独特遗产。

可以预期的是，神话在未来社会中还将发挥日益明显的积极作用。大体上讲，在学术价值之外，神话有两大方面的社会作用：

一是让精神紧张、心灵困顿的现代人重新体验灵性的召唤和幻想飞扬的奇妙乐趣；二是为符号经济时代的到来提供深层的文化资本矿藏。

前一方面的作用，可由约瑟夫·坎贝尔一部书的名字精辟概括——"我们赖以生存的神话"（Myths to live by）；后一方面的作用，可以套用布迪厄的一个书名，称为"文化炼金术"。

在21世纪迎接神话复兴大潮，首先需要了解世界范围神话学的发展及优秀成果，参悟神话资源在新的知识经济浪潮中所起到的重要符号催化剂作用。在这方面，现行的教育体制和教学内容并没有提供及时的系统知识。本着建设和发展中国神话学的初衷，以及引进神话学著述，拓展中国神话研究视野和领域，传承学术精品，积累丰富的文化成果之目标，上海交通大学文学人类学研究中心、中国社会科学院比较文学研究中心、中国民间文艺家协会神话学专业委员会（简称"中国神话学会"）、中国比较文学学会，与陕西师范大学出版总社达成合作意向，共同编辑出版"神话学文库"。

本文库内容包括：译介国际著名神话学研究成果（包括修订再版者）；推出中国神话学研究的新成果。尤其注重具有跨学科视角的前沿性神话学探索，希望给过去一个世纪中大体局限在民间文学范畴的中国神话研究带来变革和拓展，鼓励将神话作为思想资源和文化的原型编码，促进研究格局的转变，即从寻找和界定"中国神话"，到重新认识和解读"神话中国"的学术范式转变。同时让文献记载之外的材料，如考古文物的图像叙事和民间活态神话传承等，发挥重要作用。

本文库的编辑出版得到编委会同人的鼎力协助，也得到上述机构的大力支持，谨在此鸣谢。

是为序。

# 目 录

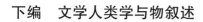

上编

文学人类学理论与方法

# 文学何为？
## ——文化大传统对文学价值的重估

有一种曾经的文化传统,在结构上更宏大,在意义上更深远,在时间上更悠久,它源于原始宗教时代,贯穿于口头传统时代,流淌于经史子集之中,这样一种文化传统是所有文化的根脉,我们谓之"大传统"。在 2012年文学人类学第六届年会上,台湾中兴大学教授陈器文对大传统的界定有以下五点:①长时间的延递;②社会群体的认同;③对个体具有内化作用与制约力;④潜意识的优势合法性;⑤具有人文意义与价值感。① 大传统在历史的延递过程中,其下游会发生沦替与置换,但其本质不会改变。叶舒宪针对中国文化源远流长和多层叠加、融合变化的复杂情况,认为由汉字编码的文化传统叫作小传统,将前文字时代的(没有进入文字记录的)文化传统视为大传统。这样,从文明史的角度判断中国文化的大传统与小传统,有一个容易辨识的基本分界,那就是汉字书写系统的有无。② 本文旨在探讨大传统观对当前文学观念的变革作用。

---

① 根据台湾中兴大学教授陈器文在 2012 年文学人类学第六届年会上(重庆)发言的录音整理。
② 叶舒宪:《中国文化的大传统与小传统》,载《光明日报》2012 年 8 月 30 日,第 15 版。

# 一、文化大传统范式的意义

文化是要靠表述的，甚至我们说，历史上没有被表述的文化就不是文化，但表述方式在历时性的层累之后，后面的表述扭曲、遮蔽乃至与之前的表述分道扬镳，"大传统"概念的提出就是对人类表述方式之一"写文化"的深刻反思。历史上文明古国因为民族更替，历史被层累覆盖，遭受殖民统治的民族国家"集体失语"，殖民心态使他们在表述民族文化传统时，经历再遗忘和再选择，在被话语围困的处境中很难再有突围的视野、勇气和魄力。

文字产生以后，书写媒介参与了话语权力的分配。媒介权力的文化表述面目繁多：书写媒介霸权以"白纸黑字"的表述，参与了真实与虚构的话语实践，历史叙述已经习惯性地把没有文献叙述的事件和历史看成子虚乌有，把没有文字的民族看成"低级""原始""野蛮""蒙昧"的民族。历史学确立了依据文献史料判断历史叙述真实性的真理观，然后又依据这种真理观否认口述历史和民间历史的真实性，从而否认其作为历史叙事的权利。

经由国家权力和书写、印刷等媒介技术的整合，书写叙述又成为"想象的共同体"必需的建构链条。口传时代和信仰紧密关联的口耳相传的口述事实，即便记录下来，仍然被书写媒介规制、筛选，要么被抬升成为经典，要么被断裂、遮蔽，被遗忘为"神话""传说"，甚至"志怪"。来自人类学、考古学反思的大传统范式，在一定意义上，超越西方现代性的魔咒、书写媒介和身份遮蔽，重新以整体宏观的眼光理解包括华夏文明在内的世界各国文明的起源及其关系。

在传统的自觉上，民族国家亟须一场多元文明、多元文化价值、本土文化自觉的转型和启蒙，所以在这个意义上，大传统的文化观，从后现代知识观出发，自觉认同后殖民批判的立场，把无文字民族的文化遗产和文化传统看成和文明传统一样重要①，引领民族国家最大限度地摆脱现

---

① 叶舒宪、阳玉平：《重新划分大、小传统的学术创意与学术伦理：叶舒宪教授访谈录》，载《社会科学家》2012 年第 7 期。

代性话语权力规制,实现思想和文化的再启蒙。大传统把文学还原到原初的文化环境中,对文学的理解和文学观念革新的价值和意义同样可圈可点。

## 二、文化大传统视野下的文学观念革新

### 1. 重建文学的知识谱系

视野决定境界,大传统所引领的是人文学科走出书斋,走进田野,眼光向下,重视民族、民间活态的口头传统范式;是在后现代真理观的推动下,本土文化自觉和学术范式变革的表现。口传文化和物叙事超越文字拘牵,更能舍筏登岸,复原远古以来人类文化发生发展的真实语境及其形态。这与文化研究多重证据所呈现的文化表达形成立体关联,所以是对文学谱系的重新思考和全新定位。

大传统之于文学最值得重视的是对口头传统的再发现。这使得对文学的理解重新还原最初的"多媒体"场域,在原初的视、听、仪式等空间场域中,立体式、聚焦式地还原文学发生的第一现场。长期以来,后起的文字媒介小传统对文学筛选、扭曲、祛魅、矮化,以致圆凿方枘,所造成的遮蔽显而易见。考索《圣经》的形成史、荷马史诗传播史,细读藏族史诗《格萨尔》神授艺人嘎藏智化的实地采访录音,文字媒介所承载的文学只是漫长得多的口头传统的规训和固化。从比较文化的角度或人类学、民俗学的立场看待国学之原典由来,我们惊讶地发现,原来被抬高到"经"的所谓圣人之书,其实大都是靠口语传承下来的,是口头叙事,而非书写文本,更不是后代意义上的书本。《周礼》中有数以百计的盲官在朝廷官府担任着传承礼乐文化知识的要职,他们和古希腊的盲诗人荷马一样,具有听觉发达、超群的特征,这绝不是巧合现象,而是前文字时代人类的普遍现象。[①]

透过今天几乎所有文学现象的纸背,沿波讨源,见微知著,就像宇宙学

---

① 叶舒宪:《国学考据学的证据法研究及展望:从一重证据法到四重证据法》,载《证据科学》2009 年第 4 期。

家通过测量宇宙微波背景辐射来推断宇宙大爆炸一样,大传统就是要通过民俗、仪式、口头程式、宗教观念等文化事项捕捉该事项第一现场发出来的声波。大传统观念,以元学科的立场,不仅动用文字小传统编码,更动用文化事项中的占星术、天文历法、考古发掘、宗教信仰等成果,使得长期被学科分离所规制的支离破碎的文化重获整体感。文化大传统下的文学不再是只见树木不见森林的"技术科层"之学,作为连续性的文明,中国学问只有问学门径的不同,没有具体学科的分野。这意味着文学批评家向人类学家学习田野作业的考察方式,尝试从交往和传播情景的内部把握口传到书写的文学谱系变异,以及由此而产生的信息缺失、传达变形、阐释误读和效果断裂。

大传统还原文学演进谱系,对口语诗学的回归,其意义正如美国学者弗里所言,使长期沉浸在书写和文本中的人们"重新发现那最纵深的也是最持久的人类表达之根",为"开启口头传承中长期隐藏的秘密,提供了至为关键的一把钥匙"。① 且不说中国传统的累积小说,今天各民族的诗史传唱、民歌民谣、说唱性展演本身就是次生口头传统,就是中国早期的文字文献《尚书》《论语》《老子》同样来自于口头大传统。② 对口传文化的发掘,使得文化溯源工作在材料搜罗和比较上,接续上世纪初的歌谣运动发出"口语诗学"之新声,再次引领知识界从文艺到学术的"民间转向",口语诗学从日常生活而来,又重回民间,重回多元文化生态,与视觉叙事在"声像相求"的互文中求索真理。③

2. 重建文学人类学意义上的文学史观,重绘中国文学地图

长期以来,中国文学史的编写仍然贯穿着本土的儒家"夷夏之防","华夏/四夷"二元对立的中原中心文化观念,以及现代西方"民族"观念建

---

① 约翰·迈尔斯·弗里:《口头诗学:帕里-洛德理论》,朝戈金译,社会科学文献出版社2000年版,作者中译本前言第5页。
② 叶舒宪:《孔子〈论语〉与口传文化传统》,载《兰州大学学报》(社会科学版)2006年第2期。
③ 徐新建:《全球语境与本土认同:比较文学与族群研究》,巴蜀书社2008年版,第308—309页。

构起来的权威的、不容置疑的"文学"及"文学史"的书写观念。大传统建立文学人类学意义上的文学观:一是对中国文化多源构成的分析及对"少数民族文学"价值与地位的再重估;二是通过探讨多民族文学史观问题,提出文学人类学意义上的文学史观念构架。叶舒宪提出了中国文化及文学的传播路径:红山文化—河西走廊和氐羌—藏彝走廊及其发生源流,据此重构了从熊图腾神话到鲧、禹、启的文学叙事,从《山海经》昆仑玉神话叙事到《红楼梦》玉叙事,从《穆天子传》到《西游记》的"西游"范式,等等。

对口语文化及其多元文学形态的重视,对神话、少数族裔、边缘、弱势族群文化的关注,从多元族群关系互动的角度提出"多民族文学史观"及"重绘中国文学地图"的努力,既显示出在华夏的边缘——那些文化交汇碰撞的连接地带——多元文化景观的连接碰撞和融合,又反思西方中心论、中原中心论、汉族中心论、汉字崇拜及书写媒介专政等。

"多民族文学史观"在价值立场上解构西方中心主义;在地理空间上解构中原中心论,是对现代性立场上的文本中心论的批判反思,其价值指向是在文学人类学立场上的多元文化对话及文学史重建,最大限度体现出中国文学内部的多样性和丰富性。①

3. 对文学功能的反思

以往认为文学有认识、教化、消遣娱乐、宣泄等功能,大传统观念对文学功能问题的阐释,追溯文学的治疗和禳灾等原初的文化整合功能。文学叙事的治疗途径在于"回归大传统",即回归文学传统中历久弥新的叙事程式和认知模式,让作家文本叙述建构起的符号世界和读者的阅读想象世界,回归以往的人类经验和文化传统,以求获得对现实问题的理解框架,找到所依赖的价值评判体系,解决现实世界中因身份虚弱、身份冲突、单一身份执着等问题引发的自我确立困难,获得稳定的文化支持和身份认同,还主体一个明确的自我,达成认知协调,由此消除个体内心生活的障碍,维持

---

① 叶舒宪:《本土文化自觉与"文学"、"文学史"观反思:西方知识范式对中国本土的创新与误导》,载《文学评论》2008 年第 6 期。

身心、个人和社会之间的健康均衡关系，从容应对突发事件，抚平心理创伤。① 所以，文学在社会人类学意义上的功能发挥和在个体心理、社会心理意义上的情绪、情感的宣泄和满足是统一的。

大传统的文学治疗功能在个体生理、心理和族群文化传统之间建立了双向关联，并和以往的文学认识、教化、消遣娱乐、宣泄等功能说形成了认识上的统一。这一点叶舒宪最新提出的文化传统的 N 级编码理论给出了进一步的研究。他认为，把一万年以来的文化文本和当代作家的文学文本之关系，可归纳成"N 级编码体系理论"。从"大传统"到"小传统"，可以按先后顺序，排列出 N 级的符号编码程序。无文字时代的文物、图像，充当着文化意义的原型编码作用，可称为一级编码，主宰这一编码的基本原则是神话思维。汉字的形成是二级编码或次级编码，其中发挥的是音、声、意、形之间引譬连类的关联性创造力。三级编码指早先用汉字书写下来的古代经典。今日的作家写作，处在这一历史编码程序的顶端，称之为 N 级编码。N 级编码和元编码之间的能级关系是：谁善于调动程序中的前三级编码，尤其是程序底端的深层编码，谁就较容易获取深厚的文化意蕴，给作品带来巨大的意义张力空间。这也就很好地解释了掌握博大精深的文化传统对一个作家的意义，同时也暗合了荣格集体无意识的原型理论。

人类两大基本表述系统对应着治疗的两种基本类型：抒情、叙事传统。抒情诗歌的治疗主要是"唱咒诗治疗"，其疗效的发生主要在于激发语言的法术力量；叙事治疗的疗效来源于幻想的转移替代作用。②

### 4. 对神话价值的再认识

我们今人神话观的主要窠臼，就是以貌似合法并且权威的方式将文史哲割裂开，形成现代性学科制。从文学学科看，神话仅是文学想象源头，被看作"幻想""虚构"或"子虚乌有"；在学科内部，神话则被归入与书写经典文学相对的，不登大雅之堂、下里巴人的"民间文学"。从历史学科看，

---

① 代云红：《中国文学人类学基本问题研究》，云南大学出版社 2012 年版，第 228—229 页。

② 叶舒宪：《文学治疗的民族志：文学功能的现代遮蔽与后现代苏醒》，载《百色学院学报》2008 年第 5 期。

神话是"伪史",是科学的历史观的对立面。因之,严谨的学人唯恐避之不及。从哲学学科看,神话是非理性的孪生兄弟,因而成为理性的对立面。要建立"逻各斯"(logos)的权威,必须从哲学王国中将"秘索思"(mythos)和诗人幻觉等统统驱逐出去。①

文化大传统的范式,把神话概念从现代性的学术分科制度的割裂与遮蔽中解放出来。我们知道,信仰时代的叙述大都是从神话框架开始的,以往神话被认为是文学的一种,大传统视野绝不简单地把神话形式理解为文学。人类早期的认识和信仰的全部表现为神话叙事,所以神话成为后世认识史前文化和当今精神家园最重要的门径,神话叙事留给人类精神以无比丰富的原型意象和符号资源,其超学科的潜在能量绝不能被人为的学科设置遮掩,正如坎贝尔所言,"我们赖以生存的神话"②。

对于神话阐释有两个原则。第一,对文学原初的神话叙述。在理性中心的影响下,无论是《圣经·旧约》中的希伯来历史,还是《春秋》和《史记》,都距离现代人所设想的"客观"历史或"历史科学"十分遥远。但从大传统所倡导的功能主义角度来看,神话叙述都是广义社会结构的组成部分。按照弗莱的看法,文学从属于神话,而非神话从属于文学。若考虑到神话与宗教信仰和仪式活动的原初关联,则神话的概念要比文学的概念宽广。神话所反映的原始思维中的心理和情感,对社会结构和功能的有序运作至关重要。第二,在写实层面上,神话的深层结构隐喻着无意识的认知秩序,这种秩序是一种普遍的思维模式。由神话开启的文学叙述是一部人类精神的秩序建构与疗救(即恢复秩序)史。

神话表达、激发、拓展了人们对世界进行的现实描述,相对于科学家那种单一的物质世界里的真理来说,神话式的真理,更加具有道德上、价值观

---

① 叶舒宪:《中国的神话历史——从"中国神话"到"神话中国"》,见叶舒宪著:《金枝玉叶:比较神话学的中国视角》,复旦大学出版社 2012 年版,第 40 页。

② 叶舒宪:《神话学文库总序》,见叶舒宪编选:《神话-原型批评》,陕西师范大学出版总社有限公司 2011 年版,第 2 页。

念上及显著的宇宙观上的意味。①

在德国哲学家雅斯贝尔斯所言的"轴心时代",中国、印度、以色列、希腊都发生了"哲学的突破",又都同时出现了诗歌,体现出了精神发展的普遍性。② 而中国的"礼乐文明"传统中还有"巫"的成分,但儒、道、墨三家都不约而同地克服了"巫"的余威,但同时又把"巫"的内核收归于文化传统的"心"中。考释早期儒家文明的起源,仪式唱诵由瞽矇等神职人员担任瞽矇交通人神,神权衰落后,他们成为乐师和史官。官学失守后,瞽矇流落民间成为盲艺人或算命先生。在神圣的祈禳仪式上,"祭祀王"进行沟通人神活动所采用的祝、颂、咒语、演剧等形式,是文学最早的意识源头。诗为"寺人之言"③,祭祀禳灾仪式是诗乐舞等文学艺术早期产生的场域。

后世叙述文学由通神祝颂赞等活动的声教转化为对族群英雄祖先事迹"出生入死"的仪式性反复吟诵,长期累积为口头程式,在集体记忆中逐渐叠加为传统,用以教化族群,凝聚族群力量,实现族群认同。

5. 对文学视野的开拓

文化大传统观念下的文学人类学模式分析法对文学的分析,犹如乔姆斯基"转换生成语法"对语言的驾驭和分析:世界上面貌繁多、千变万化的各种语言是由深层模式高度统一的结构转换生成的。因之,不同民族国家文学的"具体语法",在不同文化的深层具有一种"普遍语法"结构。文化大传统视野下的文学,在历时性的材料上古今中外"一网打尽",在释古方法上实现多重证据立体聚焦。和下象棋一样,棋局再千变万化,都必须遵

---

① 在后现代大传统的视野下,知识并不只限于自然法则下的理性和物质世界,而是存在各种各样的知识:在他人中间存在经验性的知识、修辞型的知识、隐喻的知识、社会的知识及道德和审美上的知识。关于确定性和多变性的想象在神话中扮演了重要角色,具有明显的政治含义和社会含义。神话通常表达了特定的政治观点,有别于一般的权力模式的规约。通过这样的安排,就能够清晰地描绘出特定模式的恰当性和畸异性。参见奈杰尔·拉波特、乔安娜·奥弗林:《社会文化人类学的关键概念》,鲍雯妍、张亚辉译,华夏出版社 2009 年版,第 264—265 页。
② 卡尔·雅斯贝尔斯:《历史的起源与目标》,魏楚雄、俞新天译,华夏出版社 1989 年版。
③ 叶舒宪:《诗经的文化阐释:中国诗歌的发生研究》第三章"诗言寺——尹寺文化与中国诗的起源",湖北人民出版社 1994 年版。

守基本规则。文学人类学的"文化模式"原则中蕴含着"普遍语法"这一基本规则的影子。

文学人类学的理论先导"人类学诗学"和"民族志诗学",是西方用来解构自古希腊亚里士多德以来占据西方思想统治地位的"诗学"观念,使当今文学理论的概念能够真正涵盖并有效阐释现存人类数千种族群活着的多媒体表演情景中的文学及其文化传统。从这一意义上看,大传统的文学人类学立场首先是民族的,因为该理论蕴含了保护人类文学的多样性存在,特别是众多的无文字社会的文学存在,同时也能够更加突出现象学意义上的文学认识,抢救在全球化浪潮冲击下陷入失语状态的原生态文学。其次,又是世界的,是比较文学与世界文学的,因为在包罗万象的民族文学背后,该理论试图探考其普遍的、永恒的逻辑规律和语法结构。[①]

加拿大文艺理论家提出"原型"概念,旨在从文化传统和历时性演变的角度探讨文学主题的发生和发展。在文化大传统的观念支配下,探讨不可经验的、但又实际存在并支配、决定着千变万化的文化表象下的深层结构模式,除一般意义上的文学外,把仪式、民俗、梦境、宗教等学科结合起来,在跨学科视野中对人类象征思维这种深层模式做出合理的发生学阐释,力求在主体——人的(思维)心理结构和客体对象的结构之间的对应关系中,把握原型生成及转换的规律性线索。[②] 因之,大传统对文学的把握是文化的、整体宏观的、大视距的,本身包含着比较文学的内核与视界。

### 三、文学大传统与小传统的视域统一

文化大传统的文学观念必须处理好大传统和小传统的关系。由文字承载的文学形式可谓异彩纷呈、面目多样。如果说大传统是文字产生以前的传统,那么无文字的大传统文学和由文字记录的文学及其"小传统"之

---

① 叶舒宪:《从"世界文学"到"文学人类学":文学观念的当代转型略说》,载《当代外语研究》2010 年第 7 期。

② 叶舒宪:《引言:文学的人类学研究》,见叶舒宪:《英雄与太阳:中国上古史诗的原型重构》,陕西人民出版社 2005 年版,前言第 3 页。

间的逻辑关联是什么？其中间环节又是什么？

　　文化大传统中的口头传统是人类文化的表达之根，书写传统继承了它文类的丰富性。众所周知，口头表达的历史大约在 12 至 20 万年之间，书写的历史与之相比极为短暂。然而，书写传统的媒介特性在近两千年来获得了话语霸权，从而替代口头传统挤占了文化表达的主流空间。这种现状容易给当今学人造成一些片面的理解：一种是脱离两种表述传统存在的文化环境去理解彼此的历史地位，厚此薄彼，有失公允；另一种是在理解两种文化传统时，缺乏一种动态的、演化的、历时性的眼光。

　　笔者认为，把大传统视野下的文学区分为两个方面：一是前文字的口头传统，二是与文字书写传统并行的口头传统。在前文字时代，二者是历时性的关系；在文字时代，二者存在共时性关系。研究前者主要靠文物、图像和遗址、口头神话等，研究后者主要靠仪式、民俗活动中的口传叙事等。

　　西方荷马问题的研究给我们回答二者统一的问题提供了思路。神话思维的原编码转化为口头传统，口头传统中埋藏着神话叙事的深远之根。那些"积极传统的携带者"，运用传统性指涉，在"表层结构上"与表演场景相表里，极大地调动属于个体特性的语言天赋；在"深层结构上"又谙熟与神话叙事等文化传统铆合最为紧密的结构、主题等程式化表达，正如纳格勒所言："在演唱的瞬间，如自然流泻一般，使继承而来的传统性的冲动，得以独创性的实现。"[1]

　　大传统中的"口头传统"和"小传统"所表现出的"书写文化"是文化传统的两个极端，二者之间存在许多"过渡性文本"。程式出现的频度，在实践中往往成为判定诗歌是否具有口头起源的指数。当一个文本的程式权重超过 20% 时，我们一般认为这一表达源于原生口头传统。[2]

　　前文字时代，和荷马史诗一样的口头叙事诗的表演创作者大多是文

①　约翰·迈尔斯·弗里：《口头诗学：帕里－洛德理论》，朝戈金译，社会科学文献出版社 2000 年版，第 262 页。

②　约瑟夫·达根在《罗兰之歌：程式风格与诗学技巧》一文中使用电脑技术进行量化研究。参见约翰·迈尔斯·弗里：《口头诗学：帕里－洛德理论》，朝戈金译，社会科学文献出版社 2000 年版，第 250 页。

盲,他们吟诵的诗歌韵律规整、套语众多。也就是说,创造了辉煌的神话、诗史和传说的口头大传统在演变为小传统的漫长过程中,形成了大量套语和程式。这些标准化的套语围绕一定主题形成一些群落,其主题有:议事会、调兵遣将、对垒叫阵、英雄的盾牌、英雄的战马、轮回、最后的审判、世界末日等等。① 其中最核心的母题和文人书写文学传统相互参照,彼此牵连,形成一个潜力无限的开放网络,以此构成文本过去、现在、将来的巨大开放体系和文学符号学的演变过程。

大传统给书面文学提供了土壤和营养,不同民族的书写文学诞生于大传统时期的"巫术－宗教意义的神圣空间",而这种源于长期社会实践的审美活动,积淀了人类诞生以来所有智慧,形成的原型意象贯穿于如今大大小小的文学主题之中。书写传统和口头传统之间存在明显的张力,学习读书写字会使口头诗人的创作逐渐具有脱离神圣空间和信仰的倾向,从而丧失创造力。读写能力产生的文本观念也远离了文学艺术的初衷,这对口头诗人的叙事起着一种潜在抑制作用,甚至直接干扰口头传统过程。②

前文字和非文字的大传统和以书写为特点的书写传统之间的过渡形态是"次生口头传统"。从这个意义上讲,文化的 N 级编码逻辑中元编码不仅是无文字时代的文物、图像,还应该包括"祝""颂""赞"等人类早期的音声形态的"祭坛古歌";二级编码不仅是汉字,还包括其语言表音系统;三级编码是汉字书写的早期经典和次生口头传统。这一点从叶舒宪对蛙神创世神话的信仰背景的研究中可以体察到。③

进入口语文化的研究领域的人类学家,他们吸收了米尔曼・帕里、阿

---

① 沃尔特・翁:《口语文化与书面文化:语词的技术化》,何道宽译,北京大学出版社 2008 年版,第 16 页。

② 沃尔特・翁:《口语文化与书面文化:语词的技术化》,何道宽译,北京大学出版社 2008 年版,第 45 页。

③ 按照"蛙"思维文化编码列举:一级编码,物与图像(兴隆洼文化石蟾蜍/良渚文化玉蛙神);二级编码,文字(汉字"蛙"与"娃"的同根同构);三级编码,古代经典《越绝书》蛙怒,台湾赛夏人蛙祖神话;N 级编码:后代创作,从《梨俱吠陀》颂经之蛙、《聊斋志异》蛙神,到莫言《蛙》。叶舒宪:《从女娲到女蛙:中国的蛙神创世神话及信仰背景》,见叶舒宪:《金枝玉叶:比较神话学的中国视角》,复旦大学出版社 2012 年版,第 49—61 页。

尔伯特·洛德、哈弗洛克、沃尔特·翁、约瑟夫·达根、格雷戈里·纳吉等学者的研究成果,认为迄今为止,从巫术到科学的转变,或者从所谓"前逻辑"到日益"理性"的意识的转变,所有这些标签都可以用口头演述、音声文本、书写口头诗歌、诗人创作的各阶段的大脑"两院制"属性演化来解释,而且这样的解释既言简意赅又切中要害,令人信服。①

　　文学大传统和小传统界定的意义在于把文学批评置身于文化人类学的视野中,从文化演进的"田野"出发,从交流和传播的角度,来认识判断从口传到书写的文本变异,经典形态与过渡形态,以及由此而来的信息缺失、变形、阐释误读等等。

---

① 沃尔特·翁:《口语文化与书面文化:语词的技术化》,何道宽译,北京大学出版社2008年版,第21—22页。

# 探案式逆推与"N 级编码"、"N 重证据"、多重解码

　　著名学者叶舒宪反向并批判性地使用了雷德菲尔德对文化传统的划分,重新把前文字时代(和文字时代没有进入文字记录的)的文化传统确立为"大传统"。[①] 在此基础上,叶舒宪从历时性的文化编码逻辑提出"N级编码体系理论",认为把一万年以来的文化文本和当代作家的文学文本之关系,可归纳成"N 级编码体系理论"。从"大传统"到"小传统",可以按历时性先后顺序,排列出 N 级的符号编码程序。无文字时代的文物和图像,充当着文化意义的原型编码作用,可称为一级编码。文化符号汉字的形成,是二级编码或次级编码。三级编码指早先用汉字书写下来的古代经典。今日的作家写作,处在这一历史编码程序的顶端,称之为 N 级编码,

---

① 在《农民社会与文化》(1956)一书中,雷德菲尔德将复杂社会中存在的层次不同的文化传统分为"大传统和小传统",大传统指代表着国家与权力、由城镇的知识阶级所掌控的书写的文化传统;小传统指代表乡村的,由乡民通过口传等方式传承的大众文化传统。叶舒宪先生则提出对雷德菲尔德所谓的"大传统"与"小传统"进行重估,在《中国文化的大传统与小传统》的演讲中他强调,"可以把由汉字编码的文化传统叫作小传统,将前文字时代的文化传统视为大传统",并提出"大传统的神圣物崇拜及其神话观,为汉字发生奠定了重要的原型编码基础"。参见《光明日报》2012 年 8 月 30 日,第15 版。

谁最善于调动程序中的前三级编码,尤其是程序底端的深层编码,谁就较容易获取深厚的文化蕴含,给作品带来巨大的意义张力。①

"N级编码体系理论"的重点和难点在于通过编码分级,确定原型编码,即进入由物叙事和图像叙事为代码的原型观念编码,它在文化意义生成上具有基础性地位,通过原型编码,文化在历时性的阐释和生成中引譬连类、相互关联,具有动态和相对稳定的特点。在此基础上,基于多重证据,逆时倒推,通过解码,一网打尽,揭橥纷繁复杂的表象背后的历时性文化事项编码的规律和本质。

从时序上看,求证文化事项本源的过程和文化事项的历时性编码的方向是相对的。认真推求,我们发现,和历时性的"N级编码体系理论"相对应的应该是N重"证据"。叶舒宪教授2005年提出"四重证据"②,笔者认为和历时性的"N级编码体系理论"相对应的应该是捕获"N重证据"。四重证据所勘验的是视听经验渠道上的证据,从理论上讲,技术的进步,使得人类有获得超越"感觉经验"的"超视距"证据的可能。所以"N重证据"是针对文化事项发生场域,打通人体的各个感官领域,基于多重技术、多重媒介的证据整合,即全息证据。中医诊法在感官经验的"望""闻""问"之后,对"病案"动用整体全息的"切"诊法便是一例,其目的就是不遗落视听感官经验之外的证据。这样,就实现了在信息捕捉上的全息式"通感"证据新格局,这里面也包含各种科学方法所产出成果的整合。

## 一、大传统文本与"N级编码理论"与"N重证据"

我们知道四重证据有传世文本叙事,文字文献、域外汉籍等历史文献;出土或传世的文物、实物(器物铭文、帛书、文书、汉简、殷墟甲骨文字、敦煌塞上及西域各地之简牍、敦煌千佛洞之六朝唐人所书卷轴、内阁大库之

---

① 见2012年11月14日叶舒宪在鲁迅文学院的讲座纲要《哈利·波特的猫头鹰与莫言的蛙》,载《能源评论》2013年第2期。

② 叶舒宪:《第四重证据》,载《文学评论》2006年第5期。

书籍档案、中国境内之古外族遗文等)文本叙事;口传叙事与仪式礼俗等民俗或民间文学资料(神话传说、口述历史、口头史诗等非物质文化遗产);图片图像数据,包括出土或传世的历史图片、插图、版画、年画等等。四重证据对应的是人类学"写"文化的五种叙事:文字叙事(一重证据,二重证据);口传叙事(三重证据);图像叙事(四重证据);物的叙事(四重证据);仪式(礼乐)叙事、仪式展演(三、四重证据)。

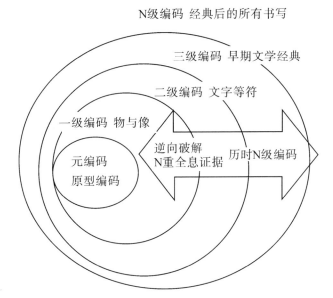

**图 1　N 重证据与 N 级编码示意图**

其实可以把四重证据扩展为 N 重证据。一重证据为传世文献;二重证据为出土地下文献,即利用地下新出土的文字、文献材料来印证、补充或者纠正传世文献的方法。从知识/权力的公式来判断,地下的文字材料和传世文字材料在媒介意义上具有同等性质,其实都是书写权力的某种体现。三重证据是民间地方流传的口传与身体叙事;第四重证据包括考古发掘或者传世的古代文物及其图像,包括今人所称"美术考古"的各种对象和资料;第五重证据,比如民俗仪式(礼乐)叙事、仪式展演。我们发现多重证据理论都是建立在视听等知觉经验基础上的,但就像灵感和直觉同样是知识传统一样,证据也存在超越经验基础上的全息式证据,所以我们把第 N 重证据可称为超视距的多维全息证据。中国文化传统是整体思维模式,在破解文化事项上,随着观念的进步和分析方法的日益精进,譬如分子遗传学方法、加速器质谱法、热释光测年法、电子自旋共振测年法、古天文历法等等①,最终要探求整合为全息证据。笔者认为,随着人类认识层次的提高和求证水平的提升,和"N 级编码一样",也存在求证失落的文化记忆的"N 重全息式证据",就像通过香水就能逆推它合成的所有成分和工艺一样,通过全息证据可以推演还原第一现场。

不难看出,N 重证据与 N 级编码是以不同认识标准,按照大传统视野对文化事项的重新归类,N 级编码的前三级都是搜寻四重证据所需要的"线索",只不过在证据效力上划分了三个能级,"N"级为符号的大量当代文本,成为四重证据最为集中的文化文本。可以说,四重证据法与 N 级编码都是基于新观念、新视野,针对新材料对文化事项探寻这一新问题做出的相应理论探索,是文学人类学问题导向的新的理论建设。

在波普尔看来,科学知识的积累和知识谱系的更新是在不断解决问题的过程中完成的。科学始于问题的探究。对问题 P1,人们首先提出假说尝试性解决。然后,再对这一假设进行严格的检验,通过证伪来消除错误,进而产生新的问题 P2,如此反复,探索愈来愈深入、广泛,对问题做尝试性解决的理论的确认度和逼真度也愈来愈高。根据这一模式,人类知识的积累应当被看作是新理论代替旧理论的质变。我们追溯文化事项本源,其间所遇到的问题即"谜团",引领我们发现探究未知领域。正如托马斯·库恩认为的那样,成功的人都是解谜专家。从个体的角度,未知领域是人前进的动力。文学人类学理论探索也遵循了这一模式,这一理论的形成过程中伴随着新观念、知识和方法。这一知识谱系的生产和知识积累正是波普尔所说的问题导向式的。②

叶舒宪教授在比较神话学的层面上,通过原型编码神话类推探寻中华文明起源问题,将文化意义的确认建立在多元文化文本及其互文关系的基

---

① 美国卡洛斯出版集团:《尖端科学:追寻我们的祖先》,小多北京文化传媒有限公司编译,广西教育出版社 2012 年版,第 11—12 页。

② 赵敦华:《现代西方哲学新编》,北京大学出版社 2001 年版,第 202 页;托马斯·库恩:《科学革命的结构》,金吾伦、胡新和译,北京大学出版社 2012 年版,第 30 页。

础上,寻求当代社会事项之远古神话历史的文化基因。在此基础上,全方位综合使用迄今可以得到的多重证据,重构失落的文化传统,整合失落的集体记忆。如果从时序上看,这一过程是一个和顺时文化编码相对的过程。

和顺时文化编码相对,我们可以把追寻文明起源这一"解码"过程用刑侦"破案"来做一个类比。虽然从时间序列上,两者是相向而行,编码是由远古延伸向今天,而侦破文化编码疑案则是从今天的"N 级编码"逆时倒推向远古,但是二者的逻辑都是一样的,即解码必须准确地把握编码的思维逻辑和结构,为了直达真相,在目前的技术条件下,必须从最基本的元编码入手才能逆时解码。探讨中国思维,发现两者背后的思维模式竟然与中国传统知识分子的人生实践相一致。所以以探案思维去理解 N 级编码和多重证据的解码,对许多问题的理解将更为简化和直观。

从"证据""质证""比勘""断案""考据""考证""辨证""辨伪"等词汇上看,这些迄今为止仍然影响深远的国学研究方法和法官判案工作在思维方式上相关联。众所周知,古代科举录取的知识分子大都要在州县等基层一级官府料理民间诉讼。能否审定诉讼双方的证言、人证、物证,做出公平公正的裁量,是衡量这群朝廷命官称职与否的重要内容。刑名狱讼和国学考据的历史关系注定了由这样的一个群体世代传承下来的国学,也就理所当然地将判词"考据""考证"之类作为穷本溯源式知识生产的基本术语。[①]胡适先生在《考据学的责任与方法》一文中对传统知识人受惠于判案实践经验的现象做过生动的描述:"史学家用证据考定事实的有无和真伪,与侦探访案、法官断狱责任的严重相同、方法的谨严也相同","我相信文人审判狱讼的经验大概是考证学的一个比较最重要的来源"。[②] 善于考据的

---

① 叶舒宪:《国学考据学的证据法研究及展望:从一重证据法到四重证据法》,载《证据科学》2009 年第 4 期。

② 胡适认为,以前考据学的工作和法官谨慎的断案过程相比,缺乏严格的指证、认证过程。他提出用证据法去审核考据学。证据法是在实际操作中积累下来的一套逻辑清楚的甄别方法。在法庭上不管是什么刑事案件,指控方都要提出证据。这些罪证将来要作为认定犯罪事实的依据,在庭审过程中有质证、认证、采信、不采信及证据排除等环节,整个过程相当严谨。参见胡适:《考据学的责任与方法》,见欧阳哲生编:《胡适文集 10》,北京大学出版社 1998 年版,第 193、195 页。

的明鉴断案:褒见一字,贵逾轩冕;贬在片言,诛深斧钺。

同时,探究两者的真相所依据的证据都必须超越文字小传统的局限。人类不是因为有了文字书写才开始认识和表述世界的。众所周知,口头表达的历史大约在 12 至 20 万年之间,书写的历史与之相比极为短暂。早期表述中的口头传统是人类文化表达之根。然而,书写传统的媒介特性使其在近两千年来获得了话语霸权,从而替代口头传统挤占了文化表达的主流空间。这种现状使当今学人容易脱离两种表述传统存在的文化环境去理解彼此的历史地位有失公允;在理解两种文化传统时,缺乏一种动态的、演化的、历时性的眼光。①

追寻文明起源的文化事项和探案一样,需要发掘那些被遮蔽的、被埋没的,或者曾经发挥过重大历史意义的"表述",找到进入前文字时代世界的方法。所不同的是,"破获"枉法案件的工作往往距离发案时间短,有关案件的线索在理论上容易取得。而追溯破解一万年以来的大传统视野中的文化事项,往往因为追溯的时间跨度太大而增加了破解的难度。同时侦查探案的终点在于破获案件,对文化事项"案件"发生背后文明发生的地缘要素、社会心理根源、早期文明交往关系等一套价值体系的发掘,是文明探源和文化符号资本发掘所要追溯的核心任务。

理论上讲没有不能破解的"案件",前提是在时间上的成本足够大,破案成本足够高,态度足够虔诚,技术足够发达。因为这些都会影响获取破案信息的层次和数量。试想一下,137 亿年前,宇宙大爆炸事件在没有高端探测设备和宇宙理论支持的情况下,无论我们怎么言之凿凿,"宇宙大爆炸"都只能是一种假设。在不具备材料或技术装备的情况下,我们提不出要解决的问题,或者找不到"侦查"的方法,或者捕捉不了"铁证"。当我们的技术达到能探测哈勃膨胀,能对宇宙微波背景辐射进行精细测量,掌握宇宙间轻元素的丰度,对宇宙大尺度结构和星系演化能准确观测,我们才由此推论,宇宙本是存在于 300 亿年至 230 亿年前的集中的一个点,这

---

① 李永平:《文学何为? 文化大传统对文学价值的重估》,载《思想战线》2013 年第 5 期。

就是宇宙大爆炸理论来源。

同样,南宋法医学鼻祖宋慈所判的亲子鉴定案件,依靠检滴骨亲法,谓如某甲是父或母,有骸骨在,某乙来认亲生男或女,何以验之?试令某乙就身刺一两点血滴骸骨上,是亲生则血沁入骨内,否则不入①。很难还原到真相层面。而今天的亲子鉴定技术,证据提取在分子水平上,依据遗传编码比对锁定,使得这类案件能实现百分之百回归事实判断。基于这一推理,笔者认为,只要技术足够强大,我们就可以"全息化"地逆向捕捉并破解包括案发现场空气中的微粒和遗留的各种气味等在内的 N 重编码的所有信息,重新还原现场,像穿越时空逆时播放现场"影像"一样回到事实真相。

我们完全可以把"解码"理解成"编码"的逆向过程。犯罪嫌疑人作案过程和反侦察证据灭失,发案现场转移,案发以后的现场扰动,是在历时性的线性时间中完成一系列"编码"行为,而侦破案件的过程本质是依照勘验发案现场,区分非案发原始痕迹,提取发案遗留的蛛丝马迹(信息编码)进行逆推,沿波讨源,尽力实现"N 级解码",还原发案过程,倒逼真相。作案和破案、编码和解码两者的思维模式是相向的。

这里有一点,在直达真相问题上,一方面,解码能力的大小和人类某个阶段的认识能力、证据收集水平相适应。南宋的法医学家不会想到做 DNA 检测,所以对现场的痕迹收集不会精准到分子水平上。另一方面,解码未必要遵循编码的路径,有超越路径解码的可能存在。比如民俗中的禁忌、吉祥物、仪式、放血疗法等都是"多重编码丛",在逆向解码中,它们可能就是捷径,可以把它们打包跨越。其次,直觉联想虽不是理性的破解编码的方法,但完全存在通过直寻顿悟直达真相"靶标"的可能。

## 二、大传统文本、"N 级编码理论"、"N 重证据"的汇通

正因为追寻破解文化事项的未解之谜的过程和破案过程在线性时间

---

① 宋慈:《洗冤集录今译》,罗时润、田一民译释,福建科学技术出版社 2006 年版,第 105 页。

结构、思维方式等方面有类似性,所以我们将从破案角度理解破解文化事项的过程,揭橥在这个过程中可能面临的所有问题。

当我们来到一个案发现场试图穷尽所能破获大案,首先必须做到一点:及时勘验现场、全面了解案情,获取所有有价值的破案线索,一点蛛丝马迹都不能放过。案发现场是最宝贵的线索源,很多痕迹物证稍纵即逝,所以侦查人员要高度重视第一现场的"高保真",随后对现场及其周边环境进行全面的取证勘验并了解案件相关的社会背景。这里面的问题是,我们必须穷尽我们的手段收集可能破解的信息。证据收集的程度取决于我们当下认识水平指导下的证据理论。叶舒宪教授文化破解的多重证据法,相比陈寅恪以来的二重证据,其本质意义是及时使用当代新技术和新的理论工具,保证对尽可能多的信息动用破解工具,这其中包括实现社会科学与自然科学之间能指系统的开放与互通。夏商周断代工程为了证明武王克商之年,参考了沣西 18 号灰坑(H18)出土的木炭和碳化小米的碳 14 测年数据。对出土晋侯苏钟的晋侯墓地 8 号墓的样品进行常规法与 AMS(加速器质谱计)碳十四年代测定,并与《史记》所记周厉王年数相比照,发现二者吻合。[①]

在一个时间跨度长、现场情况复杂、人证物证非常少、嫌疑人又有反侦查经验的案件中,破案难度自然很大。我们一般的经验是侦查人员依据整体的现场信息,对发案动机有一个基本推断,由此确定侦查方向,大胆地提出猜测和假说,然后对证据"实事求不",通过试错一一排除,逐渐接近真相。证伪过程中使用的方法是试错法。在这个过程中,有已经进入侦查学教材,为大家所熟悉的寻找显性"证据线索",同样还有更多没有进入人类认识视野,需要通过逻辑判断推理的隐性证据。

在文化事项的文本之中,掺杂了多声道叙述的重构和置换变形。比如历史的神话化和神话的历史化。可以说,中国文化的内在精神来自于神话的观念,或者说直接来自神话思维的信仰观念,对于整个中国传统来说,具有文化基因的作用。就连自我标榜"不语怪力乱神"的孔圣人,其实也坚

---

① 李学勤:《中国古代文明研究》,华东师范大学出版社 2009 年版,第 426 页。

信"天命",特别关注超自然的生物麒麟与凤凰之类的神话象征意义。① 历史叙事与神话能达成一种并置关系,首先在于历史叙事拥有神话的外在表达形式,即变形(metamorphosis)。古罗马伟大的思想家、诗人奥维德强调所有的古希腊罗马神话故事都有一个共同点——变形。② 正如特纳所指出的,虽然神话采用了超自然、超个人的"专用言语"③,但它并非一种神性意识,而是对人们日常社会实践的另一种表述,使社会能够被理解和再创造,使现实中的人们能够参照神话祖先的行为而融入相应的社会角色中。④ 这也正是神话与历史叙事能够互渗、互融,具有同一性的本质所在。变形之中蕴含的是人类的文化知识,它伴随着自然界的律动,与生命节奏的积累、转换,在这一过程中充满了人类所赋予事物的丰富的象征符号与生成转换意义。

在一个案发现场,事实真相和人们对案件的直觉重构之间经常性地存在错位或变形,要全面分析研究案情,确定主要的侦查方向和范围。首先是动机推定:分析判断犯罪行为人作案前是否有预谋。分析和动机有关的信息,寻找线索。这个从文化事项角度看,主要是对文化事项的信仰根源的还原,也就是今天纷繁复杂的文化事项的最初的原动力。文化事项的深层是文化当事人原初的思维模式,被列维-斯特劳斯视作"原始思维",本质上看是一种类似"联想"的"关联性思维"。社会早期意识形态信仰之原型范式是文化编码必经的神话,它对应到文化研究的多重证据方法是在仪式、场域、程序等证据中追寻真相。其次是对发案现场的人证及其痕迹、作案工具和作案习惯的分析,获取信息和线索。这些信息可能包括口音、交通工具、指纹、鞋印、DNA、作案特点与相似性。这一点对应文化文本的多

① 叶舒宪:《神话:中国文化的原型编码》,见黄悦:《神话叙事与集体记忆:〈淮南子〉的文化阐释》总序,南方日报出版社 2010 年版。
② 奥维德:《变形记》,杨周翰译,人民文学出版社 1984 年版。
③ 格雷戈里·纳吉:《荷马诸问题》,巴莫曲布嫫译,广西师范大学出版社 2008 年版,第 179 页。
④ Ethno-Ethnohistory, "Myth and History in Naitive South American Representations of Contact with Western Sociaty," in *Rethinking History and Myth*:*Indigenous South American Perspective on the Past*, Jonathan D. Hill ed., Urbana:University of Illinois Press, 1988.

重证是:①传世文本叙事,文字文献、域外汉籍等历史文献;②图片图像数据,包括出土或传世的历史图片、插图、版画、年画、图表,实现图文互动;③口传叙事资料(神话传说、口述历史、口头史诗等非物质文化遗产、仪式、礼俗等)。

从反侦查信息中获取信息。通过对现场信息特点的把握分析,寻找类似案件,进行串案、并案侦查,尽量扩大和案件相关的信息收集,以便及时获得相关线索。如果是侵财案件,可以从赃款赃物的流通渠道入手,寻获破案线索。沿着物的流通叙事,追寻与之相关的事实真相(物证)。

对 N 级编码级别层次的认识,决定了解码技术的程度和层次,同时解码技术和对编码文化的掌握是相互依存的。为了文化事项的破解,我们继甲骨学、敦煌学之后,又举起了简牍学的工具。毛公鼎、利簋、走马楼、郭店简牍、清华简等一批批新的证据的出现,使每每陷入僵局的"案件"有了新的转机。

在有限的篇幅里无法详细探讨编码规则形成的内在机制和根本原因。但是,从叶舒宪关于神话、中国文化具体文本分析的前沿问题中,我们可以看到大小传统、证据学、编码规则和表述媒介之间隐含的一些基本原理:

(1)存在影响了信仰体系,信仰体系决定了理解方式,理解方式导致了符号形态。

(2)人类自觉的文化创作都是一个将复杂意义隐藏在抽象和可数符号背后的过程。

(3)创作者在文本中使用的符号有其自觉或不自觉的认知来源。这些认知既来源于其特殊的个体经验,也受限于其生存的社会之集体意识,此即为文本中符号的象征原型。①

---

① 唐蓉:《N 级编码理论的逻辑梳理》,载《百色学院学报》2013 年第 1 期。

表1 "N 级编码"、"N 重证据"、媒介使用与大传统的关系一览表

| 文化传统 | 文化事项 | 编码理论 | 求证探案 | 所需证据理论 | 媒介理论 |
|---|---|---|---|---|---|
| 大传统 | 社会存在 | 事实 | 事实真相 | N 重全息证据 | 全息(超视听) |
| | 信仰仪式 | 元编码 | 作案动机 | | 视、听(宗教、神圣的) |
| | 考古文物及图像 | 一级编码 | 物证、痕迹 | 四重证据 | 视觉 |
| | 口头传统 | | 证言 | 三重证据 | 言语、听觉(集体权威) |
| 小传统 | 文字 | 二级编码 | 书证(传世文献) | 一、二重证据 | 文字媒介(王权的) |
| | 古代经典(次生口头传统) | 三级编码 | | 一、二重证据 | 印刷媒介(世俗的) |
| | 当代的创作 | 四级编码 | 书证 | 一重证据 | 文字媒介(个体权威) |
| | | N 级编码 | 书证 | 一重证据 | 文字媒介 |

在小传统的理性视野下,编码和解码过程层次少,过程清晰,其编码的多维理解视域融通,具有普世性和可靠性,由于长期的书写媒介霸权的惯性,人们常常在潜意识里把历史和历史的文字编码等同起来。现代性之后,海登·怀特把历史等同于叙事,但对图像叙事、物叙事的历史证明效用问题却鲜有提及。在大传统视野上,无论是文化传播学派,还是文化结构主义,都认为原编码具有世界范围的同一性,在某种意义是神话思维的人类普适性。大传统视野能保证解码的层次深度,对事实真相的还原能力相对较强,但清晰度低,解码工具的掌握难度大,没有实现视域融通,而且越迈向高层编码,在当前背景下,对符号工具依赖越低,清晰度越低,所以解码成果的可靠性和普适性受到质疑。①

---

① 这里还有一个必须提到的问题。在现代案件审理中,质证过程复杂,为了最大限度地杜绝冤假错案,目前通行的原则是"疑罪从无"。该规则中包含一个在法学理论和司法实践中都无法解决的逻辑漏洞:它会导致一些真正的罪犯(因控方举证不足)免受应有的惩罚。这样的原则用于大传统的 N 重证据"辨伪学"证据审核时,可能导致不能有效鉴别"伪"文化事项。断案和文化事项真相探源二者之间最重要的不同在于,前者的追诉前提是犯罪事实已经确认,罪犯是客观存在的事实;后者的"辨伪"则根本没有类似前提。前者是事出有因,有的放矢;后者是事出无因,无的放矢。二者的事实确认程度明显不同。在无法确定真实的文化事项是否存在的情况下,质证反驳没有依据。

# 余　论

在大传统的视域内，N 级编码之间能级不同，越古老的编码，越接近基因 DNA 文化密码，其编码在人类文明演化中的能级越大，其能级越大，孳乳和分蘖力越强。但这个阶段，因为涉及人及其族群最根本的思维方式，比如，巫术的"引譬连类"式关联性思维模式，从原始时代，就以"模拟思维"方式理解并编码的世界，今人需要动用强有力的技术工具和理论体系的破解能量。

用心理学家荣格的说法，就是揭示当代文化符号资本背后"集体无意识"的深层"原型"。

# 四重证据的升级改造与国学建设的当代价值

国学是晚清近代以来,西学东渐激荡中,民族国家意识自觉的产物。由于历史语境的不同,第一次国学热背负着民族文化救赎的历史重任,其学理性和学术性不是首要问题。当下国学的复兴,无论我们是否情愿承认,都面临社会道德救赎的历史使命。所以,当今国学复兴的第一要务是传统文化典籍的教育普及,这从近年来举办的几次有关国学研讨会的议题就可以看出来。"国学热"本身并不必然等同于国学研究热,本文主要致力于思考当下国学建设给我们学科建设及解决学术问题可能带来的观念改变和方法升级。

## 一、以解决问题为导向,升级学术研究观念

第一次国学热时,从事国学研究的大师们大都有跨学科的背景。郭沫若、闻一多、傅斯年、陈寅恪、胡适等都有留学经历,都亲身濡染于西方新兴的考古学、人类学、比较文学等学科。闻一多把古籍材料与田野调查成果相结合,对高唐神女、姜嫄履大人迹神话、人首蛇身神、伏羲女娲配偶婚神话等做了考证阐发。通过考古、田野调查、语义钩沉、古籍破译等具体方法,尽可能地还原历史上曾经有过的原生态生活。如今的学科细分,致使交叉综合之学"国学"痛失跨学科的学术视野和多重证据的学科观念。

近代，王国维先生认为"古来新学问起，大都由于新发现"，自汉代以来孔壁中经书、汲冢竹书、赵宋古器，相应地带来了古今文之学、年代之学及古器物古文字的三次学术发展。他在清华大学开讲"古史新证"，首提"二重证据法"理念，号召学人用"地下的材料"即甲骨文来印证"纸上的材料"，"取外来之观念与固有材料相互参证"。其成果《殷卜辞中所见先公先王考》与《殷卜辞中所见先公先王续考》，对古史学界产生巨大影响。①王晖教授把出土的殷墟卜辞与传世文献参照考证，还原了远古以来存在的文化大传统："商纣俎醢诸侯绝非商纣个人的劣迹败行，而是一种文化传统及礼俗观念的反映。""周武王克商之后，就袭用过殷礼，以人为牲祭祀先王百神。"②这个研究成果和弗雷泽、布鲁斯·林肯等人类学家关于献祭的研究成果可互相印证。师从法国著名人类学家马塞尔·莫斯和汉学家葛兰言的民族学家凌纯声先生，著有两篇用跨学科的人类学方法研究《楚辞》的论文：《铜鼓图文与楚辞九歌》③和《国殇礼魂与馘首祭枭》④。顾颉刚、饶宗颐、杨向奎、孙作云等都分别尝试使用跨学科的第三重证据进行学术探索。顾颉刚的《史林杂识》《浪口村随笔》等写其西北实地做田野考察之后的研究成果，显示出对新证据的使用。余英时认为这两个笔记式的著作代表顾氏个人学术生涯中的重要转型，即"从勇猛的'疑古'转而为审慎的'释古'了"。⑤ 今天看来，就是三重证据的研究方法，局限也越来越多，解决不了的问题堆积成山。在"学术的国家化"和"知识的全球化"的今

---

① 陈寅恪：《王静安先生遗书序》，见陈寅恪：《陈寅恪集》，生活·读书·新知三联书店2001年版。

② 王晖：《商纣俎醢侯伯新证》，载《史学月刊》2004年第2期。收入《古文字与商周史新证》，中华书局2003年版，第307—318页。同时，这个结论与周人的"天命靡常，惟德是辅"理念及对商纣残暴成性、丧失天命的指责结合起来，从另一个角度也印证了新历史主义把历史事实和历史表述区分开来的价值和意义。在没有监督的情况下，权力掌控历史叙述的愿望无比强烈，套用一句拗口的话就是，"谁控制了过去，就等于控制了未来；谁控制着现在，就等于控制了过去"。参见乔治·奥威尔：《一九八四》，董乐山译，上海译文出版社2009年版。

③ 凌纯声：《铜鼓图文与楚辞九歌》，载《"国立中央研究院"院刊》1954年第1期。

④ 凌纯声：《国殇礼魂与馘首祭枭》，载《民族学研究所集刊》1960年第9期。

⑤ 余英时：《顾颉刚的史学与思想补论》，见余英时：《史学与传统》，台湾时报文化出版事业有限公司1982年版。

天,国学的特点决定了国学研究的当务之急是倡导学术研究贯穿跨学科视野和多重证据的研究方法,升级学术研究观念。

材料的收集和处理往往涉及不同学科(跨学科)的交叉互证和阐释,没有观念的更新和方法的突破,无意识不用或有意识不敢用多重证据材料,只在一个学科收集处理材料,在学科本位内部论证"学术问题",一是不能发现新问题,二是对许多问题解决不到位,三是容易流于虚空推断和蹈空阐发。胡适在《国学季刊发刊宣言》中针对晚清三百年古学研究的遗憾断言:"研究范围太窄","学人的目光和心力注射究竟就在几部儒家经书"。"太注重功力而忽视了理解",所以"这三百年之中,几乎只有经师,而无思想家;只有校史者,而无史家;只有校注,而无著作"。"近日学者风气,征实太多,发挥太少,有如蚕食叶而不能抽丝。"不进行跨出学科搜集使用材料,囿于学科规制,在今天的学术评价体系中,发文章、出书、拿课题"有圈子",甚至还是优势。但是,使用多学科的材料,三两句就能说清楚的问题,如果局限于学科本位,绕来绕去,很像踢足球,带球满场转悠,令人眼花缭乱,却不见临门酣畅淋漓地一脚踹。正像胡适评旧学研究的缺憾时指出的:"他们只向那几部儒书里兜圈子;兜来兜去,始终脱不了一个'陋'字! 打破这个'陋'字,没有别的法子,只有旁搜博采,多寻参考比较的材料。"①

## 二、从四重证据到 N 重全息证据,升级改造国学研究方法

章太炎、刘师培等主张国粹,把国学的研究范围和研究方法严格限定,今天国学如果依然局限于经学、儒学,不仅价值有限而且没有出路。满学、蒙古学、藏学、彝学、西夏学等也应该属于国学。国学要推陈出新,注入新生机,升华新境界,思考"内圣"之后如何"外王",如何培养知行合一的现代人的问题。

从观念的革新和方法的升级来讲,"国学"研究范围的扩展和方法升级有先天优势。由于中国文化"全息式"分散渗透到文化典籍和社会生活

① 胡适:《国学季刊发刊宣言》,见欧阳哲生编:《胡适文集3》,北京大学出版社1998年版。

之中:无论是杨庆堃的中国宗教的"弥散性分布"①还是张光直的中国文明的"连续性"②存有,其中都包含了中国文化连续性和全息性的特点。形象地说,就像金圣叹评价《水浒传》那样:"骤看之,有如无物,及至细寻,其中便有一条线索,拽之通体俱动。"③概括地说,在中华文明系统内部,信仰仪式、政治经济与社会结构治理相互关联,形成网状分布,全息存在、管窥锥指、盘根错节、相互扶持。空间上全息式呈现,时间上连续性布排。杜维明用"存有的连续性、整体性和动力性","在宇宙之中,任何一对事物之间永远可以找到连锁关系"给予描述。④ 这就是说,如果我们从一点出发,沿波讨源,必然打破学科划分,进入"整体知觉场",必然动用全息式证据网,这样方能回溯到文化"大传统"的深远一端⑤。

从证据搜寻角度说,需要发掘那些被遮蔽的、扭曲的,曾经发挥过重大历史意义的"表述",找到进入前文字的方法,揭橥事件被叙述、呈现和建

① 杨庆堃:《中国社会中的宗教:宗教的现代社会功能与其历史因素之研究》,范丽珠译,上海人民出版社 2006 年版。

② 张光直:《美术、神话与祭祀》,郭净译,生活·读书·新知三联书店 2013 年版。

③ 施耐庵:《金圣叹批评水浒传》,刘一舟校点,齐鲁书社 1991 年版。

④ 杜维明:《存有的连续性:中国人的自然观》,刘诺亚译,载《世界哲学》2004 年第 1 期。

⑤ 2012 年 6 月在重庆举办的中国文学人类学研究会第六届年会提出了"重估大传统:文学与历史的对话"的主题。什么是大传统?我们认为汉字出现后的文明传统是"小传统"。而在这些之前,有很多没有文字记载的文化传统存在过。比如,崇拜玉的文化,崇拜巨石、金属(青铜、黄金)的文化。这些是通过物的叙事、考古发掘和博物馆展示的材料被认识的。人类不是因为有了文字书写才开始认识和表现世界的。"大传统"概念的提出就是对人类表述方式之"书写文化"的深刻反思。文字产生以后,书写媒介参与了话语权力的分配。书写媒介霸权以"白纸黑字"的表述参与了真实与虚构的话语实践,历史叙述已经习惯性地把没有文献叙述的事件和历史看成子虚乌有,把没有文字的民族看成"低级""原始""野蛮""蒙昧"的民族。口传时代和信仰紧密关联的经口耳相传的口述事实,即便记录下来,仍然被书写媒介规制、筛选,要么被抬升成为经典,要么被断裂、遮蔽,被遗忘为"神话""传说",甚至"志怪""谣言"。大传统之于文学最值得重视的是对口头传统的再发现。来自人类学、考古学反思的大传统范式,在一定意义上,超越西方现代性的"魔咒"和书写媒介的双重遮蔽,重新以整体宏观的眼光审视包括华夏文明在内的世界各国文明的起源及其关系。参见李永平:《文学何为? 文化大传统对文学价值的重估》,载《思想战线》2013 年第 5 期。该文收入叶舒宪、章米力、柳倩月主编:《文化符号学:大小传统新视野》,陕西师范大学出版总社有限公司 2013 年版,第一章。

构的"思想史",回溯断裂的历史信息。周汝昌先生在与孔夫子旧书网网友交流,谈到研究《红楼梦》的体会时说:考证是为了把历史上的各种疑难问题尝试解答得清楚一些,这需要史料证据;但考证又不能成为"有一分证据说一分话"的机械思维和方法;最需要的是"证"和"悟"要紧密结合。①

当代文学人类学研究升级三重证据理论为四重证据理论,其中对四重证据的材料的处理,已经跨越文字文本,在文化文本观念上横断于不同学科之间。②最终结论往往不是证据的简单相加,而是整合证据之后的某种直觉领悟。

南宋法医学鼻祖宋慈所判的亲子鉴定案件,依靠检滴骨亲法,对事实的把握只能靠"信仰"来完成。今天 DNA 亲子鉴定技术,利用法医学、生物学和遗传学的理论和技术,从子代和亲代的形态构造或生理机能方面的相似特点,分析遗传特征,判断父母与子女之间是否是亲生关系,使得这类案件能最大限度地回归事实判断。基于这一自然科学演化发展来推理,笔者认为,只要方法足够科学,证据足够丰富,时间足够充分,我们就可以"全息化"地逆向捕捉并破解文化事项,对包括案发现场空气中的微粒和各种气味等在内的全息信息一网打尽,"重回案发现场",像穿越时空回放现场"影像"一样进行过程还原。

当代华人世界著名历史学家、汉学家余英时认为:"史学为综合贯通之学","必须不断而广泛地从其他学科中吸取养料",特别是人类学和社会学。③越来越多的学者认识到,解决问题不能局限于任何一个学科,人类文化的多样性与复杂性需要多学科的通力合作才能完成阐释。当代新史学内部的史料观和证据法拓展,其实质已不再是历史学本身的变革,它暗含着以史学为中轴的学术转型。虽然史学研究的重心已经转向历史事

---

① http://zhan.renren.com/kongfuzi? checked = true.

② 叶舒宪:《论四重证据法的证据间性——以西汉窦氏墓玉组佩神话图像解读为例》,载《陕西师范大学学报》(哲学社会科学版)2014 年第 5 期。

③ 余英时:《中国史学的现阶段:反省与展望(1979 年)》,见余英时:《文史传统与文化重建》,生活·读书·新知三联书店 2004 年版,第 374 页。

实如何被叙述、想象和建构的问题,但无论转向叙事史、心态史还是记忆史,史学研究的内核都依然遵照兰克学派的实证主义原则——"用证据说话",执着探求确定性,并与清代考据学"实事求是,无征不信,广义互参,追根溯源"的治史精神相沟通。在这种背景中,笔者认为,当今的国学建设要跳出国学概念之争①,摆脱学科桎梏,借镜人类学研究方法,从破学科、后学科、无学科的观念出发,尝试将研究的"四重证据"扩展为 N 重全息证据,这对开拓知识视野,引领学术国家化时代的话语权,提升民族文化传统的阐释空间和释放文化投射力至关重要。

N 重全息证据跨文化跨学科的间性视野,特别重视分析证据材料:从材料的学科分布上看,跨越了文学、史学、哲学、音韵训诂学、民俗学、民族学、神话学、人类学、考古学、图像学、自然科学新技术等当今大多数人文学科和自然科学;从材料的媒介形式看,无论是文字、口传、图像、音频,还是仪式和实物等,都可能进入学术研究的视野;从材料的来源看,传世文献(档案)、考古资料和民间活态文化等都可能是学术研究关注的对象;在材料的时空关系上,中外古今等都可以纳入考察的范围,人类文化的边界就是 N 重证据法获取材料的边界。②

求证活动必须从人类的表述手段入手。迄今为止,人类文化表述的基本手段有行为、声音、实物、图像、语言符号等。表述方式的演变,一方面是向着减少信息损耗的稳定、抽象的方向发展,另一方面是向着更加生动、形象、动态的综合方向发展。仔细剖析,我们发现,目前的证据理论从学科上讲,还是建立在人文社科方法和自然科学技术割裂的潜意识上的,从认知媒介看,都是建立在西式的视觉表象认知模式上的,是视知觉"路径依赖"和"媒介偏倚"的产物。简单地说,就是重视视觉(文字)表述媒介,轻视

① 国学争议持续百余年,包括国学概念之争、国学范畴之争、经学存废之争、科学与人文之争、学科体系之争、文明优劣之争、典籍真伪之辨等。我们知道,中国古代并没有过细的学科分类。晚清以降,中国开始出现现代意义上的大学。大学的学科体系也逐渐参照欧美大学的样式设置起来。学科设置完成后,国学学科失去了存在基础,国学院相继撤销。

② 王大桥:《中国语境中文学研究的人类学视野及其限度》,华东师范大学 2008 年博士学位论文。

（口头）表述媒介。

在中国文化传统中，灵感直觉、视觉、听觉、嗅觉、味觉、触觉等表述传统丰富多样。如对人呼吸气体的感知，我们呼吸的氧气看不见闻不着听不到，但是古人感觉到了空气的存在！"大块假我一生，息我一死"，一个"息"字生动地体现了古人从鼻子到心脏的呼吸体验！媒介技术学派巨擘麦克卢汉认为，使用象形文字的中国人避免了"感觉和功能的分离"，"在文化知觉和表达的广度和精巧方面优越得多"，中国人是"听觉人"。

中国文化精致地感知敏锐的程度，西方文化始终无法比拟，但中国毕竟是部落社会，是听觉人。……相对于口语听觉社会的过度敏感，大多数文明人的感觉显然都很迟钝冥顽，因为视觉完全不若听觉精细。①

《西游记》第五十八回关于六耳猕猴所化的假悟空与真悟空从天宫闹到地府，十殿阴君也被致盲一筹莫展的书写，生动传神地隐喻了中国经验的巨大魅力。地藏王菩萨请出经案下的灵兽"谛听"伏地聆听："他若伏在地下，一霎时，将四大部洲山川社稷，洞天福地之间，赢虫、鳞虫、毛虫、羽虫、昆虫、天仙、地仙、神仙、人仙、鬼仙可以照鉴善恶，察听贤愚。"须臾之间便"听"出了假悟空的本相。如来最后指出：假悟空乃"善聆音，能察理"的六耳猕猴所化。② 这一书写告诉我们：超越诸根遥感能力的六耳猕猴同样是善于迷惑他人视觉的孙悟空的强硬对手。以"六耳"为名，意在突出强调其"谛听"遥感力的超强配备。德国小说《香水：一个谋杀犯的故事》的主角洛雷诺耶凭着罕见的敏锐的嗅觉记忆，帮助雇主分析合成了当时最好的香水"阿摩耳与普绪喀"，在此基础上，改良升级为摄人心魄的香水"那不勒斯之夜"。③ 中国文化中还有以"镜听"方式见微知著，获得超常预测力的民俗文化传统。

象形文字同样包含了"整体直觉"的中国思维模式。麦克卢汉认为象形字的"整体直觉"与意识的"整体知觉场"相表里，"在意识的任何时刻都

---

① 马歇尔·麦克卢汉：《理解媒介——论人的延伸》，何道宽译，商务印书馆 2000 年版。
② 吴承恩：《西游记》，人民文学出版社 1990 年版。
③ 帕·聚斯金德：《香水：一个谋杀犯的故事》，李清华译，上海译文出版社 2009 年版。

存在着整体知觉场"。① 笔者认为,在破解文化事项上,随着观念的进步和材料媒介解析能力的日益精进,譬如自然科学的分子遗传学方法、加速器质谱法、热释光测年法、电子自旋共振测年法、古天文历法等等,②最终所有多层次的探求会整合为全息证据。人类理性逻辑推演的最丰富的智力深度阶段更近乎瞬间直觉。在大数据时代,具有神经网络和深度学习能力的超级人工智能 AlphaGo 和 DeepMind,它们每秒处理 500G 以上的海量数据,可以针对任何问题,自动将非结构化信息转换为可使用的知识,给出元解决方案(meta-solution)。据此推断,随着人类认识层次的提升和求证能力的提高,和文化文本的"N 级编码"相对应,完全存在超越视听经验的全息式互释互证的网状证据收集,通过 N 重全息证据的解码推演,对现象学意义上的"事实"过程有快速实现动态的"四维全景重建"的可能。

### 三、从元学科出发,收集全息证据与国学学科的当代价值

当今急需从理论和技术两个层次上解决国学学科的问题。先秦儒家的社会思想是"天下"观念,若用今天的话说,是一种全球视野。国学建设要借镜人类学的视野,实现跨学科、跨族群、跨时空、跨文化的整合。国学研究应该是整合学科,是促进科研水平、解决实际问题的学术研究。当代的学科分类仅仅是近代大学教育诞生以来的工具性分类,并非人类学家道格拉斯《洁净与危险》一书中所写的那样,建构社会的、秩序式的、内在的分类体系。这种工具性的学科划分,今天看来,不利于问题的提出和解决。打破学科分类的知识壁垒,直奔元学科,才能真正改善认知模式。

长期以来,在国学观念更新上锲而不舍,探索文献材料与田野考察相结合的理论与实践硕果累累的一些著名教授,他们的研究成果给个别学者的印象是,"他有时讨论《论语》,有时研究哲学,有时钻研考古,有时思考

① 马歇尔·麦克卢汉:《古腾堡星系:活版印刷人的造成》,赖盈满译,猫头鹰书房 2008 年版。

② 美国卡洛斯出版集团:《尖端科学:追寻我们的祖先》,小多北京文化传媒有限公司编译,广西教育出版社 2012 年版。

民俗,有时又是神话、少数民族文学等"。笔者认为,这种认识恰恰是学术管理学科割裂造成的学科本位潜意识的真实表露,是"症候性话语"。这种症候性话语潜在的心理成因告诉我们,不能有效地打破学科壁垒,会带来潜意识的"自我局限"和"他者设限"。

打通现代学科分类意识带给国学研究的割裂,是文学人类学一以贯之的追求。它摒弃"铁路警察各管一边"的传统格局,要知道"火车从哪儿来到哪儿去"。"一方面需要透过本土话语去获得人类学家所说的'地方特有的知识';另一方面也需把此种'地方特有的知识'放置到人类知识的整体框架中加以定位和评价。"①"任何事情,都应寻根究底,考其本源,即本真。要将地下的东西(地下之实物)、书本上的东西(纸上之遗文,包括异族、故国之故书与旧籍)以及最新出土的文物(实物与典籍)合在一起进行考察,才能会通。"②钱锺书先生生前多次强调学科交叉汇通的重要。据赵一凡教授回忆,钱先生生前,说得最多的话就是"打通","打通拈出新意"。先生虽然是从比较角度谈学术、学科的交叉整合,并形象地称之为"混纺出新"。"在他看来,文本、文化和文明,都是一再翻新的纺织品,因此也都需要混纺交织,才能不断生出新意,达至美轮美奂。"③余英时转述钱穆的学术见解,谓中国典籍的四部表面上能区隔开来,但实际上却有千门万户、千丝万缕的贯通和联系。施蛰存将一生倾力的学问称为"四窗":东窗为诗文创作,南窗为古典文学研究,西窗为外国文学翻译与研究,北窗为碑帖收集和研究。饶宗颐先生做学问,强调宇宙性。对于宇宙空间的探索,不仅跨越东、西、南、北四方,而且跨越上、中、下三维。将天、地、人、理、事、名,以及形、影、神合在一起进行研究。这种跨越的学问,是宇宙观,也是一种方法论。④

三十余年来,以饶宗颐、钱锺书、萧兵、叶舒宪等为代表的一批学者孜

---

① 郭超:《叶舒宪:攻玉·炼金·释文明》,载《光明日报》2015 年 7 月 2 日,第 10 版。
② 施议对:《文学与神明:饶宗颐访谈录》,生活·读书·新知三联书店 2011 年版,第 217 页。
③ 根据赵一凡教授 2013 年 5 月在陕西师范大学的演讲《赵一凡解析钱锺书〈围城〉》整理。本书引用时取得了赵一凡教授的同意。
④ 施议对:《文学与神明:饶宗颐访谈录》,生活·读书·新知三联书店 2011 年版,第 91 页。

孜不倦地分别穿行在文史哲、人类学、神话学、考古学、甲骨学、简帛学、中西交通等不同学科领域，坚信重大学术问题的解决方略和重要认识领域，往往隐藏在这些边缘性的交叉地带。在国际上交叉学科、跨学科、后学科的研究成果已经蔚为大观的今天，还固守学科本位，"学科相轻"，实在缺乏费老生前讲的"各美其美，人美其美、美美与共，天下大同"的境界和气魄。[1]

虽然存在"人类生命和智力的严峻局限"，"主观上得意的事，客观上的不得已"[2]的原因，个人不能完全打通所有学科，但这种观念要进入我们的潜意识。有了对文字以前大传统和文字文献小传统编码的打通，有了N级编码理论和多重证据的观念和方法，会发现世界不是按照学科划分的，学科分类是为了解决问题，哪儿有问题哪儿就是研究的对象。一切所谓的"学科"，实际上是为了研究方便，依据不同研究方法和研究工具划分的，并非相互独立、互不关联的独立领域。胡塞尔的现象学主张"回到事物本身"，晚年甚至主张悬置实践活动和艺术理论研究的现实，回到那个"生活世界"的现实。目前的学科分类规制带来了严重的"学科焦虑"，关于"书的书"要比关于事物的书多；关于"话语的话语"，要比关于事物的话语多。没有回归问题本身，"学科焦虑"致使处于边缘交叉地位，不能归于某一学科的问题被排除在外。我们要说的是，学术管理和学位授予可以有学科分类目录，学术的深入探讨没有具体学科阻隔。如果有，就是行政管理建制

---

① 费老这句话谈的是不同民族在人文价值上取得共识，促使不同人文类型和平共处的问题。笔者在此引用引申为不同学科跨越融合的问题。参见费孝通：《从实求知录》，北京大学出版社1998年版，第435页。
② 钱锺书在《七缀集》中说："上溯古代，人文科学的各个对象彼此系连，不但跨越国界，衔接时代，而且贯穿着不同学科。"参见钱锺书：《七缀集》，生活·读书·新知三联书店2002年版，第129—130页。

造成的精神心理上的区隔对学术思考潜意识的扰动。①

　　"往者不可谏，来者犹可追。"当代国学建设就是要突破长期以来困扰我国学术研究对象、范围、方法、观念的瓶颈，绕过西方的、东方的、古代的、今天的、人文的、自然的等狭隘观念，回避所谓的宏大叙事等概念拘牵，回到问题本身，从深入思考和解决具体问题这个纲目出发，纲举目张，才能直奔鹄的。一百年前的旧船票，登不上今天的航海巨轮。"玄鸟生商"中的"玄鸟"已经不是郑玄那个时代的"燕子"。② 面对新世纪中国软实力建设和学术研究的国际挑战，是到了该回归国学——"中国学"真面目的时候了。

　　中国哲学思想的核心是"天人合一"，它引譬联类的关联性思维和国学学科的元学科观念，与文化大小传统的 N 级编码、N 重全息证据的追求，在理论上和实践上是统一的。国学经史（天神）子集（地人）的宏观划分，是宇宙与人两方面的全息统一。我们当今的国学应该是为"天下"立心之学，是整合方法，建立中国话语体系之学。不应该端着金饭碗，却在旧的话语体系里乞怜，论争该不该将国学设立为一级学科这样的问题③。学科分类是为了治学，但治学不是为了学科，更不是巩固分科，而是为了更好地解

① 世界大多数大学没有明确的学科，学术组织的精神是学术研究的灵魂，人对问题的关注和思考是关键所在。反观中国，有国务院等制定的学科目录，奖项申报、学科建设、"双一流"建设都离不开学科目录。学科处于"钦定"，束缚了学术的自由探索，并产生了一批维护学科"纯洁"的学术权威。他们居于学科的上游，通过严厉的学科标准制定和划分，拉帮结派，谋求垄断利益，"欺压"跨学科等处于弱势的学术创新研究，使本学科的研究陈陈相因，冬烘而僵化。

② "玄鸟生商"中的，"玄鸟"被郑玄释为"燕子"。通过考古学和比较神话学等多重证据的论证，文学人类学新的研究认为玄鸟为"鸱鸮"。参见叶舒宪：《鹰熊、鸮熊与天熊：鸟兽合体神话意象及其史前起源》，载《民族艺术》2009 年第 3 期、第 4 期。

③ 21 世纪以来，在二次国学热的推动下，各大学相继设立国学院。2009 年南开大学教授刘泽华发表了《关于倡导国学几个问题的质疑》，载《历史教学》（高校版）2009 年第 5 期。该文被 2009 年第 15 期《新华文摘》全文转载，产生了较大影响。2009 年 9 月 23 日，陈来、黄朴民、吴光、龚鹏程、朱汉民、吴根友等六位学者举行了一场座谈，强调建立国学学科的必要性。刘泽华、宁宗一、冯尔康等发表了《把国学列为一级学科不妥》，见《中国社会科学报》2010 年 2 月 11 日，第 4 版；张分田：《"国学"不宜用于命名一级学科》，载《天津社会科学》2010 年第 3 期。

决问题！相对于问题、研究对象,学科的存在本来只具有工具的意义。可以说,当前的学科设置和学科建设联手强化了学科自身的存在,导致了对问题研究的割裂,乃至对问题研究的回避。其间的要害是:我们究竟应该以问题为平台整合学科,还是以学科为平台切割问题? 毫无疑问应该是前者。国学是超越学科观念的"元学科",其意义和价值就在于整合、跨越和交叉地解决实际问题(见图2)。

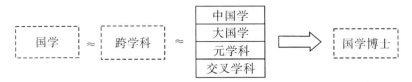

图2　国学、跨学科与国学博士的关系示意图

西方学术是孕育在宗教神学体系下的,自然科学甚至也萌蘖于神学的土壤。所以西方学术研究的顶层设计有自己的文化传统——宗教神学,社会科学中的"科学"二字,不是工具真理,而是文化,是西方文化传统的近代延伸。大学教育贯穿这一至上理念,颁发的最高学位博士学位是 Ph. D。这使得西方的学术研究,汇通了学科,解放了观念,消除了精神束缚,凝聚了文化认同,这也是西方学术研究的重要逻辑起点。中国学术包括自然科学同样有"仰望星空"的人文传统,学术研究的核心路径"格物致知",语源于"格于上下""格于皇天"的宗教神话空间。① 如今的学科分类按照苏联模式,授予学位分为理、工、医、农、文、法、教育、经济学、哲学、历史学、军事学、管理学、艺术学等十三个学科门类,这种工具性的分类,本身与西方的文明等级互为支撑,是西方世界秩序的同谋。同时它遮蔽了神学宗教的神

---

① "各(格)"所代表的言说,一开始就含有自上而下与自下而上的双向打通意思,即虞夏书中赞美尧的所谓"格于上下"(《尧典》)。屈万里认为,"各(格)"是祝祷以祈神自上降临之意。屈注"降格"云:"神降临谓也。"参见屈万里:《尚书集释》,中西书局 2014 年版,第6、259页。西周金文中有"各于大室""各于庙"的说法,"各"多位于西周神圣礼器铭文的开端。表明"各"是对沟通人神的活动的描述,不论这种祭祀礼仪发生在"庙""穆庙""大室",还是叫作"图室",都说明降神仪礼是在神圣空间举行的,带有神圣意义,通神巫者得以被称为"格人"。格人往往通过占卜的方式能至知天命,称为"格知"。

圣精神内涵,割断极具超越性的文化传统与价值追求,使学术研究的"工具理性"进一步强化,妨碍了高层次人才(博士)进行跨学科的探索和证据搜集的主观努力,也完全背离了解决问题、锐意穷搜的方法特点。当我们遇到问题需要解决的时候,像解决夏商周年代问题一样,肯定需要同时调动不同学科和各种材料,多种方法齐头并进,多管齐下,直奔问题的要害,哪会局限在某个学科去思考如何解决问题呢?

更为重要的是,国学思维背后贯穿的是中华民族共同体内部的文化记忆和价值认同,这种文化记忆是民族认同的情感基础。国学元学科的确立,是要在全球史视野中展开话语实践,让中华民族找到一种认同和凝聚的价值纽带,对进一步加快民族文化自觉,推进中华民族认同,形成中国表述,"精心构筑对外话语体系,创新对外话语表达"①至关重要。从这个意义上出发,国学教育和高等教育的最终目的以突破观念屏障,在人格养成中以培养探索兴趣和进取精神为第一要务。学者搜寻既能解释中国本土经验,又能与世界文明交流、对话的理论框架的实践,和当代学术研究以创新为契机,带动国家综合国力的大幅跃升的目标整体上是统一的。

综上所述,从历史和现实出发,我们的高等教育学术研究的最高学位应该突破学科观念,授予人文社科博士"国学博士"(GuoXueD)学位,这也是新国学建设的当代价值和意义。

---

① 中共中央宣传部:《习近平总书记系列重要讲话读本》,学习出版社、人民出版社 2014 年版。

# 文学人类学视野下的谣言、流言及叙述大传统①

## 引　言

　　后现代知识观念认为,所有族群的知识体系包括科学、叙述和灵感三种②,其中叙述知识是一个族群知识存在和传承的精神之所。经过近二十年的现代性反思,文学研究迎来了影响深远的人类学转向。重新审视现代性背景中的思想启蒙,寻找失落的人类文化大传统,我们发现,人类学诗学视野下,叙述成为人类禳灾、疗救和恢复意义的重要手段。心理叙事学家马里萨·博尔托卢西和彼得·狄克逊认为:"实际上,叙事以非此即彼的形式充斥着我们的社会及社会经验的所有方面。叙事形式普遍地存在于文学语境、对生活事件的回忆、历史文献和教材、对数据的科学解释、政治

①　基金项目:国家社会科学基金重点项目"世界文学的中国化阐释"阶段性成果(12AZD090);陕西省社会科学基金资助项目"谣言舆情分析与风险防控研究"阶段性成果(2012R012)。
②　让-佛朗索瓦·利奥塔尔:《后现代状态:关于知识的报告》,车槿山译,生活·读书·新知三联书店1997年版,第59—67页;赵旭东:《灵、顿悟与理性:知识创造的两种途径》,载《思想战线》2013年第1期。

演讲、日常对话之中。"①谣言、流言、神话、民间故事、历史等叙述也都自然而然地成为人类叙述知识的组成部分。从后现代知识观念出发，我们的视野就会走出仅以叙述"真假"甄别谣言的窠臼，发现这一集体行为背后的深层动力机制。

把谣言和流言的分野界定在是否虚构这一点上，虽然给政府舆情控制提供了极具操作性的甄别、控制谣言的标准，但也把谣言问题简单化。虚构与真相只是一个结果判断。在焦虑心态支配下，人们主观上急于改变叙述不充分的状态，群体中的个体如果知道某一种叙述为虚假陈述，其传谣的动机只能解释为有"造谣惑众"的先天偏好。正因为如此，谣言研究中最典型、最值得关注的，是它如何滋生并弥漫性扩散、变异，再到逐渐消失的传播过程。谣言在传播过程中发生转移或偏向，而"转移"或"偏向"是由听传者共同完成的。它具有明显的历史传统、现实境遇等意识形态属性。因此，谣言的界定应着眼于其叙述、传播、变异本身。谣言研究的社会意识形态背景和风险管控压力，容易使学者从动机角度区分谣言与流言，但这种区分现实操作难度大，也没有抓住问题的实质。

## 一、谣言的本质是文学人类学意义下的叙述，虚构与否不是谣言和流言的分水岭

谣言是伴随着人类历史存在的广义叙述的遗留物，其产生和人类的想象、叙述、求证能力相适应。文化传统中的口头叙述传统是人类文化分蘗之根，大传统视野下的叙述区分为两个阶段：一是前文字的口头叙述传统；二是与文字书写传统并行的口头叙述。尽管互联网压缩了谣言叙述历时性变形转换的时空，但其核心特点依然是口头形态，前文字时代开始的口耳相传的"歌谣"是谣言的"前世"，"没有事实根据的传闻"是谣言的今生。这一点从目前《词源》《辞海》《汉语大词典》等工具书的义项就能看

---

① Bortolussi, Marisa and Peter Dixon, *Psychonarratology*: *Foundations for the Empirical Study of Literary Response*, Cambridge: Cambridge U. P. , 2003, p. 1.

出端倪。<sup>①</sup>

就像福柯探讨"精神病"生产史一样,在某种意义上,是医疗技术催生了"精神病人"。"谣言"语词意义生成也大致如此。信仰时代王权对信息的获取都需倚重"世界最古老的传媒"——谣言。听谣、采诗、祝祷、告神之类的日常叙述活动,都是口传时代考查社会治理合法性的高级证据。儒家继承这一知识传统:"故天子听政,使公卿至于列士献诗,瞽献曲,史献书,师箴,瞍赋,矇诵,百工谏,庶人传语,近臣尽规,亲戚补察,瞽史教诲,耆艾修之,而后王斟酌焉,是以事行而不悖。"<sup>②</sup>由于叙述媒介及证伪技术的局限,人类早期的以"谣言"形式存在的信息传递本身就难辨真伪,带有很大的不确定性。所以《辞海》在"谣言"条下,定义"谣言"为"民间流行的歌谣或谚语"。<sup>③</sup>

纵观信息传递的历史,真伪分野的知识传统产生于 19 世纪。在此之前,包括历史也被认为是广义叙事。20 世纪,对于历史表述的科学性,瓦莱里(Valery)、海德格尔(Heidegger)、萨特(Sartre)、列维 - 斯特劳斯(Levi-Strauss)、米歇尔·福柯(Foucault)都持怀疑态度。基尔纳·莫若(Morrow)直接提出"历史就是叙事"。<sup>④</sup> 奥瑟·丹拖(Danto)在《历史哲学的分析》(*Analytical Philosophy of History*)中表示:所有的历史都预示(presuppose)了叙事,历史学家所提供的是关于故事的组织方案(organizing scheme),就如同科学家提供的理论一样。<sup>⑤</sup> 直到新历史主义者格林布拉特(Stephen Greenblatt)和海登·怀特(Hayden White)等,才把历史事实和历史表述区分开来。在怀特看来,历史文本表现为历史叙述,只要历史仍

① 1988 年版《辞源》对"谣言"收有两条义项:一,"民间流传评议时政的歌谣、谚语",并引《后汉书·刘陶传》:"兴和五年,诏公卿以谣言举刺史,二千石为民蠹言者";二,"没有事实根据的传闻"。详见"谣诼"。见《辞源》,商务印书馆 1988 年版,第 1583 页。

② 《邵公谏厉王弭谤》,《国语·周语上》,引自邬国文:《国语注译》,上海古籍出版社 1994 年版,第 6 页。

③ 《辞海》缩印本,上海辞书出版社 1980 年版,第 399 页。

④ Morrow, *Comments on White. S-Logic of Historical Narration. in Philosophy and History*, Sidney Hook ed., New York:Harcourt Brace, 1963, p.286.

⑤ Danto, *Analytical Philosophy of History*, Cambridge:Cambridge University, 1965, p.137.

然要以文字作为媒介来进行演说和书写,对历史的理解和连缀就具有了一种叙述话语结构,这一结构的深层内容是诗性的。① 谣言和流言的区别一样超越了虚构与事实的分野,主要体现在内容、发生语境和传播情境等方面。当谣言作为集体意识表现出来的时候,它鲜明却又隐讳地透露出所针对的对象,整个传播过程就在这种透露中不断完型自己的叙述结构。②

国内有学者以动机"恶意""故意"与否来区分谣言和流言,甚至认为谣言就是"凭空捏造"的谎言。③ 其实,卡普费雷在总结了汗牛充栋的谣言研究成果后直言不讳地告诫那些对谣言持有偏见的人:"我们已经证明这种负面观念是站不住脚的。一方面,它把对谣言的理解引上了一条死胡同;……另一方面,这一观念似乎是由一心想教训人和教条的想法所驱使。"④

首先,流言和谣言伴随着人类历史,事实和虚构的判断却经历了由口头传播到书写传播的意义迁转。在传播史上,信息以口耳相传的传播历史远远长于白纸黑字的书写传播历史。从有历史记载到春秋时期,《尚书·周书·金縢》《诗经·大雅·荡》《礼记·儒行》都只有"流言"一词,而早期"谣"和"言"连用又独立成词。"谣":①指"无音乐伴奏的歌唱"。②指"民间流传评议时政的歌谣、谚语"。⑤《南史·梁武帝纪》中有"诏分遣内侍,周省四方,观政听谣,访贤举滞"。⑥ "谣言"并非贬义。考察两个词语在早期典籍中的记载,不难发现:从中性词"流言"到今天贬义的"谣言",有一个从口头传统向书写传统演变过程中的"层累构成"和意义的扭转。

---

① H. White, *Metahistory*: *The History Imagination in Nineteenth Century Europe*, Baltimore: Johns Hopkins University Press, 1973.

② 弗朗索瓦丝·勒莫:《黑寡妇:谣言的示意及传播》,唐家龙译,商务印书馆 1999 年版,第 126、157 页。

③ 胡泳:《谣言作为一种社会抗议》,载《传播与社会学刊》2009 年总第 9 期;蔡静:《流言:阴影中的社会传播》,中国广播电视出版社 2008 年版,第 3 页;周裕琼:《当代中国社会的网络谣言研究》,商务印书馆 2012 年版,第 16 页。

④ 让-诺埃尔·卡普费雷:《谣言:世界最古老的传媒》,郑若麟译,上海人民出版社 1991 年版,第 287 页。

⑤ 商务印书馆编辑部:《词源》,商务印书馆 1988 年版,第 1583 页。

⑥ 李延年:《南史·梁纪上·武帝上》,中华书局 1975 年版,第 185 页。

书写的话语霸权强调"白纸黑字"的实证,对口耳相传时代以"谣"为主的传播贬损并使之边缘化和"污名化"。此后口耳相传的信息传递成为不可靠信息的代名词,难登大雅之堂。从传播史看,人类从倚重口头大传统的"有口皆碑"到倚重书写小传统的"树碑立传",话语诉求发生根本变化。口头传统倚重口述及其信用,尊重"述而不作"(孔子、老子、耶稣、苏格拉底、佛陀等)的人文主义传统。书写小传统兴起后,这一传统遭受质疑,不得不靠自证清白的"证伪体系"。最终,新兴的小传统借助于文字暴力丑化、妖魔化口头大传统,攫得了话语权力。因之,"谣言"也由周礼以来儒家的"察谣听政"的知识传统,演变为执政者竭力妖魔化的"造谣惑众"。

其次,流言、谣言所叙述的事件要人相信,就不可能是虚构。这些关于现在或未来的叙述,像在线播报的消息,掺和了主观判断和感情色彩,甚至在昙花一现后隐匿遁形,其结果很难预先确定。但这类超越虚构/非虚构分野之上的"拟非虚构性"叙述,又常常"草蛇灰线,伏脉千里",具有强大的潜伏本领,并伺机等待破茧化蝶式的周期性爆发。之所以不称为"拟虚构性",是因为它背后的叙述意图,绝对不希望接收者把它们当作虚构,不然它们就丧失了受众,也失去了叙述动力。今人谓谣言是虚假的信息,仅仅是事后完全主观性质的价值判断。

谣言传播借助的是隐匿的权威,总在指代其他的、缺席的叙述者,引用并不在场的他人"有人"。[①] 后现代主义语言观认为:"所有的感知都是被语言编码的,而语言从来总是比喻性(figuratively)的,引起的感知永远是歪曲的,不可能确切。"[②]也就是说,语言本身的"不透明本质",使叙述的"事实"常常被重重遮蔽。[③] 况且,在现实生活中,谣言更多以流动性极强的口头方式传播。口述的特点就是变化不定,不仅语言文本难以固定,而且口头讲述常常不是单 媒介叙述:不管是新闻广播,还是电视新闻,都阅

① Hans-Joachim Neubauer, *The Rumor: A Cultural History*, trans Christian Braun, London: Free Association Books, 1999, p. 121.

② Marie-Laure Ryan, "Postmodernism and the Doctrine of Panfictionality", *Narrative*, vol. 5, 1997, pp. 165-187.

③ 赵毅衡:《广义叙述学:一个建议》,载《叙事》(中国版)2010年第2辑。

有许多"类语言因素",例如语气、场外音、伴奏、姿势等。马林诺夫斯基说过："对于语词的真正理解,从长远看,总是产生于这些语词所指称的现实的那些方面中的活动经验。"[1]即所谓的情境语境和文化语境,这二者都超出了语言的边界。还有,个体和集体的心理图像如白日梦中的形象,不一定能落在有形媒介上,它是非可感的"心像",我们日有所思或夜有所梦,主要由这些形象构成,不能把这一记忆和传播过程的信息失真都归罪于信息本身的真实或是虚构。

最后,谣言传播的路径高度依赖社会心理和个体心理,在某种意义上,谣言是一种个体集体揣摩社会示意传播的幽灵。从经验出发,人的神经活动宛如流动的河水,在不间断地做"叙述腹稿",而人心灵的成熟和发展也伴随着这种能力不断增强。心思或梦境,哪怕没有说出来,没有形诸言咏,也已经是一种叙述。荣格干脆直接把谣言理解为一种"和梦一样的'潜意识中的口号'。……口号的产生首先是多层次、集体的语言运用过程"[2]。每个人的梦和心灵的映象,是一种现实情境的剪辑、嫁接、示意或象征,象征启用的都是旧有的素材,诉说的都是新的情境。所以,孤立地看没有什么特别之处的谣言,置之于特定的情境之中,其所指就格外醒目。

在特定社会情境和历史文化传统下,谣言是社会意识和个体意识间交互作用的群体获得社会认知,规避社会风险的精神康复和意义建构活动。其表现为人际间摆脱孤立状态,形成、维持、改变或适应其社会关系过程中的叙述话语。谣言没有时间的概念,也没有空间的关联,有的只是一个"召唤结构",包含了许多"意义不确定性"和"意义空白"。它们在传播过程中由听传者集体给予确定和填充,并将谣言的内容转换为听传者心目中的内容。群体推理的特点是把彼此不同、表面上相似的事物搅在一起,

---

① Bron Malinowski Routledge,*Coral Gardens and Their Magic*,London:Allen & Unwin,1935,p.58.
② 转引自汉斯－约阿希姆·诺伊鲍尔:《谣言女神》,顾牧译,中信出版社 2004 年版,第227 页。

并且立刻把具体的事物普遍化。① 在现实中,与故事、神话一样,谣言叙述把个体和集体、自我和他人、文化和自然、生者和死者联系起来,将个人整个世界连成一体,象征性地获得了与神齐一的神圣感,产生精神的疗救效果。② 从社会效果上,谣言也为各种无法获得适当信息的人群集体地寻求理解提供了共享(包括相信和质疑、共识和冲突两个方面)的平台。换言之,谣言更多时候表现为一种积极的话语实践,在集体认同的压力驱使下,实现了对群体利益的影响。其现实效果表现为三个层面:"协调一致、营造真实、强制规训。"③群体的立场一旦形成,便会凝固成"符号性的真理"和"治疗性的信念"。由于"沉默螺旋"的压力作用,这时候"信息流瀑"和"群体极化"两个规律的"虹吸"作用开始启动,迅速会产生巨大的倾向性优势。④ 所以,在某种意义上,人们之所以相信谣言,不在于它多么符合客观事实,而是谣言身后潜在的群体意图和他们的信仰立场相一致,他们既在立场上免于"少数人"的心理危机,又在组织上有群体归属感。所以,一旦深入研究谣言控制问题,我们立刻就闯入了谣言叙述的核心规律:进入了个体和集体的精神信仰领域,而这完全是一个主观世界。

精神分析学的鼻祖弗洛伊德在七十岁时谦虚地把无意识心理的真正发现者归为文学家,认为是小说的叙述揭示了深渊无比的人类内心世界。创立一个多世纪的精神分析学,在 21 世纪又呈现出转回其母胎文学艺术的倾向。⑤ 对谣言传播深层的精神动力解剖是文学人类学叙事治疗的范例。我们一般浅层次的文学叙述反映的社会生活的概念,对于潜藏在叙述背后的巨大精神医学能量往往浑然不觉。作为文化动物,叙述是人的精神生存的特殊家园。它对于调节情感、意志和理性之间的冲突和张力,消解

① 古斯塔夫·勒庞:《乌合之众:大众心理研究》,冯克利译,广西师范大学出版社 2007 年版,第 79 页。
② Joan Halifax,*The Fruitful Darkness*:*Reconnecting with the Body of the Earth*,San Francisco:Harper San Francisco,1993,p. 104.
③ 周铭:《"流言"的政治功能——波特的"故事"与"诗"》,载《外国文学评论》2011 年第 2 期。
④ 卡斯·R. 桑斯坦:《谣言》译者序,张楠迪扬译,中信出版社 2010 年版。
⑤ 叶舒宪:《文学人类学教程》,中国社会科学出版社 2010 年版,第 254—255 页。

内心生活的障碍，维持身与心、个人与社会之间的健康均衡关系，培育和滋养健全完满的人性，均有不可替代的作用。①

## 二、谣言、神话、民间故事等是集体无意识的历史和现实的叙述表征

从神话时代开始，谣言就和人类历史相始终。古希腊人将谣言视为神谕，谣言女神（法玛）的祭坛就修在雅典城的中心广场上。而罗马帝国奥古斯都大帝时代，诗人将女神的形态记载在诗篇中。奥维德在《变形记》中描绘了"谣言女神的家"，她是盖亚的小女儿，行动迅速，并长有翅膀，是"匿名的无处不在的传播媒介"。②

在任何社会文化环境里，人们日常生活往往会卷入到流言蜚语中，原因在于谣言来源于超越个体乃至民族、种族的人类普遍性的集体无意识。古斯塔夫·勒庞在《乌合之众》一书中指出，一些可以轻易在群体中流传的神话之所以能够产生，既是因为他们极端轻信，也是事件在人群的想象中经过了奇妙曲解之后造成的结果。"在群体众目睽睽之下发生的最简单的事情，不久就会变得面目全非。群体是用形象来思维的，而形象本身又会立刻引起与它毫无逻辑关系的一系列形象。"群体中个体的特点是"有意识人格的消失，无意识人格的得势，思想和情感因暗示和相互传染作用而转向一个共同的方向，以及立刻把暗示的观念转化为行动的倾向"。③

美国民俗学家理查德·鲍曼（Richard Bauman）曾经指出：文类并不是僵化固定的，而是一个"动态的表达资源（dynamic expressive resource），那些标志着文类的风格特征的惯常期待和联想，能够被进一步地组合和重新组合，

---

① 叶舒宪：《文学与治疗：关于文学功能的人类学研究》，社会科学文献出版社1999年版，第273页。

② 汉斯–约阿希姆·诺伊鲍尔：《谣言女神》，顾牧译，中信出版社2004年版，第56、61页。

③ 古斯塔夫·勒庞：《乌合之众：大众心理研究》，冯克利译，广西师范大学出版社2007年版，第59、51页。

以生产多样化的形式和意义"。① 我们对"谣言"这一文类的界定，也应该具备这种反省和"自觉"意识，看到其受到语境和主体的制约，会随着具体的语境以及主体的变化而变化。表层看，谣言、故事、神话、传说看似不相关联，但其叙述的诗学的话语结构和编码规则有着惊人的一致性。它们重复讲述或预先讲述群体精神的焦点。"神话""传奇""民间故事""谣言"这种分类其实是将叙述形式和生成语境割裂开来的做法。谣言诗学将口头流传的传说、传奇、逸事按照简化、扩展、颠倒、替代、同化等诗学逻辑剪辑组装，与特定情境中的角色、环境、时间结合起来，形成一种社会性文本，通过叙述、言说、解释、表征一种存在，实现与现实权力的交往对话。"谣言的前世（幼虫阶段）是神话和集体记忆阶段。这一阶段里，谣言潜伏在各层结合部网络的毛细血管里"。② 一些形象与符号之所以会在神话、民间故事、梦境、谣言中频繁出现，是因为它们烙在人类的思想中，表达了人类某种内在的思维模式，这就是原型意象（archetypes），这些原型虽然经常处于变化状态，但其基本形式却没有改变。荣格所说的原始意象，或曰集体无意识，实际上是指有史以来沉淀于人类心灵底层的、普遍共同的人类本能和经验遗存。这种遗存既包括了生物学意义上的遗传，也包括了文化历史上的文明的沉积，而正是这些社会文化肌体的基因编码决定了该肌体潜伏谣言的类型和数量，不同文化传统对不同谣言类型有选择性免疫效果。

伊利亚德从"神话的讹传"角度阐释了神话诗学与谣言诗学之间的关联：

> 神话可以蜕化为一种史诗般的传奇、一个民谣或者一段韵事，或者仅仅以"迷信"、习俗、乡愁等的变形而留存下来；尽管如

---

① Richard Bauman, "Contextualization, Tradition, and the Dialogue of Genres: Icelandic Legends of the Kraftaskald," in *Rethinking Context: Language as An Interactive Phenomenon*, Alessandro Duranti and Charles Goodwin eds., Cambridge: Cambridge University Press, 1992, p. 127.

② 弗朗索瓦丝·勒莫：《黑寡妇：谣言的示意及传播》，唐家龙译，商务印书馆 1999 年版，第 36 页。

此，它既没有丧失其本质也没有丧失其意义。我们还记得，宇宙树的神话是如何被保存在传奇以及采集草药的仪式里面的。参加入会礼的候选者所经受的"考验"、苦难以及跋涉也被保存在了那些英雄(尤利西斯、埃涅阿斯、帕济法尔、某些莎士比亚笔下的人物、浮士德等)尚未达到目的之前所经历的苦难与困顿的故事里面。所有这些构成史诗、戏剧的"考验"和"苦难"极其清楚地和通往"中心的道路上"遭受的仪式性痛苦以及障碍联系了起来。毫无疑问，虽然其"表现方式"与入会礼并非处在同一个层面上，但是，在类型上，19世纪的名著亦回响着尤利西斯的流浪或者寻找圣杯的故事，更不要说那些袖珍小说，我们不难发现它们的情节具有古老的起源。即使在今天，侦探小说叙述罪犯和侦探(古代故事中的好妖和恶妖、龙和童话王子)之间也有类似的斗智斗勇，在好几代人之前，他们喜欢表现一个孤儿王子或者无邪少女和"坏人"搏斗，而一百五十年之前流行的则是"黑色的"和夸张的浪漫故事，充斥着"黑衣修士"、"意大利人"、"坏蛋"、"受诱惑的少女"、"蒙面保护人"等，这些细节上的变化乃由流行情感的不同色彩特征所致，而主题则万变不离其宗。[①]

　　谣言、流言、当代传说和其他民间文学体裁及通俗文学之间也存在密切的联系，沃斯讨论它们与歌谣、寓言、笑话、恐怖小说、神秘故事、闲谈、UFO传说及作家文学的关系，甚至某种程度上她认为这些都是传说、谣言和流言存在的形式和方式。[②]

　　欧美民俗学家将当代传说、谣言、流言等视为民间文学，并运用学科独有的方法进行研究，取得了以下的研究成果：①从体裁学的角度进行界定，探讨谣言的特征及和其他相关体裁的关系；②运用田野调查的方法，搜集

---

① 米尔恰·伊利亚德：《神圣的存在：比较宗教的范型》，晏可佳、姚蓓琴译，广西师范大学出版社2008年版，第402—403页。

② Linda Dégh, *Legend and Belief: Dialectics of a Folklore Genre*, Bloomington: Indiana University Press, 2001, pp. 84-96.

了大量原始资料,包括文本、文学影视作品、相关民俗志资料;③运用一系列民俗学成熟的方法和理论进行多角度的研究。在西方民俗学家看来,谣言、流言和都市传说都是当代的民间叙事,更准确地说,属于"传说"这一体裁。布鲁范德在北美民俗学的经典教材《北美民俗研究》中,将谣言、流言、当代传说、逸闻、个人叙事等都归入传说一类(1998,196—198,205—216)。具有传说这一体裁的共有规律:至少包含一个事件(event),内容上被认为是真实可信的,形式上较为自由,有地方化和合理化的特征。① 盖尔·德·沃斯简明地梳理了当代传说(contemporary legend)、谣言(rumor)、流言(gossip)的定义、特征、分类以及它们之间的区别和联系,从语言文学的角度出发进行界定:当代传说"是在当代社会口耳相传,被当作事实讲述和展现的传统变异的故事。它们在社会经济的各个阶层和群体内广泛流传"。流言"是无意义的闲谈、没有根据的谣言、闲聊、有关个人或社会事件的难以控制的谈话或书写。被认为是没有价值的、琐碎的。流言传达与人有关的信息,可以反映正反两方面的意图"。谣言是"有疑问的一般的谈话、传闻或道听途说。一般来说是简短、揣摩的信息,缺乏明确的叙事元素。主要是涉及个人的事件,也可以涉及很有声望或很重要的地区或事件"。② 这三种体裁之间有相似性甚至重叠之处,是人们用于在正式和非正式场合进行信息交换的工具。讲述者和读者可以借此搜集信息、表达观点、增加或者替换某些信息。

我们以英雄诞生的故事情节来阐明神话、故事、历史、谣言之间的原型结构。爱德华·泰勒、约瑟夫·坎贝尔不约而同地指出,英雄神话通常都有统一的情节模式:英雄非凡诞生,被抛弃到陌生领域,然后被底层人或动物搭救,获得神力、长大后历尽考验,最后荣归故里娶亲并成为世界的主

---

① Jan Harold Brunvand, *The Study of American Folklore: An Introduction*, 4th Edition, New York & London: W. W. Norton & Company, 1998, p. 197.

② Gail de Vos. *Tales, Rumors and Gossip: Exploring Contemporary Folk Literature in Grades 7–12*. Englewood, Colo.: Libraries Unlimited, 2006, p. 21.

宰。① 兰克在《英雄诞生神话》一书中认为，世界不同类型的英雄故事，都是俄狄浦斯希腊神话故事的转换变形，他列举了世界各地三十个英雄诞生的神话，其中包括俄狄浦斯、吉尔伽美什、摩西（Moses）、萨尔贡（Sargon）、耶稣等人，英雄前半生的结构基本雷同。②《西游记》中，玄奘的父亲（陈光蕊）为贼人所害，母亲（满堂娇）在玄奘出世后就把他放逐江中，取名"江流儿"的传说；包公出生时面目黧黑，被父母抛弃，最后由嫂子抚养成人的故事传说；《钢铁侠》新神话以及羿与吉尔伽美什的英雄原型，都在叙述结构上和英雄神话有内在结构上的一致性。从文学人类学的角度看，现代都市谣言"艾滋病扎针"和"盗肾传说"等则是这类原型的进一步置换变形。③

巫术、妖法和谣言的散布密切关联。人类学家所熟悉的太平洋和非洲各民族的巫术和妖法，常常被人视为远离现代社会的所谓"封建迷信"或者"原始宗教"。但是安德鲁·斯特拉森提出，巫术和妖法总是跟谣言和闲话牵扯在一起。它们都"潜伏"在我们身边，具备超乎常人的能力，随时准备破坏我们的生活，社会总是要把它们清除出去。这一切又跟想象、暴力、替罪羊等问题一道，构成一个个推进社会变迁的过程。④

---

① 爱德华·泰勒：《原始文化：神话、哲学、宗教、语言、艺术和习俗发展之研究》，连树声译，广西师范大学出版社 2005 年版，第 227 页；约瑟夫·坎贝尔：《千面英雄》，张承谟译，上海文艺出版社 2000 年版。

② Otto Rank, *The Myth of the Birth of the Hero: A Psychological Exploration of Myth*, Baltimore: Johns Hopkins University Press, 2004, p. 48.

③ 陌生的地方是阈阈之限。从 2002 年开始，天津、内蒙古、新疆等地先后流传艾滋病患者用注射器抽取血液，在校园、公交车、公园等公共场合向陌生人扎针，注射传染艾滋病病毒的谣言。起源于拉丁美洲的盗肾传说，在五大洲广泛传播，从 2006 年开始，该传说变身为谣言，又在南京、杭州、东莞、四川等地改头换面，以求职、高校校园、浴缸等作为情境呈现。参见施爱东：《盗肾传说、割肾谣言与守阈叙事》，载《华南师范大学学报》（社会科学版）2012 年第 6 期。

④ 安德鲁·斯特拉森、帕梅拉·斯图瓦德：《人类学的四个讲座：谣言·想象·身体·历史》，梁永佳、阿嘎佐诗译，中国人民大学出版社 2005 年版，第 162 页。

表 2 《千面英雄》故事结构通约性示意图

| 角色/出身 | 受孕 | 神谕 | 出世 | 经历1 | 经历2 | 结局 |
|---|---|---|---|---|---|---|
| 国王的儿子 | 触犯禁忌 | 凶兆 | 抛弃（追杀） | 英雄被流放 | 底层人或动物抚养 | 成就伟业 |
| 江格尔 | 死亡威胁焦虑 | 骏马 | 西克锡力克加害 | 仙女帮助 | 神灵庇佑 | 建立宝木巴王国 |
| 怖军（Bhima） | 风神伐由之子 | | 俱卢大战中获胜 | 古鲁（Guru）的谋害1 | 古鲁的谋害2 | 怖军悟道 |
| 农民工群体/性别隔阂 | 恐惧 | 告诫 | 进入陌生场域 | 诱惑 | 割肾/扎针 | 恐惧加深 |
| 幻游历险 | 宇宙吞没焦虑 | 幽闭恐惧意象 | 生育、脱胎意象 | 消解旧生命 | 净化、救赎 | 美与无限① |
| 成年礼 | 不洁净的焦虑 | 禁闭 | 过渡仪式 | 考验1 | 考验2 | 新生/洁净 |

美国神话学家约瑟芬·方廷罗斯（Joseph Fontenrose）在论述神话概念时，在某种意义上也揭示了神话、谣言和故事的内在关联："当一个故事与崇拜或仪式没有关联时，不论是从外部还是从内部来看，它都不是神话，而应该被称为传奇或民间故事。"②在神话学家威廉·巴斯克姆看来，神话、民间故事、传奇之间没有什么差异，都属于"散体叙述"（prose narrative）。"散体叙述本质是一种流传颇广且非常重要的口头艺术。"③这样看来，作为传统故事形态的神话就与史诗、民间传说、童话、传奇等联系在一起，它们之间存在一种基于人类叙述、想象及其显性表述的潜意识世界的一致性，只是在族群集体叙述意识河流的某个阶段或意向上，表述的类型有所

① Stanislav Grof, *The Adventure of Self-Discovery*, New York：State University of New York, 1988.
② Joseph Fontenrose, *Python：A Study of Delphic Myth and Its Origins*, New York：Biblo & Tannen Booksellers & Publishers, Inc., 1974, p.434.
③ Wiliam Bascom, "The Forms of Folklore：Prose Narratives," in *Sacred Narrative：Reading in the Theory of Myth*, Alan Dundes ed., Berkeley：University of California Press, 1984, p.7.

不同。

　　谣言和神话的共同之处在于深层意蕴和历史真实之间有某种关联。在《兰克时代的神话历史》(*Mythistory in the Age of Ranke*,1990)一文中,美国史学家唐纳德·凯利(Donalld R. Kelly)试图复兴"神话历史"的观念和传统。在《多面的历史》(1998)第一章,唐纳德·凯利探讨了西方史学的"神话历史"传统。他先引用了米歇尔·德·塞特(Michel de Certeau)的名言:"历史可能就是我们的神话",并继而写道:"历史研究是最新的但不是最后的神话建构,通过它我们努力超越狭隘的文化视野,去了解未知的、甚至可能完全无法知晓的世界"。[1] 继唐纳德·凯利之后,以色列历史学家约瑟夫·马里(Joseph Mali)在《神话历史:一种现代史学的生成》(*Mythistory*:*The Making of a Modern Historiography*)一书中提倡一种"现代史学":"把神话体认为它是一种已进入历史并成为历史的故事"[2],其任务是把这些故事重估为对个体认同和集体认同不可或缺的宝贵历史。在《神话历史》书中,约瑟夫,马里梳理了(或者说建构了)现代史学中的"神话历史"传统,他选取雅各布·布克哈特、恩斯特·康托洛维茨、瓦尔特·本雅明、乔伊斯为重点个案,揭示了"神话历史"的不同面相。

　　德国学者沃尔特·伯克特认为,"神话又是最为古老、流传最广的故事形式,它主要讲述遥远时代神明们的故事,其根基是口头传统"[3]。神话学家谢里曼、乌尔里克·维拉莫、欧文·罗德(Erwin Rohde)、爱德华多·迈耶(Eduardo Meyer)、卡尔·罗伯特(Carl Robert)等学者试图在神话与传说的底层探寻历史的真实性,其目的是确定神话的可信度、源头及其发展。如果神话叙述的一种原型在特定时期、特定地点出现,那么这就意味着神话叙述反映了特定的历史,诸如部落的迁移、城市的冲突、朝代的更

---

① 唐纳德·R.凯利:《多面的历史:从希罗多德到赫尔德的历史探询》,陈恒、宋立宏译,生活·读书·新知三联书店2003年版,第2页。

② Joseph Mali, *Mythistory*,Chicago:The University of Chicago Press,2003,p. XII.

③ Walter Burker, *Ancient Mystery Cults*,Cambridge:Massachusetts and London,England:Harvard University Press, 1987,p. 73.

替等。①

诺伊鲍尔论述谣言时,阐述了谣言的神话思维逻辑:

> (谣言)还有"神话式"思维特殊、矛盾和模棱两可的逻辑,这种逻辑不断地抽取"神话"思想的逻辑解剖针。……我们不用指望牵扯到流言一纵即逝的言辞时这种神秘的大雾会散去。正相反,古典时代的谣言和听传现象正是具有这种双重的不明确性。谣言在古典时期留下的大部分痕迹都是保存在对神话、战争和历史这些根本问题的探讨中……同时,"神谕"又一再以虚构人物的形象出现,说明了谣言与听传的影响力,就好像谣言和听传自己会说话一样。②

谣言、历史和神话的双向关联中,施爱东明确提出"谣言常常是民间故事(或传说)的初级形态或者省略式"③。民俗学家往往注意文本的搜集、整理和分类,在掌握大量文本的基础上进行文学的分析。他们不仅仅满足于探索谣言的生命史,在研究方法上也有意识地融合多学科,超越了辨别真伪和价值判断的视域。如施爱东对灾难谣言的形态学分析和对周总理"鲍鱼外交"谣言中故事角色的分析;在盗肾传说和割肾谣言研究中,对来自澳洲、美洲和中国的文本进行比较研究,使用的正是类型的研究方法。施爱东对谣言生产者和传播者进行研究,划分了多个群体,并区分了积极传播者和消极传播者,这与叙事文学研究中的对积极讲述者和消极讲述者的研究类似。④ 基于网络谣言的深入解剖,施爱东研究员生动地论及谣言、故事、历史关联中的一种类型:

> 谣言在其所经之处,如同昆虫产卵一样,在更多受众的记忆

---

① 王倩:《20 世纪希腊神话研究史略》,陕西师范大学出版社 2011 年版,第 59—69 页。

② 汉斯-约阿希姆·诺伊鲍尔:《谣言女神》,顾牧译,中信出版社 2004 年版,第 16 页。

③ 施爱东:《灾难谣言的形态学分析——以 5·12 汶川地震的灾后谣言为例》,载《民族艺术》2008 年第 4 期。

④ 施爱东:《谣言生产和传播的职业化倾向》,载《民族艺术》2015 年第 4 期。

中投下了谣言的虫卵，这些虫卵如同潜伏的病毒，会在下一个适合的气候下，再次孵化，以一种崭新的姿态重现于世。

反复发作的黑色谣言，经历了时间的漂白，它会慢慢沉淀为故事、掌故，成为疑案、野史，然后，由野史而渗入历史。①

谣言可以随着诠释不同而进入传说和历史，成为神话和历史。笔者认为，谣言、神话、历史还有第二种关联，主要表现为历史变成了故事传说。时过境迁，沧海桑田，传说再后来成为神话，解构历史。试以华佗的接受史为例加以说明：华佗外科手术的精湛技艺本有据可查，有史为证。但由于血缘、师徒间的人格化技艺传承观念局限和传播媒介不发达等原因，华佗在外科手术方面取得的巨大成就随其身亡而断裂、失传。《千金翼方》序云："元化（华佗字）刳肠而湔胃……晋宋方技，既无其继；齐梁医术，曾何足云。"②逐渐地，过了不到一千年，人们开始对华佗事迹真实性产生怀疑，要么不信，要么神化。《宋史》卷四六二《方技·庞安时传》质疑华佗医术的真实性："有问以华佗之事者，曰：'术若是，非人所能为也。其史之妄乎！'"名医庞安时也不相信这种手术出于人为。叶梦得《玉涧杂书》还专门从当时就颇为时兴的动手术伤元气的角度否定华佗手术医疗的理论基础。明末清初名医喻昌也不相信华佗事迹，他认为这是撰史者的虚妄，华佗的事迹遂成为民间传闻。华佗采药行踪至今江苏、山东、河南、安徽等省广大地区，方圆达数百平方公里都有华佗的传说故事。明孙一奎《医旨绪余》卷上把华佗本人神话化："世传华佗神目，置人裸形于日中，洞见其脏腑，是以象图，俾后人准之，为论治规范。"③华佗能"刳肠剖臆，刮骨续筋"是因为华佗"造诣自当有神"或有"神目"。华佗这个实际的历史人物被涂抹上神话色彩。

---

① 施爱东：《谣言的逆袭：周总理"鲍鱼外交"谣言史》，载《民族艺术》2013 年第 4 期。
② 孙思邈：《千金翼方·序》，见孙思邈撰：《千金翼方校注》，朱邦贤、陈文国校注，上海古籍出版社 1999 年版。
③ 孙一奎：《医旨绪余》，见文渊阁《四库全书》影印本，第 766 册，上海古籍出版社 1987 年版，第 1088 页。

斯特拉森曾说:"历史可以是一种谣言","神话的某个方面可以变成当下的谣言"。① 即便医学这样一个传统意义上的科学,其理解和接受从来也不能摆脱"神农家"本草思想观念和文化传统的拘牵,何况"历史""神话""传说""谣言"这些语词意义的建构生产。

从文学人类学的功能角度看,不同民族的叙事文类包括神话、史诗、圣史、传奇、民间传说、骑士故事、寓言、忏悔文、编年史、讽喻诗、小说、谣言、流言等很多种体裁,每个体裁都有很多子体裁(sub-genres):口头与书面、诗体与散文体、历史题材与虚构。但是,无论风格、语气或情节的差异有多么大,每个故事的叙述都有一个共同的秩序维持和创伤疗救功能。这一点,人类学家列维-斯特劳斯与宗教学家米尔恰·伊利亚德已经证实:巫师与圣人最初的一个职责就是讲神话等象征性故事,用象征符号解决无法用经验解决的矛盾。②

## 三、谣言、流言的风险阈限关系到集体语境和现实情境

对个人私生活闲言碎语的微观互动,变异扩大为对集体语境和危机情境的社会认知,谣言的意识形态就已经具备。谣言和大多数梦境一样,能指都善于伪装并启用旧有的素材,所指诉诸阐释的都是当下处境的"受伤的想象"。

食品安全问题近年来广受热议。三鹿奶粉、三聚氰胺、苏丹红、香蕉致癌等等,受众被包裹在此类氛围中,产生对食品质量和陌生人群过分的焦虑情绪和心理防御,这使得这些领域成为谣言叙述的策源地。微不足道的星星之火都会成"燎原之势"。具体的机制表现为:历时性的集体记忆和共时性的现实情境层累叠加,在特定语境中,相关群体的叙述就会像自来水沸腾,能量不断累积。民众的焦虑心态和猜疑容易把社会生活中偶然出

---

① 安德鲁·斯特拉森、帕梅拉·斯图瓦德:《人类学的四个讲座:谣言·想象·身体、历史》,中国人民大学出版社 2005 年版,第 109 页。

② 理查德·卡尼:《故事离真实有多远》,王广州译,广西师范大学出版社 2007 年版,第14—17 页。

现的个别现象彼此联系,想象、夸张、渲染的情绪让信息最终变形扭曲。①

历史、神话、故事传说总是以一种相似的结构不断重演,同样,谣言也是如此。"集体记忆,包括对过去谣言叙述的集体记忆会催生新的谣言。人们会将对过去事件的回忆融进对有关新的谣言的叙述。换言之,谣言的基因存在路径依赖。"②谣言所过之处,如同昆虫产卵,在更多受众的个体记忆中投下了"虫卵",这些虫卵如同潜伏的病毒,伺机追寻合适的环境,再次孵化,以一种崭新的面目浮出世面。卡普费雷说:"谣言反复出现取决于环境的偶然因素,这些因素放松了惯常的管制、抑制和疏导的做法,使潜伏的东西不再受到抑制……它是一股地下水,只要有一条裂缝,水就会喷涌出来。"③

李若建在论及20世纪50年代流传于我国,断断续续传播前后十余年的"毛人水怪"谣言时认为:在某种意义上,谣言是一个在特殊区位、特殊年代中被激活和重新建构的集体记忆。把事件简单归因为坏人造谣,然后惩罚造谣者,是平息谣言的最简单、最懒惰的办法,但是这种办法无法真正杜绝谣言。④

在古代传统社会,以人为媒介的人格化的信息生产占据主导地位,整个社会在场的人际互动频繁,日常交流和人格化交易增进了人与人之间的信任程度,社会整合程度高,风险系数整体较小,谣言引发或转变为社会风险的阈值高,官方对谣言的防范意识较弱。于是谣言和现实的社会风险之间形成相互递减的螺旋结构。反观今天,我们生活在媒介的"拟态环境"和程度不一的"风险社会"之中,风险阈值较低,社会整合度低。信息叙述的时间和空间在互联网世界被压缩。各种不确定因素的合力,容易使信息

---

① 李永平:《谣言传播的本土语境及风险防控》,载《当代传播》2011年第5期。

② Gary Alan Fine, Veronique Campion-Vincent, Chip Heath, *Rumor Mills: The Social Impact of Rumor and Legend*, New Jersey: Aldine Transaction, 2005, p. 141.

③ 让-诺埃尔·卡普费雷:《谣言:世界最古老的传媒》,郑若麟译,上海人民出版社2008年版,第131页。

④ 李若建:《虚实之间:20世纪50年代中国大陆谣言研究》,社会科学文献出版社2011年版,第87页。

均衡被打破,叙述发生畸变,迅速扩散转变成集体想象,外化为一种舆论压力,①为群体性事件的爆发安装了引信。这客观上致使我们偏重于谣言的现实层面而忽视了它身后的历史传统。

德国学者诺伊鲍尔深刻洞悉谣言背后深层大传统动力,他认为,谣言的修饰变异绝不是凭空臆造的,也不完全是邪恶的化身,而是历史的一部分,根源于民族集体无意识,并承载着历史的呼应,唤醒的是集体记忆。谣言的历史就是一部人文的历史。② 这种理解真正揭示了谣言叙述背后的深层动力,也就是人类学诗学所论述的意义治疗和话语实践。只有故事叙述使个体时间从零碎的、与个人无关的状态消逝,向一种模式、情节、神话转变,将时间人格化。③ 每个人的一生都在找寻一种叙事,愿意也罢,不愿意也罢,我们都想将某种和谐引入到每天都不得脱身的不和谐与涣散之中。因此,我们也许会同意把叙事界定为消除心理混乱的一种方法。我们常说"理越辩越明",其实是让在场的叙述逐渐获得了秩序和方向感,因为讲述故事的冲动一直是追求某种"生命协调"④的愿望。

神秘文化传统浓厚的中国民间信仰使中国谣言叙述自古以来和文化传统中的采生折割巫术、符咒、魅术、扶乩、神谕、谣谶、诗谶联系紧密,产生了神秘感和冥冥之中的力量感,并像梦魇一样会嫁接集体潜在的或显性的欲求,形成零散的片段。应对不同情境时,"片段"进行不同"组装"。从"蕉癌"报道畸变为人吃香蕉致癌谣言,再联系艾滋病扎针、叫魂等谣言⑤等,都可以看出:文化大传统基因的谣言浸润性(易感性)起到了关键作用。⑥

---

① 美国学者卡斯·R.桑斯坦给出的观点值得参考:如何将人民接受错误信息的风险降低呢?最显而易见、最标准的答案是:设立言论自由的机制,把人民置于均衡的信息中,让人们接收到知情者发布的更正确的信息。卡斯·R.桑斯坦:《谣言》,张楠迪扬译,中信出版社2010年版,第9页。

② 汉斯-约阿希姆·诺伊鲍尔:《谣言女神》,顾牧译,中信出版社2004年版,第175页。

③ 理查德·卡尼:《故事离真实有多远》,王广州译,广西师范大学出版社2007年版,第13页。

④ Paul Ricoeur, *Time and Narrative*, vol. 3, Chicago:Chicago University Press,1984,p. 8.

⑤ 孔飞力:《叫魂:1768年中国妖术大恐慌》,陈兼、刘昶译,上海三联书店1999年版。

⑥ 李永平:《从"香蕉致癌"谣言看科学传播的本土语境》,载《新闻爱好者》2009年第14期;李永平:《谣言传播的本土语境及风险防控》,载《当代传播》2011年第5期。

# 结　论

在文学人类学视野下,"叙述知识"获得了再发现和重估的机会。和神话、诗学、民间故事一样,谣言诗学及其规律是文化大传统的组成部分。谣言是真实和虚构间的莫比乌斯带,揭示的恰恰是叙述在二者之间的腾挪转换。蔽于舆论治理和维护秩序的诉求,长期以来我们不能很好地索解谣言的本质,尤其不能解释谣言传播的核心精神动力。放眼弗洛伊德、荣格、阿德勒以来的精神分析的最新发展,我们发现,叙述,特别是梦的情节、神话、民间故事、寓言、谣言、传奇、小说类叙述成为某种文学的医学志,甚至升格为跨界的新文类。① 优秀的心理分析医生,不仅仅是一位处理事实的"科学家",完全可以比作剧作家、小说家、寓言家或者音乐家,他们的目的是唤起想象,但更像是一位掌握如何讲故事的"萨满教巫师"。② 每一位受伤害的个体,摘下面具,舔舐疗伤,真正透露内心自我甚至本我欲望、情感与梦幻的文本,恰恰是我们视为"旁门左道"又虚幻荒诞的小说、志怪、谣言、寓言等叙述。由此人类叙述言说的文类偏好及其社会分层背后,耐人寻味地侧漏出人类这个庞大的群体自我调节和自我救援的潜意识自觉。就像民间故事所说的那样,尾随受伤的蛇就会发现传说中的灵芝草,因为蛇受伤后会本能地搜寻灵芝草疗伤。荣格反复强调:"受伤的医者才是最高明的疗伤者。"从这个意义上讲,谣言叙述的动力机制背后是脆弱个体受伤害的想象和疗救、禳灾的主观努力。

在后萨满时代,人人都是自己的巫师。熟悉催眠治疗的人都明白,像萨满时代的巫师一样,人通过叙述对话示意,把处于催眠状态中的个体逐渐导向被压制记忆的路径那样。叙述治疗的功能如同靶向治疗中被γ射线引导向"靶点"的光刀。由于语言叙述与文化传统中集体记忆的"压制性禁忌"和原型情结在结构上的一致,叙述的治疗作用和催眠师的搜索创伤记忆的治疗机理相一致。每个古老的文明中的人们都深深地了解词语

---

① 叶舒宪:《文学人类学教程》,中国社会科学出版社 2010 年版,第 258 页。
② 理查德·卡尼:《故事离真实有多远》,王广州译,广西师范大学出版社 2007 年版,第 70、74 页。

和歌谣所蕴含的巨大能量,如今那些遥远的神话故事和传说,部分地化身为谣言、流言、都市传说一代代地被讲述,它本身有带领族群穿越时空隧道,探寻并获得整个族群经验的治疗功能。[①] 谣言的反复叙述让集体摆脱概念等形而上的桎梏,经验性、象征性地重回曾经的集体记忆。完整和统一的个体逐渐从琐碎的、异化的现实分离出来,重新蛰伏进自身的内在本质——他的灵魂(即自性)。因之,通过叙述参与,自我献祭给自性,现世的存在获得了意义,一切非本质的表面附加物完全脱落。[②]

我们过去对民间故事、话本、累积小说的卓越叙述有一句耐人寻味的概括:劳动人民集体智慧的结晶。殊不知这句话背后道出了惊天的秘密:"从朋友那里听到谣言后,听谣者从自己的角度来丰富谣言,并为证实谣言而提供其他论据。"这是'滚雪球'效应的基础……我们把谣言变自己的,我们在里面投进我们自己的想象,我们自己的幻觉。[③] 当群体成千上万"喜大普奔"进行一种狂欢式叙事的时候,在场的时间感、空间感、群体感、力量感和归属感就会无限地放大。在古代社会如此,在互联网时代更是如此。像飞蛾扑火,个体由此象征性地获得了集体无意识的神圣性和崇高感。从这个意义上,我们说谣言叙述的力量背后还隐隐包含了每个个体潜意识的"英雄情结"。

① 叶舒宪:《文学人类学教程》,中国社会科学出版社 2010 年版,第 243—244 页。
② 拉·莫阿卡宁:《荣格心理学与西藏佛教》,商务印书馆 1994 年版,第 69 页。
③ 让-诺埃尔·卡普费雷:《谣言:世界最古老的传媒》,郑若麟译,上海人民出版社 2008 年版,第 152 页。

中编

文学人类学与文化大传统

# 献祭文化传统与"替罪羊"理论

## 引言：吉拉尔替罪羊理论

"替罪羊"理论的提出者勒内·吉拉尔（René Girard）是法国当代著名哲学家、人类学家。他先后执教于美国的霍普金斯、斯坦福大学。主要著作为《浪漫的谎言与小说的真实》《暴力与神圣》《论世界创立以来的隐蔽事物》《替罪羊》等。通过钻研西方世界历史、神话、宗教、人类学资料，吉拉尔重新解码古典神话，深入论证"模仿的欲望"，论证"替罪羊"机制的形成。他认为从整个社会来看，所有欲望都在激烈地模仿竞争和冲突中趋向于混沌状态，形成各种危机。如果社会团体的所有成员在最后关头一致要放弃他们的共同欲望，以平息极端的混乱、瘟疫或者暴力的话，就需要建立一种替代其他暴力的"创始的暴力"，通过暴力迫害"替罪羊"，牺牲一人换来所有人的生存，从而创立新秩序，这是团体秩序赖以存续的机制。

羊是古代西亚环地中海文化带祭祀中"被迫害"的最重要的牺牲，英语里专门有"SCAPE-GOAT"（替罪羊）一词。其中，羊除了用作献祭上帝，还承担了一项任务，就是给人类"替罪"。如果从文献中寻找"替罪羊"的

出处,人们最先想到的自然是《希伯来圣经》中《摩西五经·利未记》第16章"献子"中的记载:

### 替罪羊

圣所会幕与祭坛的罪污被净,便轮到那匹留下不宰的公山羊了。亚伦应双手按住它的脑门,把以色列人的大小罪过和忤逆之事一一坦白了,全部放在那山羊头上。然后指派专人,把羊牵到荒野里放掉。这样,子民犯下的种种罪恶,便都由那山羊负着,去了渺无人迹的大荒……那送羊去给恶魔阿匝的,须涤衣沐浴了,方准入营。献作赎罪祭的公牛犊和公山羊,取了血为圣所求洁之后,皮肉粪便等都要运到营地外烧掉。[①]

古犹太人把每年的七月十日(即犹太新年过后第十天)定为"赎罪日",并在这一天举行赎罪祭。仪式是这样的:通过拈阄决定两只公羊的命运,一只杀了作祭典,另一只由大祭司将双手按在羊头上宣称,犹太民族在一年中所犯下的罪过,已经转嫁到这头羊身上了。接着,便把这头替罪羊放逐到旷野去,即将人的罪过带入无人之境。最后,再把那赎罪的羊烧死。"替罪羊"一说由此传开。

## 一、隐蔽秩序:暴力与"替罪"的宗教观念

在社会人类学中,有一种转移灾异的制度——替罪献祭,可以说这是人类最古老的文化习俗之一。神话观念生产的背后是这种隐蔽的力量。"'替罪羊'被视作灾害的惟一起因,意味着这场灾害完全是他的事,他可以随意处理,根据他的喜恶惩罚或酬报人。"[②]

---

[①] 冯象:《摩西五经:希伯来法文化经典之一》,《利未记》十六章"替罪羊",生活·读书·新知三联书店 2013 年版,第 219—220 页。

[②] 勒内·吉拉尔:《替罪羊》,冯寿农译,东方出版社 2002 年版,第 58 页。

替罪物因民族、习俗不同而各有不同。古代祭礼的发展线索是,越是远古时代,祭品的等级越高;越是趋近所谓文明时代,祭品的等级越低。人牺—动物牺牲—植物祭品—烧香磕头,这样构成一个从高级祭品到低级祭品的"退化"链条。① 历史上,最原始的、最古老的祭品是人。希腊文明曾经也处于献祭人牺的时代。在希腊统治时期的马赛,一遇到瘟疫流行,就有出身微贱的人自愿做替罪羊。人们用公费整整养他一年,拿精美的食物给他吃。一年期满时就让他穿上圣衣,用神枝装饰起来,领着他走遍全城,同时高声祷告让人们的全部灾害部落在他一人头上。然后把他扔出城外,或在城墙外由人们用石头把他砸死。雅典人经常用公费豢养一批堕落无用的人;当城市遭到瘟疫、旱灾或饥荒这一类的灾难时,就把这些堕落的替罪羊拿出两个来献祭:一个为男人献祭,另一个为妇女献祭。……色雷斯的阿卜德拉城每年大规模地清城一次,并为这个目的专门选出一个市民用石头把他砸死,作为替罪羊,或代替所有其他人做出生命奉献。在砸死他的六天以前先除去他的市民资格,"以便让他一人担负全市民众的罪孽"。②

"在尼日尔河的奥尼沙城,为了消除当地的罪过,过去每年总是献出两个活人来祭祀。这两个人牺是大家出钱购买的。凡在过去一年中犯过纵火、盗窃、奸淫、巫蛊等大罪的人都要捐献二十八恩古卡,即两英镑略多一点。把收集起来的这些钱拿到本国内地购置两个有病的人来献祭,'承担所有这些可怕的罪行——一个承担陆地上的罪行,一个承担水上的罪行。'由一个从附近镇上雇来的人将他们处死"。③ 这种集体迫害的范式能以最小的代价获得群体最大的整合。④ "东高加索的阿尔巴尼亚人在月神庙里蓄养一批圣奴,其中有许多是神灵附体,代神预言的。这些人之中如果有一个表现了出乎寻常的附灵或疯癫迹象,独自在树林里来回乱跑,像林莽中的那个贡

① 叶舒宪:《诗经的文化阐释:中国诗歌的发生研究》,湖北人民出版社 1994 年版,第 473 页。
② 詹·乔·弗雷泽:《金枝:巫术与宗教之研究》,徐育新、汪培基、张泽石译,中国民间文艺出版社 1987 年版,第 823—824 页。
③ 詹·乔·弗雷泽:《金枝:巫术与宗教之研究》,徐育新、汪培基、张泽石译,中国民间文艺出版社 1987 年版,第 812 页。
④ 勒内·吉拉尔:《替罪羊》,冯寿农译,东方出版社,2002 年版,第 16—55 页。

德人一样,大祭司就用圣绳把他捆起来,很优裕地养他一年。一年到期时,便把他涂上药膏,领去献祭。有一个人专杀人牺,他从人群中走出来,将一根神矛刺入人牺体内划破他的心脏。从他倒地的姿势可以得出国家福利好坏的预兆。然后把尸体拿到某个地方去,所有的人都往上面站,作为洁身的仪式。这一点显然表明人们的罪是传给了人牺;正如犹太人的祭司把手放在动物头上,是把人们的罪过传给替罪羊一样;既然认为该人具有灵气,这就无疑是一个杀人神的例子,让他把人们的罪恶和不幸带走。"①

后世,动物常常被用作带走或转移灾祸的替罪羊。和犹太民族转嫁罪责的做法相似,南非的卡福人当别的疗法无效时,土人会率一只山羊到病人前,把屋里的罪过都向羊忏悔。有时让病人的血滴几滴在羊头上,把羊赶到草原上没有人住的地方。替罪羊是山羊,因为山羊代表了差异、异类他者,陌生和危险的形象。

阿拉伯人遇到瘟疫流行时,人们象征性地让骆驼背驮瘟疫,然后在圣地处死骆驼,认为这样就驱逐了瘟疫。印度的巴尔人、马兰人以及克米人选择山羊或水牛,做上标记,让它们把瘟疫带走。②

用今天的眼光看,可能很难理解人类早期形成的"替罪羊"文化。但是,当人群处于替罪文化氛围之中的时候,没有人认为这是残酷的。无论是人牺还是享受人牺所带来的安全感的公众,都在参与着这种语境、这种氛围的创造。被选作替罪羊的人牺,无论是自愿的还是被迫的,都不会对这种文化习俗本身提出质疑。这其中的逻辑源于祭祀的"圣化":"进入"仪式阈限阶段行为的主要目的是为了赋予祭主、助祭人、祭祀时间和场所以神圣性,使时间从原有的日常状态进入神圣的境界。③ 把"牺牲"期间的大量仪式归结为以下的图式:牺牲先被圣化;然后这种圣化在它身上业已激起和集中的力量将溢出,有些去到神圣世界的存在那里,有些去了凡俗

---

① 詹·乔·弗雷泽:《金枝:巫术与宗教之研究》,徐育新、汪培基、张泽石译,中国民间文艺出版社 1987 年版,第 814 页。

② 詹·乔·弗雷泽:《金枝:巫术与宗教之研究》,徐育新、汪培基、张泽石译,中国民间文艺出版社 1987 年版,第 806 页。

③ "圣化"祭主和助祭人的形式多种多样,最常见的有隔离、斋戒、净身、换装、在一段时间内对自己的言行小心谨慎等。时间的圣化主要通过选择吉利的日子和时辰,空间则可通过洗涤、除秽、布置场景等加以圣化。

世界的生灵那里。献祭完毕之后,所有在仪式中获得了神圣性的人与事物都要逐渐退出"魔法圈子",回到世俗世界之中。①

在世界各地的诸多神话及仪式中,要么是瘟疫受害者全体死亡,要么仅仅是几个甚至只是一个选中的受害者(替罪羊)死亡。②正因为这样的久远历史传统,擅长分析人类意识深层欲望的法国人类学家吉拉尔,引用了原始文化中的仪式为例证,列举尼罗河上游流域丁卡人(Dinka)的动物献祭仪式、非洲部落国王的王权仪式以及巴西西北部印第安人的食人仪式,认为这些在禳解仪式中的替罪羊,是"和平、力量和繁殖力之源",吃了他们的肉会获得神力。③ 他在分析了特欧体瓦坎神话、阿兹神话、克里特神话、提坦神话、《约伯记》等以后给出了答案:"这些文本中存在的集体迫害现象"。

当一个社群遭遇瘟疫或者其他灾祸打击之时,推卸罪责、逃避天谴、摆脱恐惧、攫取安全成为整个集体的公共意志,为了实现这个公共意志,任何不伤及自己安全的行为和措施都是大家一致赞同的,替罪羊机制(scape-goat mechanism)就会启动,责成献祭牺牲。替罪羊正好符合了这样的公众需求,所以人类在漫长的史前时代,创造了繁荣发达的替罪羊文化。古时家庭中有出征、生疮害病、人畜不遂,或是村寨遇水灾、虫灾、瘟疫或年景不好,村寨就集体搜寻牺牲替罪还愿,祈求神灵保佑人畜安康、五谷丰登、森林茂盛、风调雨顺等等。人们往往"不惜任何代价寻找牺牲品",在社会内部寻找那些被"污染"了的存在,或者搜索外部邪恶势力的代理人,把"集体的痛苦和愤怒发泄在它身上"④,或至少从分类上使之边缘化,由此维系社会或体系内部的"净化"状态。⑤ 涂尔干认为在群体之外,牺牲品的选择往往是陌生人,这

---

① 它所经历的一系列状态或许可以表达为一个曲线:宗教性质一路上升到波峰,保持一阵,然后逐渐下滑。参见马塞尔·莫斯、昂利·于贝尔:《巫术的一般理论:献祭的性质与功能》,杨渝东、梁永佳、赵丙祥译,广西师范大学出版社 2007 年版,第 204 页。。

② 詹·乔·弗雷泽:《金枝:巫术与宗教之研究》,徐育新、汪培基、张泽石译,中国民间文艺出版社 1987 年版,第 773、426 页。

③ René Girard, *Violence and the Sacred*, Translated by Patrick Gregory, Baltimore: The Johns Hopkins University Press, 1979, p. 276.

④ 爱弥尔·涂尔干:《宗教生活的基本形式》,渠东、汲喆译,上海人民出版社 2006 年版,第 381 页。

⑤ 杰里·D. 穆尔:《人类学家的文化见解》,欧阳敏、邹乔、王晶晶译,商务印书馆 2009 年版,第 300 页。

样遇到的阻力要小一些。女人往往比男人更容易成为哀悼仪式的迫害对象,更容易被当作替罪羊。① 由此,替罪羊的祭献仪式不是个别行为,而是一种社会秩序形成和调整机制,替罪羊理论由此演变为一种社会人类学理论。总结起来,替罪羊机制的几个要点归纳如下:

(1)集体暴力的操纵者,在面对危机的紧要关头,他们相信受害者身上有特殊标记或者属于异类他者,把现实中使关系恶化的嫌疑、紧张和教唆等所有罪责都归咎到受害者身上,煽动人群、团体清除这些毒瘤,才能如释重负,重新和解。

(2)危机解除后,同一个受害者既"破坏"旧秩序,又带来新秩序,"违犯者"变成恢复者,甚至变成新秩序的创建者。迫害团体没有把功劳归于自己,他们认为,从始至终他们都处于被动地位,即使在对受害者开刀时,也是出于自卫。一句话,主动权始终掌握在"替罪羊"手中,"替罪羊"因为牺牲而转化为一种象征性力量。

(3)灾难结束后,迫害者想要重整社会,形成新的秩序,圣化阶段就开始了。他们以社会原因和道德原因解释危机与秩序,他们深信替罪羊有一股魔力和神力,他既能造成灾难,也能带来和平。众人对"捣乱者"(造成危机)恨之入骨,后来又对"重建者"(带来和平)奉若神灵。"替罪羊"的效力倒转了迫害者和受害者之间的关系,"替罪羊"最终被神圣化。灾难结束后,对"替罪羊"的集体圣餐是社会的重新凝聚与整合。

(4)替罪羊只不过是团体为持续而选出来的坏的部分,而坏的部分并没有因为替罪羊的离开而消除。于是团体不断有新的替罪羊诞生,循环往复周而复始。而团体除替罪羊之外,每个人都免除了责任,团体的发展因为结构性内卷而停滞。

## 二、《摩西五经》中的献祭羊的祭祀制度

"国之大事,在祀在戎"。神依赖人祭献的礼品而存在,所以早期巫术

---

① 爱弥尔·涂尔干:《宗教生活的基本形式》,渠东、汲喆译,上海人民出版社 2006 年版,第381 页。

祭祀仪式和信仰几乎是传统社会最重要的文化传统。献祭动物虽然是上古一种普遍的现象,但并非所有的动物都能作为祭品。

提据考古学家的研究,人类在一万年前刚刚学会驯养动物时,地中海东部地区(所谓近东)族群主要驯养马和羊,黄河流域民族主要驯养鸡和鸭,长江流域居民主要驯养猪,非洲人群主要驯养牛和骆驼。羊驯化后,在人神交往中,距驯化地最近的西亚环地中海地区进行献祭赎罪仪式时,最早形成用羊的祭祀制度,羊成为祭献神灵的主角,替罪羊原型就定型于《旧约》,《利未记》中有祭献羔羊赎罪的祭祀仪式。这种文化于是就被学者命名为替罪羊文化。中国学术界通过翻译自然而然地沿袭了这个命名,所以不管中国历史上实际的祭牲主要是什么动物,我们统统都用"替罪羊"这个词来命名祖祖辈辈传承下来的这种宗教习俗。

犹太民族以献祭(sacrifice)体现他们对上帝的感恩。献祭又分礼物说和代赎说两种。礼物说认为,上帝接受了祭品后会将恩泽降于祭者;代赎说认为人有原罪,牲畜之死可以赦免祭者之罪。在上帝考验亚伯拉罕忠信的那段惊心动魄的叙述中,正当亚伯拉罕痛苦地遵命,将心爱的儿子小以撒捆绑,准备杀他作燔祭时,天使及时制止了他,指点他去取一只两角扣在稠密的小树中的公羊,来替代儿子献给燔祭。[①] 后来他把那座山命名为"耶和华预备"。《旧约》中以色列人向上帝耶和华献祭表示虔诚、感恩、认罪等仪式时,往往用石块垒起祭坛,象征圣所会幕门,接受圣化后,把"羊"作为祭牲宰杀。[②] 人们将羊肉切成块状放在祭坛上烧献,羊血洒在祭坛的周围,用以献给上帝。烧出的油烟升向空中献给上帝,这种烧献称为"燔

---

① 冯象:《摩西五经:希伯来法文化经典之一》,生活·读书·新知三联书店2013年版,第41页。

② 犹太人的祭礼十分复杂,所需用品花样繁多,但羊是必不可少的,而且必须是一岁以下的(头生的更好),无残疾的,公的山羊、绵羊或羊羔(《出埃及记》12:5)。大小祭仪的差别在于羊的数量多寡。当然他们也用素祭,但血祭还是主要的。赎罪仪式中的替罪羊或替罪鸟也深具建构匠心。亚伦在仪式前,要沐浴净身,穿上圣服,准备一头公牛一只公羊和两只山羊(《利未记》16:9)。

祭"。据说这火祭的香味为上帝所喜欢,因此又被称作"烧化祭"。① 据《圣经》记载,古犹太教有五大祭祀,分别为燔祭、赎罪祭、素祭、平安祭和赎愆祭。与替罪羊原型密切相关是燔祭与赎罪祭。燔祭是献给上帝的馨香火祭,为五祭之首。献祭时,将肉油脂泼到火上,祭物通常选用公绵羊。早时,有用儿女作祭物的习俗。如亚伯拉罕欲杀其子作燔祭,后被上帝阻止,取两只公羊代替儿子(《利未记》第 22 章)。耶弗将自己的独生女儿献为燔祭(《士师记》第 11 章)。赎罪祭属古犹太教习俗之一。因教民及会员不听从上帝的旨意,违背其律法,便构成犯罪,必须献上祭物以赎罪过。用作祭物的通常是公山羊②和公牛。

以色列人在埃及曾遭受奴役和虐待,为了解除他们的痛苦,上帝曾两次惩罚埃及人,但法老决意不听上帝的劝告。最后,上帝告知以色列人在犹太历正月十四日(公历四月一日前后),每户宰杀一岁的公羊一只,以羊血涂在门框上或门楣上。也就在这一夜,上帝派遣的天使降临埃及,杀死了每一户埃及人的长子和头胎牲畜,并惩罚了所有埃及人的神明。门上的羊血是以色列人居住房屋的记号,天使越过他们的家门去击杀埃及人。以色列人把这一天宰杀的羊称为逾越节祭主的羔羊(the Passover Lamb)。在这一事件中,以色列人以牺牲"羔羊"来保障自身的平安。基于此,以色列人蒙恩成为"上帝特选的子民(the God's chosen people)"。总之,不论出于何种原因,羊都可作为献给上帝的祭品。《摩西五经》中以色列人的祭祀制度繁多而隆重:

① 祭坛上,每天应献一岁羊羔两只,不得间断;清晨、傍晚各献一只。与第一只羊羔同献:细面一碗,用一大盅新榨的橄榄油调匀,一大盅作酹祭的酒。傍晚如同清晨,也要献素祭和酹祭,配那第二只羊羔,为耶和华烧化,成袅袅馨香。冯象:《摩西五经:希伯来法文化经典之一》,《出埃及记》二十九章"祭坛至圣",生活·读书·新知三联书店 2013 年版,第 170 页。

② 为什么非要选取山羊,特别是公山羊作为赎罪祭,即替罪羊,而不选公绵羊做燔祭呢?在西方文化中,山羊之贬义象征要多于褒义。它既象征神通广大、无法无天,又代表欲望和繁殖。人们常把山羊与罪恶、魔鬼联系在一起。据传是魔鬼亲手创造了山羊,而山羊则是魔鬼的化身。在古代文学作品中,森林之神萨堤(Satyr)就是以半人半山羊的怪物形象出现。邪恶的魔鬼则常被描写成山羊蹄、山羊角似的怪物。在中世纪流行的动物寓言中,公山羊更是以一副贪欲、无道德的嘴脸出现。因其极强的欲望和狂追异性的劣习,以致其血能熔掉金刚石。

表 3　《摩西五经》中以色列人的祭祀种类

| 祭祀名称 | 祭祀等级 | 时间 | 祭祀物品制度 | 主要禁忌 |
|---|---|---|---|---|
| 初熟节 | 摩西,告诉以色列子民 | 庄稼初熟之时 | 应把收割的第一束新麦呈交祭司。还要献一只一岁大无残疾的公羊羔 | 新麦收下,无论生吃、烤熟抑或做成面饼,须等到这一天,上帝的祭礼结束。此律永世长存,你们无论居于何处,都要遵循① |
| 五旬节 | 向耶和华再献一次新谷作素祭 | 安息日次日数七周,到第七个安息日过后,总计五十天 | 各家出两块面饼,即用两碗精白细面发酵烤成面饼,行举礼给耶和华作初熟之祭。还要取一岁大无残疾的公羊羔七只、公牛犊一头并公绵羊两匹,献作耶和华的全燔祭,祈求耶和华悦纳。然后,献一匹公山羊作赎罪祭,两只一岁羊羔作平安祭 | 这两只羊羔与面饼便是耶和华的圣物,归祭司② |
| 献身者 | 向耶和华献上他的祭品 | 大愿期满 | 一岁公羊羔一只作全燔祭,一岁母羊羔一只作赎罪祭,公绵羊一匹作平安祭,都要无残疾的;细面调油揉成的油糕及抹油薄礼饼一篮,不可有酵;再加素祭、酹祭。由祭司——放上祭坛,先举行赎罪祭和全燔祭 | 那匹平安祭公绵羊则与那篮无酵饼同献,然后献素祭和酹祭。接着,献身者到会幕门口剃头,把剃下的许了愿的须发投在平安祭牺牲下的火里烧掉③ |

① 冯象:《摩西五经:希伯来法文化经典之一》,《利未记》二十三章"初熟节",生活·读书·新知三联书店 2013 年版,第 233 页。
② 冯象:《摩西五经:希伯来法文化经典之一》,《利未记》二十三章"五旬节",生活·读书·新知三联书店 2013 年版,第 233 页。
③ 冯象:《摩西五经:希伯来法文化经典之一》,《民数记》六章"献身者",生活·读书·新知三联书店 2013 年版,第 259—260 页。

| 祭祀名称 | 祭祀等级 | 时间 | 祭祀物品制度 | 主要禁忌 |
|---|---|---|---|---|
| 配献之祭 | | | 素祭为细面三碗、油两大盅,调匀;并奠酒两大盅,作酹祭:香烟冉冉,是耶和华的钟爱。凡以公牛、公绵羊、绵羊羔、山羊羔献祭者,规定如上。祭牲不论数目多寡,配献之祭均照此计算① | 若是献公绵羊,素祭则为细面两碗、油一盅半,调匀;并奠酒一盅半,作酹祭:香烟缭绕,是耶和华的心爱 |
| 赎罪祭 | | | 外加公山羊一匹作赎罪祭。个人的过失,则罪人须献一岁母山羊一只,作赎罪祭……若是由祭司在耶和华面前为他的无心之过行赎罪之礼,便可求得赦免② | |

以色列用羊祭祀的制度,影响了基督教的神话观念。

首先,《新约》中,耶稣为救赎世人的罪恶,宁愿钉死在十字架上,作为

---

① 冯象:《摩西五经:希伯来法文化经典之一》,《民数记》六章"配献之祭",生活·读书·新知三联书店 2013 年版,第 279 页。

② 冯象:《摩西五经:希伯来法文化经典之一》,《民数记》十五章"赎罪祭",生活·读书·新知三联书店 2013 年版,第 280 页。《利未记》"赎罪祭"中,耶和华训示摩西:"你去向以色列子民宣告,凡不慎违禁,误犯耶和华诫命者,须赎罪如下:若是受膏的祭司触罪,连累民众,他须为自己的罪过,向耶和华献一头无残疾的公牛犊作赎罪祭。他应把牛犊牵到会幕门口,将手按住它的脑门,在耶和华面前宰杀。之后,接一盆血,端进会幕。用手指蘸血,在耶和华面前,向至圣所帐幔弹洒七次。再抹一些在耶和华面前、会幕香坛的犄角上;剩余的血,倒在会幕门口全燔祭坛的坛脚。接着,取下赎罪祭牺牲的全部脂肪,包括裹着内脏和粘连的脂肪、带脂肪的一对腰子及肝叶。一并割下,由祭司献上祭坛烧化,一如平安祭献公牛之礼。……若是首领不慎触罪,误犯了上帝耶和华的诫命,罪过一旦察觉,他须牵一匹无残疾的公山羊来作牺牲。应伸手按住它的脑门,在耶和华面前,即全燔祭宰牲处,将它宰献,作一赎罪祭。然后,司用手指蘸牺牲的血,抹在全燔祭坛的犄角上。……若是百姓不慎触罪,误犯了耶和华的诫命,罪过一旦察觉,他须为之牵一匹无残疾的母山羊来作牺牲。"参见冯象:《摩西五经:希伯来法文化经典之一》,生活·读书·新知三联书店 2013 年版,第 194—195 页。

沉默的羔羊"牺牲"（祭品）。这是仿效古犹太人在向主求恩,免罪时往往杀一只山羊替代自己,供作"牺牲"。教会通常又称耶稣为赎罪羔羊。吉拉尔认为,《福音书》经常把耶稣与《旧约》的替罪羊,以及被团体杀害或迫害的一切预言者——亚别、约瑟、摩西以及耶和华的仆人等人进行对照,使耶稣更接近一个真正的耶稣。无论他是被其他人选定的,或他本人自选的,他都被视为无辜的、被人轻视的、选定的受害者角色。[1] 因此,圣人扮演替罪羊的角色,扮演保护者,因为按被诅咒和被感谢的原始双重意义看,他既是鼠疫患者,又被神圣化,如同原始的一切神一样,圣人控制着灾难,有时甚至化为灾难,从而保护着人类。[2]

其次,受牧羊人经验的启发,在犹太教文化传统中,牺牲带走人的罪孽,让人赎罪,现实经验和宗教信仰结合形成跟着羊（牺牲）走,就有希望和未来的价值观。耶稣在临刑前,一再叮咛约翰的儿子西蒙,要他"喂我的羊",照看我的羊。略不同的是耶稣常用未成年的"羔羊"一词,而信徒们却多用成年的"绵羊"。人们为了祭祀古埃及"大地之神的朋友""谷物之神的主人"自然神哈比神,曾经一次性地将1089只山羊作为贡品献给了哈比神。

最后,用"羊皮卷"书写重要经书,羊成为聪慧的象征,牧羊人是"先知"的隐喻,伊斯兰教的亚伯拉罕是个牧羊人。

### 三、替罪羊理论的社会基础

我们知道,任何理论的产生,必然存在物质—社会层面、宗教—制度和文化—心理三个层面的文化传统。

纵观人类历史,在人类早期,就存在以临时国王、王子或其他动物作为"替罪羊"献祭牺牲的风俗。弗雷泽指出,人类最早用来给自己替罪的是神和人。当人类用神作为替罪者的时候,替罪的或者是神的偶像,或者是

---

[1] 勒内·吉拉尔:《替罪羊》,冯寿农译,东方出版社2002年版,第147页。

[2] 勒内·吉拉尔:《替罪羊》,冯寿农译,东方出版社2002年版,第75页。

神的人类替身(即作为神的代表的某个人)。《金枝》中专门有"以王子献祭"部分:大饥荒发生后,禳灾祭祀信仰使国王或他孩子成为牺牲献祭。在原始信仰中,气候灾异或年景不好,国王或王子要对此担责。亚洲西部的闪米特人,在国家危难的时候,国王有时让自己的儿子为全体人民献祭。比布勒斯的菲罗在他关于犹太人的著作中说道:"有一个古老的习俗,在大难临头时,一座城池或一个国家的统治者得把他心爱的儿子交出来献祭给报仇的魔鬼,为全民赎身。这个献出的孩子在神秘的仪式中被杀死。如克罗纳斯(腓尼基人称之为以色列)是腓尼基的国王,只有一个独生儿子叫做杰乌德(在腓尼基语言中,杰乌德意为'独生')。在一次战争中,国家受到了敌人极大危害,人们给他穿上王袍,把他献上祭坛。"[1]

羊在西亚新石器时代混合农业经济中所占比重非常大,这是犹太教的所有羊信仰背后的物质基础,也是替罪羊理论的社会基础。根据考古学家的研究,人类在一万年前刚刚学会驯养动物时,位于伊拉克和伊朗之间的扎格罗斯山脉及其附近地区可能是山羊和绵羊的最早驯化地。最近对扎格罗斯山脉南端的甘兹·达列赫和阿里·库什出土的山羊骨骼进行了重新研究,进一步确证环地中海地区进行献祭赎罪仪式时,所用的祭牲以羊为主,这种文化被学者命名为"替罪羊"文化。替罪羊理论的文化传统首先源于早期人类对羊的驯化和对羊依赖的社会基础。

古代中国用羊祭祀的文化传统,和夏代以来的羌人和羌文化从西方沿着丝绸之路进入中原的历史有密切的关系。在中华民族早期的历史上,羌族是政治舞台上名副其实的主角。西羌就是一个以"羊"为图腾的氏族,所以他们的居住地就以"羊"命名。甲骨文记载商王一次用 158 只羊来祭祀。被驯化的羊随着游牧民族东进,身处丝绸之路东段的中国也进入到了以羊祭祀的文化圈,这一文化累积形成中华民族早期几个最为核心的价值理念:美、善、祥、义、群。从《山海经·西山经》记载可知,由崇吾山经三危山、积石山、玉山到翼山一带,当地居民视羊为祖先,所供奉的神,其"状皆

① 詹·乔·弗雷泽:《金枝:巫术与宗教之研究》,徐育新、汪培基、张泽石译,中国民间文艺出版社 1987 年版,第 428—429 页。

羊身人面",这一地区恰是古羌人经常活动的地理范围。而现今青海循化撒拉族自治县街子乡托龙都村阿哈特山发现的一处卡约文化墓葬中出土的陶器上,有着大羊角等动物题材的纹饰,形象地说明了羌族先民崇拜羊图腾的习俗。今天发现的齐家文化遗址齐家坪遗址、甘肃永靖大河庄遗址、泰魏家遗址、武威的皇娘娘台、青海乐都的柳湾遗址、神木石峁遗址等等都曾经是羌人的活动区域。

章太炎也在《西南属夷小记》中指出:"姜姓出于西羌。"①据徐中舒考证认为,羌族是中国西部地区最原始的部落之一,夏王朝的主要部族是羌。根据由汉至晋五百年间长期流传的羌族传说,我们没有理由再说夏不是羌。②《国语·周语》注引贾逵云:"共工,诸侯,炎帝之后,姜姓也。"③正因为如此,中国社会学和人类学奠基人费孝通先生说:"……羌人在中华民族形成过程中起的作用似乎和汉人刚好相反。汉族是以接纳为主而日益壮大,羌人却以供应为主,壮大了别的民族。很多民族包括汉族在内从羌人中得到了血液"。④

《诗经·国风·召南》中有"羔羊"篇:"羔羊之皮,素丝五纮;退食自公,委蛇委蛇。羔羊之革,素丝五绒;委蛇委蛇,自公退食。羔羊之缝,素丝五总;委蛇委蛇,退食自公。"诗用羔羊比喻品德高尚。《诗经·小雅·楚茨》是一首祭祖祀神的乐歌。"济济跄跄,絜尔牛羊,以往烝尝。或剥或亨,或肆或将。祝祭于祊,祀事孔明。先祖是皇,神保是飨。孝孙有庆,报以介福,万寿无疆。"生动描述以牛羊祭祀时的场景。"以我齐明,与我牺羊,以社以方。"这几句出自《诗经·小雅·甫田》,大意是:"为我备好祭祀用的谷物吧,还有那毛色纯一的羔羊,请土地和四方神灵来分享……"为祈盼丰收,人们虔诚地举行祭神仪式。《诗经》中最长的叙事诗《豳风·七

① 章太炎:《西南属夷小记》,见李绍明、程贤敏编:《西南民族研究论文选》,四川大学出版社 1991 年版,第 5 页。
② 徐中舒:《我国古代的父系家庭及其亲属称谓》,载《四川大学学报》(哲学社会科学版)1980 年第 1 期。
③ 徐元诰:《国语集解》,王树民、沈长云点校,中华书局 2002 年版,第 93 页。
④ 费孝通:《中华民族多元一体格局》(修订本),中央民族大学出版社 1999 年版,第 28 页。

月》中云:"朋酒斯飨,曰杀羔羊。跻彼公堂,称彼兕觥:万寿无疆!"《诗经·周颂·我将》中云:"我将我享,维羊维牛,维天其右之。"在古老的祭祀仪式上,"羊"又一次成为祭台上的主角。

后来中国祭祀的主要动物发生了变化,《尚书·周书·召诰》讲道,为了选好城址,周公亲自举行郊祭,用两头牛祭天,次日又到新的城邑祭地神:"若翼日乙卯,周公朝至于洛,则达观于新邑营。越三日丁巳,用牲于郊,牛二。越翼日戊午,乃社于新邑,牛一、羊一、豕一。越七日甲子,周公乃朝用书命庶殷——侯、甸、男邦伯。厥既命殷庶,庶殷丕作。太保乃以庶邦冢君出取币,乃复入,锡周公。"最后成王又卜问上帝,把都城选址建在"天下之中"洛邑:"王来绍上帝,自服于土中。旦曰:'其作大邑,其自时配皇天;毖祀于上下,其自时中乂。王厥有成命,治民今休。'"①

羌人这种以羊祭祀的文化心理保留了下来。人死之后,羌族习俗是一定要杀一只羊为死人引路,这只羊称为"引路羊子",作为替身的替罪羊。死者若为男性,杀牡羊;若是女性,则杀牝羊。羊须在死者面前宰杀,而杀羊者应为死者之长辈。杀羊前先祷告说:"羊为你引路,你是何种病死的可在羊身上表现出来。"祝祷毕即杀羊,并将羊血洒在死者的手掌上(男左,女右),目的是让死者知道有羊给他带路。然后将羊体解剖,检查羊体内何处有病。羊体内何处有病便认为死者是因何种病致死的。当死者所得的病确认后,他(她)的亲人们又悲痛万分,悔恨未能先知病因致使医治不当。仪式结束后,此羊的肉,死者的亲属不准食。

云南兰坪、宁蒗等地的普米族也有以羊为死者引路的丧葬习俗。他们认为,人死后要将其灵魂送归故土,而引魂开路的是绵羊。届时,巫师将涂有酥油的面偶放在蒿枝做成的十字形架上,并将十字形架插入粮斗中祭鬼,为死者送魂开吊。接着向做死者替身的羊指点死者的名字,在羊耳上撒糌粑、洒酒,死者亲属则跪请羊喝酒,意为为羊送行。当这一切做完后,巫师持刀刺羊,取出羊心供于祭桌上,并为死者念诵《开路经》。这样死者就能魂归故里与祖先团聚。

---

① 屈万里:《尚书集释》,中西书局 2014 年版,第 175—176、179 页。

在弗雷泽看来,国王很多时候拥有祭祀、操控神灵的权力。他能和神明对话,能控制自然。古代近东、中国与古代埃及的统治者一般是祭祀王的形象。首先,他是介于人神中间,感知神明意图的唯一合法的沟通媒介。其次,他有为国家和民众祈福禳灾的职责。国王除了在仪式中担任沟通人神的角色以外,还要在固定的时间内举行祈福仪式,在国家危难之际,担当祈福禳灾的头领,甚至还要成为解除灾异的替罪羊。[①]

## 四、替罪羊机制与杀王习俗

弗雷泽的研究发现,内米血腥的祭司继任习俗并非内米独有,他是人类早期社会曾普遍存在的"杀王"习俗和仪式的孑遗。今天,杀王仪式和民俗已经不复存在,但这种文化传统以神话、宗教、民俗等形式置换变形。弗雷泽正是根据这些风俗和仪式种种变体的蛛丝马迹,以及各种神话传说中与此类似的神之死亡的故事,如阿多尼斯之死、光明之神巴尔德尔之死等等,做出人类早期社会曾普遍存在着"杀王"现象的推测的。最初"杀王"习俗中受死的就是王本人,但逐渐衍生出以"替罪羊"代替王受死的仪式。通过表演和模仿"杀王"仪式,企图实现自然繁盛、人畜兴旺的愿望。

在谈到替罪羊形式的巨大意义时,英国学者约翰·B.韦克利和让·M.舍洛利说道:"长期以来,替罪羊便是人们幻想用来维系社会、敬仰上帝、释放情感的一个基本手段,替罪羊形象常常出现在现实或人们的想象之中。诸如残忍、欲望、自护、嫉妒、希望、恐惧、自愿献身及迫不得已……所有这些都有助于塑造一个典型的替罪羊形象。"[②]

世界各地的诸多仪式中,死亡本身似乎成了净化剂,要么是瘟疫受害者全体死亡,要么仅仅是几个甚至只是一个选中的受害者死亡,这个被选中的受害者似乎承担着整个瘟疫的责任,他的死亡或者被逐治愈了整个社会。

---

① 吉拉尔认为,国王是人类潜意识所建构的牺牲机制中首选的替罪羊。成为替罪羊之后,国王便获得了神性。参见 René Girard, *Violence and the Sacred*, Translated by Patrick Gregory, Baltimore: The Jones Hopkins University Press, 1979, pp. 145-149。

② James Baldwin, *Going to Meet the Man*, Vickery and Sellery, Dila Press, 1948, p. 251.

当一个社群遭遇"瘟疫"或者其他灾祸打击之时,就会举行献祭牺牲以及所谓替罪羊的仪式。这个主题群在神话和宗教仪式中甚至比在文学中更为普遍。人类学家吉拉尔把古代文学经典看作是"田野",认为人类的"欲望的模仿行为,是一个基本的人类行为"。不仅在哲学领域,甚至在心理学、社会学和文学批评领域,由于从来没有哪个人类学家考察过欲望的模仿,"模仿"概念便一直是个残缺不全的概念。换言之,从古到今,人们对模仿的认识都不彻底,唯有人类学的探究可以彻底搞清楚何为"模仿的欲望"。

同时吉拉尔对存在于文本中的替罪羊和来自文本的替罪羊做了区分:"在要考察一个文本中的替罪羊情况之前,应该考察它是来自文本的替罪羊(隐蔽着一个建构的原则)还是存在于文本里的替罪羊(可视见的主题)。在第一种情况下,只需把文本确定为迫害的,完全屈服于迫害表征。这类文本没有说到替罪羊,却受它的影响支配着。相反,在第二种情况下,文本说到替罪羊的影响,但没有受到支配。这类文本不再是迫害的,而它揭示了一场迫害的事实。"①

在《出埃及记》当中,我们发现有埃及的"十瘟疫",同时还有摩西被耶和华本人施予麻风病而又将其治愈的事件。"十瘟疫"是一场恶化的社会崩溃,以摩西和埃及术士间破坏性敌对竞争的形式出现。最终,强烈的牺牲主题出现在头生儿之死和逾越节仪式的创立中。②在众多的文学作品里,人际关系源自人类欲望模仿天性的策略与冲突、误解与错觉的复杂机制。文学中替罪羊机制作为悲剧危机的解决方案,是剧中的净化形式。《俄狄浦斯王》的悲剧冲突实际上不多不少就是寻找替罪羊,这是由神谕触发的,神谕说:"凶手在你们中间,除掉他你们将除掉瘟疫。"单单一个人,即便是最恶劣的罪犯,怎么能担当"瘟疫"危机时刻任何社会大灾祸的责任呢?

然而,在神话的界限之内,不仅这剂奇特解药的意义是毫无疑问的,而且其效用也确实得到了证实。在整个神话的背后,看一场真正的危机,其

---

① 勒内·吉拉尔:《替罪羊》,冯寿农译,东方出版社 2002 年版,第 149 页。

② 勒内·吉拉尔:《双重束缚:文学、摹仿及人类学文集》,刘舒、陈明珠译,华夏出版社 2006 年版,第 194 页。

结果是集体放逐一个受害者或者受害者死亡。必须有一个"真正的罪犯",独自背负起瘟疫的全部责任。神谕真正说的是一个"恰当"的受害者,大家能够团结起来共同反对的受害者。如果团体的所有成员在最后关头一致要放弃他们的共同欲望——通过牺牲一只替罪羊进行集体的净化的话,那么,团体严密的结构一下子就动摇了,社会的统一性将炸裂,甚至碎片横飞。在社会看来,为了维护共同的秩序和利益,他们的死亡是合乎逻辑的,甚至是合法的。对俄狄浦斯的指控确实很"有效",重新恢复了社群的团结,在此意义上说,俄狄浦斯正好是恰当的替罪羊。如果索福克勒斯本人暗示的瘟疫就是莎士比亚和陀思妥耶夫斯基作品中那同一种危机——摹仿性暴力危机,那么恢复了团结也就相当于一种"治愈"。一个单独受害者承受所有迷恋与憎恨的极端化行为,消除了任何针对竞争的可能,必定自动带来整个社群的和解。[①]

在神话里,变形更严重。受害者成为怪物,他们表现出一种神怪的力量,在撒播混乱种子后,又重建秩序,表现得像创始祖先或神的祖先一样。这种严重的变形不会使神话和历史迫害文本变得不可比,恰恰相反,为了解释它,只要借助于我们在表述的解读中已经假设的机制,并对它假设一个更加有效的运作就可以了。重建秩序和和平要与因果联系,最先是受害者本人造成的混乱。由此说,受害者是神圣的,迫害者故事成为一个宗教和文化的起点。事实上,整个程序将成为:①在宗教主显节(1月6日)回忆往事的神话范例;②祭祀仪式的范例,当祭祀仪式把受难者当作吉星时,鼓励人学习他曾做过或忍受过的事,努力重述它;③禁止的反范例,当把这同一受难者当作恶魔时,永远禁止人重犯他的错。[②]

这个自发产生替罪羊的机制,现在看起来就像神话的生成机制,其主题中包含了瘟疫存在的真正理由,我相信,这个生成机制是导致这场替罪羊危机的面具,不仅仅是在俄狄浦斯神话中,而且在全世界无数其他神话中。我们知道并理解神话建立机制和替罪羊机制间的区别,首要的,更为强有力

---

① 勒内·吉拉尔:《双重束缚:文学、摹仿及人类学文集》,刘舒、陈明珠译,华夏出版社2006年版,第196页。
② 勒内·吉拉尔:《替罪羊》,冯寿农译,东方出版社2002年版,第68—69页。

的,是前者严格形成了从全体一致憎恨到全体一致崇拜这一天衣无缝的循环。善者与恶者的并置是可以理解的。如果将危机极端化为反对一个单一的受害者确实起到了治愈的功效,那么此受害者的罪行得到肯定,而他作为救星的角色也同样鲜明。这就是为什么俄狄浦斯及他背后更为缥缈但是类似的阿波罗神的形象,看起来似乎都像是瘟疫的制造者同时也是保佑者。所有和神话"瘟疫"相连的原始神祇和其他神圣形象都是这样。他们都是由于瘟疫而被诅咒的神,同时也是由于治愈瘟疫而受祝福的神。譬如,俄狄浦斯是忒拜人的救世主和被确认有行医资格的医生,他身上带着受难者的标志,在混乱时期,他一下子从荣誉的顶端掉下,成为我们范式化指控的受害者之一。① 必须注意,这一双重性出现在神圣的所有原始形式中。

牺牲献祭其实是一种暴力的缓解、转移、替代和隐喻,作者离这个机制的基本原理越近,瘟疫和其他隐喻就变得越清晰。牺牲献祭的意义衰变了,暴露出它的起源其实是一种自发产生替罪羊所起的整合与敦睦作用。替罪羊机制的危机解决和神话意义的缘起,必定是悲剧的终结及等级的重建。②

吉拉尔则认为,在现代寓意下替罪羊原型是为了避免人们因怨恨而产生暴力的派生物,作为一种牺牲替代物,替罪羊在一定程度上缓和了人类意识中某种暴力倾向。所以替罪羊原型在诸如时间、空间和心理的紧迫性、可缩性和紧张性上能够起到缓和、润滑、释放等作用。在现代文学领域,替罪羊原型有着对生命物质形式在文学、哲学和美学等方面寓于更深、更细的重新定位思考的意义。

弗雷泽仅仅以祭祀仪式的意义使用替罪羊一词,并将之普及,从而大大损害了人类学。他掩盖这一词语的最令人关注的意义,这个意义出现在现代的门槛上,我再次重复,它不是指祭祀仪式、主题、文化母题,而是指迫害行为与表征的无意识机制——替罪羊机制。

弗雷泽发明他的替罪羊祭祀仪式,因为他也没有理解在替罪羊机制中

---

① 勒内·吉拉尔:《双重束缚——文学、摹仿及人类学文集》,刘舒、陈明珠译,华夏出版社 2006 年版,第 59 页。

② 勒内·吉拉尔:《双重束缚——文学、摹仿及人类学文集》,刘舒、陈明珠译,华夏出版社 2006 年版,第 204 页。

所有祭祀仪式的起源，因而很不适当地跨越如同当时整个科学一样的主题与结构的对立，他没有看到这个大众化的、通俗的词语——即我们在纪尧姆·德·马肖的作品前老挂在嘴边的语，它比起百科全书中的所有主题和母题更加丰富多彩，更加引人入胜，更加充满希望。他撰写的百科全书纯粹是主题式的，因而必然是混杂的。弗雷泽直接研究《利未记》，把希伯来的一个祭祀仪式变成礼仪类型中最重要的祭祀仪式——实际上不存在，他从未想一想在普通修道士与我们暗示的现象之间有没有存在任何关系。

当我们确定一个人或一小批人为一大批人组成的团体充当"替罪羊"时，我们曾暗示过这一现象。他没有看到那里有根本的东西，在对替罪羊的考察中要重视它；他没有看到这个现象延伸到我们身处的这个世界上，他只在那里看到一种粗俗的迷信，无宗教信仰和实证主义完全可以排除这种迷信，他在基督教中看到这种迷信的残余，或最终的胜利。[①]

索福克勒斯的悲剧《俄狄浦斯王》的最后，俄狄浦斯被驱逐出忒拜，就像是在驱赶同类来赎罪（homo piacularis）一样，为的是"远离罪恶"。但是路易·热尔内很具体地建立起悲剧主题和雅典的献祭仪式之间的联系。忒拜遭受了可怕的瘟疫，充裕的水源也变得枯竭干枯，田地贫瘠，牛羊不再繁殖，妇女也无法生育，而且瘟疫造成大量的人死亡。贫瘠不育、疾病和死亡也被认为是污浊和罪恶导致的灾难，这使忒拜人正常的生活被彻底破坏，民不聊生。所以，必须要找到城邦污浊不堪的罪魁祸首，找到罪恶的源头，通过驱赶这个罪人从而达到清除罪恶和瘟疫的目的。我们知道，在公元前 7 世纪就发生过类似的事情了，当时为了补赎谋杀库伦之罪，就驱逐了阿尔克迈翁家族，声称他们犯了渎神罪。像在古希腊的其他城邦一样，在雅典也存在一种年度仪式：定期驱逐过去一整年累积的罪恶。那如何来选择替罪羊作为祭品呢？一切都证明，这应该是从当时居民里的败类中征集而来的，这些人做过坏事，外表丑陋，社会地位低下，从事卑贱和令人反感的工作，这些都体现出他们是卑微、低贱的社会"渣滓"。阿里斯托芬在他的作品《青蛙》中，将出身好、聪明、公正、善良和诚实的优秀公民与"烂

———————

① 勒内·吉拉尔：《替罪羊》，冯寿农译，东方出版社 2002 年版，第 152—153 页。

铜币"——指卑贱之人,他们出身于贫穷的家庭,头发呈红棕色,怪异,贫穷,是最新来的人——相对比,但城邦要从后者中选择恰当的人选也并非易事,也不是盲目随便选择的,哪怕只是用来献祭。① 当代研究古希腊文学的德国人类学家沃尔特·伯克特在1979年出版的《古希腊神话与仪式中的建构与历史》一书中,专门讨论"替罪羊的转移"。他以公元161年的罗马战争为例,说明大瘟疫灾难之后的劫后余生,乃是催生禳灾文学作品的契机。希腊人把这种净化程序称为宣泄,而替罪羊则意味着医疗。忒拜之王狄浦斯就经历了这样一场瘟疫关口的转移:为拯救城邦而当作罪犯被驱逐出去。伯克特据此断定,古希腊的治疗仪式也就相当于一位王者的悲剧。仪式模型被归纳为三阶段程序:一是选定替罪者;二是交流仪式,供奉食物,装饰和续任;三是接触和分离的仪式,以便建立起相反的对立关系。随着牺牲者的被逐,罪恶和焦虑也就会从社会群体离开,随他而去。②在马尔加什人中,带走灾祸的工具叫作法迪特拉(faditra)。"法迪特拉是锡基迪(神灵会)选定用以消除任何有害于人们幸福、安宁或兴盛的灾祸与疾病的东西。法迪特拉可以是灰烬、剪刻的钱币、绵羊、南瓜,或锡基迪选定的任何其他东西。物体选定好以后,祭司再看物体是为哪个受害者选定的,就把他所有的不幸,都推到物体身上,最后将他责成法迪特拉把所有的祸害带走,永不回来。如果法迪特拉是灰烬,就让风把它吹走;如果是剪刻的钱币,就把它扔到深水里去,或是放在找不着的地方;如果是绵羊,就让人背到远处去,这人尽力快跑,边走边抱怨,好像是因为法迪特拉带着灾祸而对它十分愤怒;如果是南瓜,就放在肩上拿到不远的地方去,把它在地上摔碎,并显出愤怒和憎恨的样子。"③

① 让-皮埃尔·韦尔南、皮埃尔·维达尔-纳凯:《古希腊神话与悲剧》,张苗、杨淑岚译,华东师范大学出版社2016年版,第115—120页。

② Walter Burkert, *Structure and History in Greek Mythology and Ritual*, Berkele: University of California Press, 1979, p. 67.

③ 詹·乔·弗雷泽:《金枝:巫术与宗教之研究》(下册),徐育新、汪培基、张泽石译,商务印书馆2012年版,第842页。

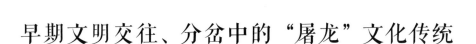

# 早期文明交往、分岔中的"屠龙"文化传统

## 引　言

　　龙被称为"先前有,如今没有,但仍然存在的兽"出现在各种文化编码之中(《新约·启示录》第17章)。游戏名作《屠龙剑》(*Dragon Slayer*)系列,总计达8部之多,风靡全球。贯穿游戏的屠龙剑,始终是法尔康(Falcom)株式会社最吸引人的卖点。直至今日,作为《屠龙剑》的衍生品,《伊苏》系列、《英雄传说》系列及《迷城的国度》,依然独领风骚。我们不禁要问:如此追魂的文化文本,其背后的文化传统隐身何处?

　　当代各类新神话主义小说,如乔治·R.R.马丁的《冰与火之歌》、克里斯托弗·鲍里尼的《遗产》三部曲、安妮·麦卡芙蕾的《龙骑士:佩恩年史》、J.K.罗琳的《哈利·波特》系列、英国作家托尔金《魔戒》系列小说等,都不约而同地写了与龙搏斗的情节。托尔金创造的中土世界中,龙是由天魔王马尔寇所创造的邪恶生物,魔王魔苟斯座下的格劳龙是恶龙的祖先,会喷出巨大的火舌,善于积累和看守珍宝。它多次伤害精灵族族人,用眼睛攻击妮诺尔使她失去记忆,最终被图林用宝剑刺中腹部,流血而亡。[①]《霍比特人》系列中,中土大陆的最后一条恶龙史矛革为占领矮人族的大量宝藏和宝钻,率领部下占领并摧毁矮人王国,多年后被矮人后代和人类先后袭击终至消亡。[②] 和西方民族不同,中国多数民族的神话与民间传说中,龙是祥瑞动物,它能上天入地,沟通天人,能行云致雨,泽被人间。[③] 干旱时人们到龙王庙祭龙祈雨,多能应验。翻开词典,中国和龙有关的词语,多表达气势磅礴、吉祥和谐、气度非凡、英俊潇洒、活力四射、奋发有为等含义。成语"望子成龙""龙凤呈祥"更是把龙当成了美好吉祥的最高价值所在。甚至我们可以说,中华民族似乎是在龙的庇护下繁衍至今。宋元以后历代皇帝为了获得神授地位,和龙"攀亲",龙信仰通过图像叙述进入王权意识形态,变身为皇家的御用符号。

"屠龙"到底意味着什么?为什么世界不同民族会形成截然不同的"龙"观念?有学者站在东西文化二元分离的意识上,认为东西方民族的龙并非一回事,西方的"Dragon"和汉语中"龙"不能互译,是翻译出了问题。果真如此?笔者不揣谫陋,拟在前人研究成果的基础上,通过多重证据,借此厘清"屠龙"的来龙去脉,以见教于方家。

## 一、"屠龙"是人类文明的集体记忆

从前文字时代的"大传统"到书写时代的"小传统",文化编码包括角色扮演、数字图表、国际法条、图像漫画、口头传统、仪式礼仪、组织议程、文字叙述等,可以称为 N 级编码。神话和传说以口述形式编码,是原型编码;无文字时代的文物和图像为一级编码;文字符号等小传统是二级编码;三级编码指轴心时代形成的用文字书写的早期经典。经典后的所有书写都是再编码,不计其数,处于编码程序的末端,统称 N 级编码。神话是所

---

① 托尔金:《精灵宝钻》(修订注释本),邓嘉宛译,译林出版社 2012 年版。
② 托尔金:《霍比特人》(第 2 版),吴刚译,上海人民出版社 2013 年版,第 218—258 页。
③ 这些民族包括汉族、苗族、羌族、瑶族、白族、壮族、布依族、哈尼族、佤族、黎族、水族、畲族、蒙古族、满族、高山族、傣族、侗族、仡佬族、彝族等等。

有模式的原型,体现了最基本的文学程式和结构原则,所以,进入以神话、传说形式存在的原型编码,通过多重证据,解码复杂编码背后的文化事项,才能掌握"屠龙"真相、"屠龙"神话、民间故事与当代作家的创作之间的编码关系。纵观世界文学史,"屠龙"是世界早期文明的重要神话类型。

"屠龙主题是公元前第三千纪苏美尔神话的一个重要母题",克拉莫尔认为,所有时代和民族都有着他们关于龙的故事。通过屠龙的行动,为神、英雄的地位来加冕。尤其在古希腊,这些传说,包括诸神与英雄都是数不胜数的,赫拉克勒斯和珀修斯可能是最著名的屠龙者,几乎没有一位古希腊英雄不杀掉龙。苏美尔神话中的《库尔的毁灭:屠龙记》可以说是目前为止世界最早的屠龙故事。泥版记录的三位屠龙英雄分别是水神恩基、大气之神恩利尔之子宁努尔塔和女神印南娜,他们诛杀的怪物是一条居住在冥府的大蛇"库尔"(Kur,神兽,亚述学家一致识别为龙)。史诗《吉尔伽美什、恩启都与冥府》的序言部分,水神恩基杀死了库尔。天地初分以后,库尔诱拐了女神埃里什基加尔,水神恩基向库尔实行报复,斩杀库尔。战神宁努尔塔经历巨大艰险杀死库尔之后,遗留下来的"龙尸",造成了"饥馑遍地,寸草不生"的巨大灾难。于是,宁努尔塔就将石块垒起,把恶水引入底格里斯河,阻止向人间蔓延,大难平息,粮食丰收,到处都是欢歌笑语的热闹场面。①在《印南娜与艾比赫》中,丰饶与爱情女神印南娜是女战神,与库尔决战,库尔由最初的水演变为"大山艾比赫",艾比赫代表了"一块充满敌意的土地"。最后印南娜动用全部的武器和援手毁灭了库尔,征服了这片土地。②

苏美尔神话中的库尔,在阿卡德神话中混合成大母神提亚玛特(Tiamat),后者兼具水神和地神的双重属性——一种两栖类的超级爬虫,其造型为四足妖龙或七个头的蛇怪,其实是大母神时代的"生命之母"。阿卡德还有魔怪拉玛什图(Lamashtu),狮首女身,从冥界来人间掠劫儿童,散布

---

① 萨缪尔·诺亚·克拉莫尔:《苏美尔神话》,叶舒宪、金立江译,陕西师范大学出版社2013年版,第99—103页。

② 萨缪尔·诺亚·克拉莫尔:《苏美尔神话》,叶舒宪、金立江译,陕西师范大学出版社2013年版,第103—105页。

疾病。

埃及《亡灵书》的核心作品《阿尼的纸草》（又译为《阿波菲斯的纸草》），其第 40 章记录的是"防御敌人——鳄鱼（埃及 Sobek 鳄神）、蛇、山猫和作为恶神塞特化身的阿匹龙的咒文"。塞特（Set）是太阳神拉的护卫，拉每天晚上都要到冥府游历，塞特就在他的身旁贴身守护。地下世界的恶魔巨蛇阿波菲斯（Apophis）是太阳神拉的死敌，它既是邪恶的化身又是混沌世界的原始力量。依照传说，太阳舟在地下世界航行时，要经过 12 个关口和地段。每个关口都有幽灵鬼怪、喷火巨蛇把守，其中最危险的第 7 关就是由巨蛇阿波菲斯把守，为了阻挡太阳舟的航行，阿波菲斯喝干了地下尼罗河的水，还从嘴里喷射可怕的毒液。太阳神拉在其他神的帮助下，用刀和矛刺穿阿波菲斯的巨大身躯，迫使阿波菲斯吐出河水，从而继续前进。①

据印度《梨俱吠陀》记载，雷神帝释天是"最早侵入印度从事游牧的雅利安人的神"。他出生后为人民所做的第一件大事就是屠杀了名叫弗栗多（Vrtra）的旱龙，释放出滋润人类和牧场的"云牛"。史诗《摩诃婆罗多》中大神毗湿奴化身的黑天杀死蟒王迦梨耶的传说家喻户晓。另外还有吠陀神话中的恶魔婆罗（Vala）；一组夜间活动魔怪——罗刹诸魔（Raksas），专与人为敌，独目、多头、长角、大肚，眼喷火，或化为凶兽猛禽；千首蛇舍沙（Sesa），它支撑大地，每到劫末，就喷出毒火消灭宇宙。

古希腊神话中，阴谋推翻宙斯统治的提福俄斯（Typhoeus）就是一个有 100 个蛇头，可以喷火的巨型怪物。该亚派遣提福俄斯去推翻宙斯的统治，宙斯用闪电战胜了巨型怪物龙，把他投进了地狱。同样，宙斯之子大力神赫拉克勒斯也是一位屠龙英雄，他一生完成了十二项伟业，屠杀怪物九头巨龙许德拉（Hydra）就是其中的一项。巨龙许德拉吃掉成群的牲畜，毁坏大片的田地，给人们带来巨大的灾难。赫拉克勒斯砍掉巨龙的九个头，并将巨龙斩为两段。②

---

① 佚名：《古埃及〈亡灵书〉》，金福寿译，商务印书馆 2016 年版，第 75 页。
② 奥托·泽曼：《希腊罗马神话》，周惠译，上海人民出版社 2005 年版，第 24 页。

罗马神话中最著名的屠龙英雄卡德摩斯是忒拜的建立者,他杀死了看守泉水的巨龙阿瑞斯,阿瑞斯嗜杀、血腥,是人类祸灾的化身。北欧神话中的毒龙尤蒙刚德(Jormangund)是群蛇的首领,神界的死对头。它不仅"在平川上空飞来飞去,喷射着毒液残害苍生"①,还率领众多巨蛇终日啃食生命树的树根,破坏宇宙生命的延续,可谓罪大恶极。在"诸神的黄昏",雷神托尔以牺牲自身为代价才杀死了世界之蛇尤蒙刚德。

综上,屠龙是一个具有世界性的神话母题。汤普森在《世界民间故事类型索引》的 AT 分类体系中,"屠龙者"的编号为 300。②据不完全统计,如今"屠龙者"已知的例子达到了 1100 个左右,还有些新的例子在不断汇集。丁乃通《中国民间故事类型索引》编号 300 专门有"屠龙者"一项,给出二十五例"屠龙"故事。③ 美国神话学家克拉莫尔断言:世界上几乎所有民族在不同时代都有着他们的龙的故事。随着基督教的兴起,英雄的功绩转向了圣徒,圣乔治屠龙的故事即为明证,波兰、德国、俄罗斯和英格兰等民族都有圣乔治屠龙故事的变体。④

## 二、 "龙"是人类文明想象的集合体

为什么"屠龙"会成为一个世界性的文学母题? 要回答这个问题,首先要回答"龙"到底是什么。

《不列颠百科全书》对"dragon"⑤的描述翻译为中文就是:"龙,传说中的怪物。它通常是长有一对巨大的蝙蝠翼,会喷火,还有蜥蜴的鳞甲和蛇

---

① 佚名:《埃达》,石琴娥、斯文译,译林出版社 2000 年版,第 25 页。

② 斯蒂·汤普森:《世界民间故事分类学》,郑海、郑凡、刘薇林等译,上海文艺出版社 1991 年版,第 294—301 页。

③ 丁乃通:《中国民间故事类型索引》,郑建威、李倞、商孟可等译,华中师范大学出版社 2008 年版,第 41—42 页。

④ 萨缪尔·诺亚·克拉莫尔:《苏美尔神话》,叶舒宪、金立江译,陕西师范大学出版社 2013 年版,第 97 页。

⑤ The Editors of Encyclopedia Britannnica. Britiannica. com, http://global. britiannica. com/topic/dragon-Mythological-creature, 2014-04-29/2016-04-04.

的尾巴。"《柯林斯词典》中,"龙"为"神秘的怪物或巨兽",有着"覆盖着鳞甲的爬虫般的身体、翅膀、爪子、很长的尾巴",并且"呼吸中带有火",明显有着类似巨蜥的躯体,蛇的长尾,鹰的翅膀和爪子等特征,可以说几乎是各种凶兽和灾害的集合体。① 词典中还注明这个词的来源有古法语、拉丁语单词dracō,源于希腊语中的δράκων,古希腊词 derkesthai 的意思是"to see",与"drakos eye"有关。归纳西方主要工具书,分类列表如下:

表4 西方主要工具书中的"dragon"形象

| 辞典名称 | 是否有长尾 | 特点1 | 特点2 | 是否有翼 | 是否吐火 | 是否有鳞甲 |
|---|---|---|---|---|---|---|
| 《不列颠百科全书》 | 长尾带刺 | 巨型蜥蜴 | 爬行 | 蝙蝠翼 | 是 | 身披鳞甲 |
| 《柯林词典》 | 长尾 | 神秘怪物 | 爪子爬行 | 是 | 是 | 是 |
| 《牛津高阶英语双解词典》 | 长尾 | 是 | 是 | 是 | 是 | |
| 《新牛津英语大辞典》 | 大蛇 | 混乱与邪恶 | | 是 | 是 | 是 |
| 《韦氏词典》 | 大蜥蜴、长尾 | 想象的怪物,头顶上有冠鬣 | 爪子锋利爬行 | 是 | 是 | |
| 《朗文当代高级英语词典》 | 长尾 | 蜥蜴怪物 | | 是 | 是 | |
| 《当代法语词》 | 蛇的尾巴 | 狗的头部和身体的怪物 | 狮的爪子 | 蝙蝠的翅膀 | | |

我们发现,按照时间和空间维度,东西方不同民族对各自历史上遭遇的魔怪有不同的称谓,"龙"是东西方文化交流碰撞中对各自"魔怪"阐释互译的产物。有人认为把中国的"龙"翻译为"dragon"是翻译出了问题。笔者认为,龙的神话叙事部分地指涉了人类集体想象和现实中的"异己"

---

① The Editors of Collinsdictionary.com, http://www.collinsdictionary.com/dictionary/english/dragon,2009 - 10 - 09/2016 - 04 - 04.

因素,是早期文明中不同群体的"共识"。早期文明都存在对威胁个体生存和集体秩序的魔怪的表述,如何称呼这些魔怪只有能指的差异,其普遍所指是身体上的"异类它者""怪物",空间上的"地下世界",地域上的"陌生阃域","充满敌意的土地""生存焦虑"等境遇。[①] 丰富多样的表层结构下的共同的深层结构是统一的。跨语际翻译实践是历史的产物,对"魔怪意象"的精准阐释互为异文化中外延和内涵都难以把握的翻译阐述。1298年,马可·波罗在其东方游记《世界奇迹录》记录,自己曾亲眼见过"中国龙"。"中国龙"先抵达拜占庭,再传入意大利的威尼斯、法国的卢昂和荷兰的德尔夫特等地,尽管有明显的文化色彩差异,仍很快得到当地广泛的认同。1585年,初版的西班牙历史学家门多萨的《中华大帝国史》是西方早期最有影响的中国学著作,其中把龙写作 serpientes。1588年法文版中,龙也翻译为 serpens,也是"蛇"。金尼阁( Nicolas Trigault)整理出版的《利玛窦中国札记》法文版,苦心格义,将龙译作 dragon,在西方世界起到了决定性影响。整体上看,最早翻译"龙"为"dragon"完全着眼于两种文化中魔怪外形描述的相似性这一点。归纳总结,东西方不同文明对魔怪龙的理解存在外形上两个相似性和内涵上的两个差别:

相似性1:都是一种想象中的怪物的集合体,体型庞大,长有翅膀,通常会飞。中国曾经概括龙的形象为"角似鹿、头似驼、眼似兔、项似蛇、腹似蜃鳞似鱼、爪似鹰、掌似虎、耳似牛"。

相似性2:早期世界各民族的记述中,很多民族的龙都是一种大蛇,有时候是多头蛇。在希腊语中,drakōn 最初用于任何大型蛇和龙的神话。英

---

[①] 苏美尔语中,库尔(kur)有地理上的对苏美尔存在威胁的临近多山国家,宇宙空间中的"地下冥府","怪兽"等多重含义。参见克拉莫尔:《苏美尔神话》,叶舒宪、金立江译,陕西师范大学出版社 2013 年版,第 96 页。

文版《圣经》用 serpent 表示"大蛇""毒蛇",区别于一般的蛇 snake。①

差别1:晚近西方 dragon 外形更接近巨蜥或鳄鱼,性情凶猛,中国龙的外形更接近蛇。

差别2:晚近龙的形象中,西方 dragon 喷火,中国龙吐水。

工具书中的语词含义及其翻译阐释都有遥远的历史文化传统,这些传统一部分源于古代神话与历史。龙的来源是什么?早期东西方不同文明为什么会不约而同形成"屠龙"的书写?

通过资料类比和梳理,笔者认为:作为重要的原型编码,龙神话的起源包括经验和超验两个层面。关于经验层面,必须追溯到史前时代的自然信仰,回到不同文明存在的地理环境中,从历时性、地理地域空间、族群迁徙和观念传播四个维度上去分析、思考屠龙神话叙述问题。

生存问题几乎是所有宗教、神话、民俗、仪式活动的出发点和归宿。毋庸赘言,早期无论哪个人类族群,都面临着巨大的生存压力。尽管不同地域环境、不同文明面临的具体生存环境不尽相同,但概括起来,这些压力可以分为以下几类:

(1)考古学家和人类学家认定,前40 000年到前8000年间,人类早期的小型族群以采集和渔猎的生活方式,生活在北非,约旦北部,两河流域,中国的黄河、长江流域。这一时期,人类主要面临的威胁是巨蜥②、巨蟒、鳄鱼(中国俗称之为"猪婆龙",古称"鼍龙")、犀牛、野猪、灰熊等大型食肉猛兽的袭击。例如马里兰和弗吉尼亚的切西(Chessie),苏格兰湖尼斯

① 神话中的许德拉就是九头巨蛇,也有人说是七头巨蛇,还有人说这条巨蛇有五十个头。参见 J. F. 齐默尔曼:《希腊罗马神话辞典》,张霖欣编译,陕西人民出版社1987年版,第407页。非洲、南美洲的神话中也是如此。世界许多民族所谓屠龙实为斩蛇。非洲多贡族创世神话《阿马创世》的神话,非洲西部建立的加纳西塞王朝《阿马杜斩蛇妖》的神话故事。南美洲的委内瑞拉天神苏埃征服巨蟒的神话故事。季羡林指出:"中译佛经里面的'龙'字实际上是梵文 Naga 的翻译,Naga 的意思是蛇。"参见季羡林:《印度文学在中国》,载《文学遗产》1980年第1期。

② 旧大陆蛇和巨蜥的分布范围主要是北非(地中海南岸、古埃及)、阿拉伯半岛、两河流域、伊朗高原、中国甘肃以西里海以东的广大地区。

海怪和在瑞典中部奥斯特森大湖中奥斯特森水怪 Storsjöodjuret[1]，希腊神话中的食人巨兽或独眼食人妖波吕斐摩斯（Pentheus）等。

（2）公元前 8000 至前 2000 年，早期游牧、采集的族群面临森林自燃产生的火灾，农业畜牧业民族面临洪灾、干旱等天灾的威胁。美索不达米亚、赫梯、埃及和努比亚、希伯来、腓尼基人、凯尔特人等世界早期族群，把火灾、洪水、干旱等灾害想象为魔怪"龙"。前 16 世纪，印度雅利安人认为因陀罗打败了天上掌管水的龙。中国的"龙王"庙主要是用来祈雨，这绝不是偶然。

（3）城市兴起，早期战争、贸易等人口迁徙流动开始后，大规模瘟疫蔓延是人类面临的主要生存危机。

（4）早期一些民族的太阳崇拜观念认为，吞噬太阳的夜晚是一种可怕的魔怪，关于这一怪兽的想象成为龙的来源之一。

可以说，龙是上万年以来——从狩猎采集到农业生产，人与野生动物、身存环境长期适应竞争的生存经验和转化这些体验为集体象征文化后的遗存物，它是物理实体与内在心像的结合体。它体现了生命本体经验范畴上的危险、毁灭与死亡原始体验，与超验层面上的深层集体心理象征符号二者的统一。龙信仰的意识渊源，来自偏远的、地下的或黑夜的等陌生阈域的现实的或想象的威胁和焦虑，因为地域、生产方式、族群而各不相同。受早期流行的萨满教万物有灵观念的影响，各民族对搏斗中剪除的动物心存恐惧，形成受迫害的集体想象和狩猎时代的古老记忆与深层焦虑。这种记忆和焦虑一代代遗留至今，成为集体的原型意象。[2] 集体无意识的原始体验转化为原始神话，原始意象萌蘖于原始神话，龙的原型正是这种原始意象（primordial image）。文学的魅力就在于它传达了集体无意识的原型，而"一个用原型意象说话的人，就是在同时用千万个人的声音说话"，"它们为我们祖先的无数类型的经验提供形式"，"每一种意象中都凝聚着一

① Jane Garry, Hasan El-Shamy, *Archetypes and Motifs in Folklore and Literature*, New York: M. E. Sharpe, Inc., 2005, p. 78.

② Qiguangzhao, *A Study of Dragons East and West*, New York: Peter Lang Publishing, Inc., 1992, p. 143.

些人类心理和人类命运的因素"①。

进入超验层面,历史上出现过的文学模式,均根植于古老的宗教仪式、神话和民间传说。由于集体的经验,世界范围内,屠龙神话叙述通常在仪式上使用,是以祷祝为目的的宇宙空间天、地、冥府秩序的议程性叙述的对象。作为祷祝的对象,想象的怪物集合体"龙形图案"首先作为动物咒语图。② 这个过程孕育了禁忌、禳灾、献祭仪式等一系列原始宗教活动,这些原始宗教活动孕育了早期与神灵沟通,对世界秩序言说的祷祝文学和艺术,而这些正是神话信仰孕育的土壤。精神分析心理学和原型批评为我们提供了一种通向无意识的龙的史前原型的渠道。弗莱将魔怪"龙"从经验层面进阶为超验象征层面概括表述为:

> 龙作为魔怪的形象特别合适,因为一方面龙面目狰狞、外表凶然,另一方面又有异乎寻常的魅力。这一矛盾性正好代表邪恶:它一方面是人类生活中不可或缺的道德判断的参照,另一方面又是了永恒的否定一切力量的表征。③

弗莱没有指出的二分法的原因。现在,我们已经知道为什么是爬行类怪物,而不是其他动物或鸟类,被选作魔怪"龙"的心理原因。在美索不达米亚以"埃塔纳"(Etanna,1900—1600B. C.)命名的泥版中就有代表天神和地狱的鹰与蛇战争的故事。偷食蛇后代的鹰非但没有受到惩罚,反而得到大神的营救,蛇却受到了永恒的诅咒。④

在美索不达米亚最早的一组以"埃塔纳"命名的泥石板中,记载有鹰与蛇斗争的故事。人们对蛇与鹰的神话百思不得其解:鹰偷食了蛇的后

---

① 叶舒宪:《神话－原型批评》,陕西师范大学出版总社 2011 年版,第 96 页。

② 埃马努埃尔·阿纳蒂:《艺术的起源》,刘建译,中国人民大学出版社 2007 年版,第 27 页。

③ 弗莱:《批评的解剖》,陈慧、袁宪军、吴伟仁译,百花文艺出版社 2006 年版,第 211—212 页。

④ Benjamin R. Foster, *The Epic of Gilgamesh*, New York:W. W. Norton & Company,2001,p. 48.(G. 史密斯在 1872 年的诠释,然后是 1975 年捷克学者 L. 马托乌施的诸多研究和翻译)是世界文学的第一部伟大作品。我们可以看到这部最古老作品的跨文学演变过程,它历经种种不同的版本——苏美尔的、阿卡迪的、亚述的和赫梯的。

代,蛇怒而反击,将之翅膀折断,而后鹰向大神求告忏悔,竟得到了神的原谅,并派出英雄埃塔纳(基什国王,大洪水后的第一位统治者)前去相助。最后,鹰获得了众神的恩宠而蛇则受到永恒的诅咒。

"鹰蛇相争,因果有定。"其实今天来看,鹰蛇博弈中,蛇不过是愤怒的复仇者而已,但友谊的背叛者鹰,却受到神的拣选和支持。这是为什么呢?笔者认为,鹰必定是因其飞翔的高度而饱受青睐。新一代的众神挣脱原有的水土信仰,转而对天空中的日月星辰充满敬畏,这也就引发了一场神学革命。而鹰就是这场神学革命的受益者,最终甚至与太阳等系列天体融为一体,形成日与鹰的视觉共同体。另一方面,蛇与古老的水土神系一起,成为新神和祭司集团的遗弃者。

因此,蛇与鹰的对立在长时间的流传演化和发展中,也慢慢扎根于不同的环境,成长为不同形式的表现元素,如朱雀与螣蛇对位,与印度那伽神与专以蛇为食的金翅大鹏鸟迦楼罗(梵语 suparna 或 suparnin)之间的对抗。《批评的解剖》中,弗莱同时指出水与火二元对立中就有早期神话结构的影子:

> 火的世界是一个凶险的魔怪世界,如鬼火或者从地狱里冒出来的幽灵;它表现在这个世界里就是分开焚烧异教徒或者诸如梦烧所多玛城之类,使城市毁于大火。与它相对立的是净火,例如《但以理书》中猛烈的火炉。水的世界则指死亡之水,常常与血腥屠杀联系起来,如耶稣在十字架上受难以及但丁笔下富有象征意义的历史人物,尤其是"深不可测,令人望而却步的男饮的海水",它纳尽这个世界上所上一切污秽的河流之水,而在神启世界里海却消失了,代之以新鲜纯净的水的循环流动。①

埃及还有火焰女神乌佩斯(Upes),专门喷火焚烧众神的敌人,形象为

---

① 弗莱:《批评的解剖》,陈慧、袁宪军、吴伟仁译,百花文艺出版社 2006 年版,第 213—214 页。

头上顶着蛇的女人;太阳神瑞和法老的守护神乌托(Uto),形象为眼镜蛇,有时是喷火的蛇。

早期人类习惯于运用巫术方式解决他们无力解释和解决的难题,诸如面临灾祸、瘟疫、死亡等,集体迫害仪式就启动了。那些被迫害的对象就充当了"替罪羊"。据弗莱"魔怪意象"的说法,"社会关系则表现为暴民,即本质上是寻找替罪羊的人类社会,而暴民常常与某种邪恶动物的意象的等同,例如水螅,维吉尔笔下的法玛,或斯宾塞笔下俗丽的怪兽","在《圣经》中,埃及和巴比伦代表魔怪世界,其统治者与怪兽被视为一体:尼布甲尼撒在《但以理书》中变为一只野兽,法老被以西结称为河龙"①。

擅长分析人类意识深层欲望的法国人类学家吉拉尔,在分析了特欧体瓦坎神话、阿兹神话、克里特神话、提坦神话、《约伯记》等以后,给出了答案:"这些文本中存在的集体迫害现象"。当一个族群遭遇"瘟疫"或者其他灾祸威胁,处于紧要的危急关头,人类会以原始宗教的方式,寻找并杀死肇事者(替罪羊)净化,以渡过危机。

可以说,为了既解决生存问题又远祸避害,世界不同地区的民族,为了祭祀天神,猎杀和享食的野生动物种类繁多。为了转嫁由此罪孽招致的天降灾祸,其中有一些战利品就充就当了替罪羊。有时用年纪衰老临死的神做了替罪羊。② 马尔加什人中,带走灾祸的工具叫做法迪特拉,是苏门答腊巴塔克人的一种仪式,他们称为"驱邪祭"。③ 至今一些偏远民族传承的巫术表演上,巫师们会一边大声唱着圣歌,一边腾挪跳跃,象征性地杀死戴着面具魔鬼的表演者,演绎替罪羊的祭祀仪式。④ 这种集体迫害的范式能以最小的代价获得群体最大的整合。

由于害怕被惩罚而进行动物祭献,或者为剪除替罪之羊而赎罪,都需

---

① 弗莱:《批评的解剖》,陈慧、袁宪军、吴伟仁译,百花文艺出版社 2006 年版,第 211 页。
② 詹·乔·弗雷泽:《金枝:巫术与宗教之研究》,徐育新、汪培基、张泽石译,中国民间文艺出版社 1987 年版,第 820 页。
③ 詹·乔·弗雷泽:《金枝:巫术与宗教之研究》,徐育新、汪培基、张泽石译,中国民间文艺出版社 1987 年版,第 774 页。
④ 詹·乔·弗雷泽:《金枝:巫术与宗教之研究》,徐育新、汪培基、张泽石译,中国民间文艺出版社 1987 年版,第 784 页。

要象征性集合体"龙"进入神话叙述中。在漫长的历史阶段,不同生活环境下,人类不同族群面对的生存危机和社会危机难以计数,不同时期因为转移灾祸而斩杀的"替罪羊",包括生活在海边的族群斩杀的巨蜥、巨蟒、鳄鱼、鲸等;生活在草原上的族群斩杀的大蛇、鹬鹰等;从事农业和畜牧业生产的族群,闪电和滚滚洪水也被想象为巨蟒一样的"洪水猛兽"。

在万物有灵的原始宗教的影响下,人们头脑中所有魔怪"龙"成为往来天地之间,沟通人神的象征性动物。而这一信仰源于人类早期的三个迁徙中心——欧-非-亚文化共同体:北非西亚、欧洲的阿尔卑斯山、中国长江、黄河流域。在古埃及、美索不达米亚、克里特和爱琴文明(包括其迈锡尼文化层)的古典时期,早期都存在着屠龙。后来随着族群迁徙,彼此独立又相互影响,笔者认为"象征性集合体"的交集是蛇和巨蜥。

## 三、从屠龙神话到英雄信仰:轴心突破、角色翻转与文明分岔

仔细追究希伯来文化中龙的来龙去脉,伊文思认为,龙是中东的安纳托利亚和伊利里亚人宇宙起源和神话观念,与土著日耳曼和凯尔特母题,以及基督教圣经神学融合的产物。[①] 欧洲神话中的龙要归因于《希伯来圣经》。古代宗教和文化经典《旧约》,广泛汲取了厚重的地中海文明共同体中赫梯、腓尼基、巴比伦的神话观念,据希伯来圣经记载,他们的祖先亚伯拉罕来自苏美尔的乌尔城,公元前 1850 年移居巴勒斯坦。《创世记》以及希伯来《圣经》其他经卷中出现的"拉哈伯"(Rahab)、"利维坦"(Leviathan)、"塔尼恩"(Tanin)等怪兽名字同样见诸巴比伦神话,可见,亚伯拉罕的后代们依然继承了美索不达米亚人以来的普遍神灵、价值观和习俗。[②] 在巴比伦神话中,英雄马尔杜克的对手提亚玛特(Tiamat),是海洋中的恐怖生命,具有祸害人的本性,并无法逃离被神消灭的命运。

---

① Jane Garry, Hasan El-Shamy, *Archetypes and Motifs in Folklore and Literature*, New York: M. E. Sharpe, Inc., 2005, p. 73.

② 杰里·本特利、赫伯特·齐格勒:《新全球史:文明的传承与交流》(第5版),魏凤莲译,北京大学出版社 2015 年版,第 55 页。

在苏美尔印章中,大神宰杀恶龙的故事源远流长。在赫梯和亚述时代,幼发拉底河中游玛瑞王宫遗址北面附近的特勒-阿沙拉出土过一块石碑,上面刻画着大神手持战斧宰杀大蛇的浮雕,浮雕表现的正是赫梯神话中暴风雨之神特舒布宰杀妖蛇伊卢延卡斯(Illuyankas)的故事。显然,古希腊神话中怪物提福俄斯的原型来源于赫梯神话。[1] 上埃及的神灵阿蒙与奥林匹斯的宙斯之间的传承关系显而易见。埃及死神奥西里斯(Osiris)就是希腊的酒神狄俄尼索斯(Dionysus)。口头程式的运用传统也能证明,"众神的集会"是一个混合概念,这个概念与乌加里特文学当中的表达相似,类似的场景在赫梯的《乌利库米之歌》当中展示得非常充分。另外众神的集会还出现在希伯来《圣经》中。

《旧约》记载,为帮助以色列人离开埃及,耶和华使亚伦的权杖变为蛇,引发埃及血灾、蝗灾、蛙灾瘟疫等十种灾害,迫使法老释放以色列人回到迦南,蛇成了灾难的象征。亚伦权杖所变的蛇在希伯来文中用"tannin",在七十士本中作 drakon,意为"大爬虫",对应神话中的"龙"或者"巨怪"。《民数记》中,为了惩处骚动的以色列人,上帝往人群中遣下致命火蛇,咬死了大批以色列人。史前时期威胁两河流域的猛兽,化身为苏美尔神话中的巨蛇"库尔",几经流转,进入了希伯来经典,和后来的基督教维护一神教的教义一拍即合。象征性集合体"龙"由于存在挑战一神教的神学逻辑,所以遭到犹太教和基督教教义的极度挞伐,成为邪恶和异教的象征,甚至就等同于出卖耶稣的撒旦,成了以上帝为代表的整个正义世界的最大敌人:"它生而作恶"。

《旧约·创世纪》中,蛇(serpent)引诱夏娃偷吃智慧树上的果子,最后导致亚当与夏娃被赶出伊甸园,降落凡间受苦。而蛇本身也被上帝诅咒"必用肚子行走,终身吃土"。[2]《启示录》中上帝说:"龙(dragon)就是那古蛇(ancient serpent),名叫魔鬼,又叫撒旦,是迷惑天下的。"撒旦化身的大红龙有"七头十角,七头上戴着七个冠冕。它的尾巴拖拉着天上星辰的三

---

① 瓦尔特·伯克特:《希腊文化的东方语境:巴比伦、孟菲斯、波斯波利斯》,唐卉译,社会科学文献出版社 2015 年版,第 59 页。

② 佚名:《圣经》,南京爱德印刷有限公司 2009 年版,第 3—4 页。

分之一，摔在地上"，龙就在待产妇人面前，等着要吞吃她的孩子。圣乔治捆绑恶龙后，扔进无底坑。一千年后又用天火烧死恶龙，扔进硫磺火湖中。①

弗莱在分析英雄传奇故事的《圣经》背景时说道：

> 在《启示录》中，海上怪兽、撒旦及伊甸园的巨蛇都成了同一码事。这种等同的关系构成了基督教的象征体系中刻意构思的杀龙隐喻的基础，在该体系中，主人公便是基督（艺术中常把基督画成踩在一头匍匐于地的怪兽身上），恶龙是撒旦，年迈虚弱的国王则是亚当；基督成为亚当的儿子，营救了教会这一新娘。②

轴心突破的早期典籍，传播面广，影响巨大，这一时期也是不同族群的魔怪意象内涵固定的关键阶段。作为文化编码中的古代经典，《出埃及记》反映了这段历史，并让魔怪"龙"的形象得以反复渲染、传播乃至定型。

从公元前 5 世纪起，犹太教与波斯的、印度的、希腊的、罗马的文化对比、较量，希腊化时期和罗马时代，希伯来人的抗争，使属于古代东方的犹太信仰变成中世纪欧洲的基督教信仰体系。作为基督教中屠龙英雄的代表，圣乔治屠龙汇聚欧洲的屠龙传统，几乎成了一个文化符号。弗莱认为冒险传奇的整个结构都可以概括为英雄大战恶龙的主题：

> 在以圣乔治为题材的戏剧中，英雄死于与恶龙的搏斗，后由一医生使他起死回生；在所有关于垂死之神的神话中，都贯穿着这一象征线索。由此可见，关于历险探求的神话包括四个而不是三个方面：一、冲突（agon）。二、殊死搏斗或死亡，往往是英雄与怪兽两败俱亡。三、英雄的消失，这一主题经常采用"肢解"（sparagmos）即将躯体撕裂的形式。有时候，英雄的肉体被其追随者所分享，如圣餐的象征；有时，英雄的肉体则被撕裂后弃于大

---

① 佚名：《圣经》，南京爱德印刷有限公司 2009 年版，第 284—290 页。
② 弗莱：《批评的解剖》，陈慧、袁宪军、吴伟仁译，百花文艺出版社 2006 年版，第 273 页。

自然,如俄狄浦斯尤其俄塞里斯的故事。四、英雄重又出现并为人们认识,重视圣餐礼的基督教徒便实行这样一条隐喻道理,即凡在堕落的世界中享用过救世主的血和肉的人,随着救世主躯体之重升天堂,也都与他融为一体。[①]

总之,基督教教义对中世纪以前源自苏美尔文明的古老屠龙传统进行了彻底的重构,其中的龙和蛇的形象对以欧洲为代表的西方文化传统产生了根本性的影响。

文学文本是原型编码的一种,考古图像、民俗仪式、节日等同样是文化编码,原型则是这一编码中的核心部分,它是由无数类似的过程凝聚而成的一种集体记忆和历史沉淀,是远古的精神遗存。屠戮龙和祭祀替罪羊的仪式最终落实为集体记忆,靠宗教经典和文学表述一代代传承下去。在原始宗教背景中,为了生存,族群背上了沉重的集体迫害焦虑,在面临新的现实威胁时又选择以杀死替罪羊的方式移除灾祸,形成新的焦虑,这是一个集体无意识的怪圈。在这个过程中,不同民族的精神心理倾向发生了偏移。被剪除和镇压的集合体龙和受焦虑困扰而作为替罪羊的集合体龙逐渐分离,形成不同文明演进的分岔。后世的英雄传奇叙述既体现了文明的分岔,也是神话历史分层的内容。

在地中海文化圈,龙的社会功能一方面给英雄提供了一个有价值的对手,另一方面给盾徽或羽冠一个引人注目的故事。因之,屠龙在早期神话中几乎成为英雄的规定性动作,这和人类学中成年礼演化而成的英雄启悟仪式相表里,被剪除和屠杀的龙转化为人们对城邦英雄的赞歌和氏族社会生活的追忆物。英雄"传奇情节的主要成分是冒险"[②],英雄冒险被归入夏季叙事结构——传奇的范畴。英雄冒险所遭遇的种种挫折中,屠龙是最富有转折性的高潮事件。龙成为正义之神的屠杀对象,屠龙英雄成为守护教义的偶像。与"祖本"苏美尔屠龙神话相比,希伯来龙神话同样没有突破,却不断增生内卷,分化成边缘化异教徒的言说传统。在新历史阶段,护教

---

① 弗莱:《批评的解剖》,陈慧、袁宪军、吴伟仁译,百花文艺出版社 2006 年版,第 277 页。

② 弗莱:《批评的解剖》,陈慧、袁宪军、吴伟仁译,百花文艺出版社 2006 年版,第 269 页。

英雄圣乔治因屠龙被奉为英格兰、葡萄牙和南斯拉夫的守护神,背后的历史想象是新兴力量假借护教叙事,确立民族国家边界的冲动。

西方神话学家坎贝尔对英雄的描述恰好印证了这一点[1]:"英雄的神话冒险的标准道路乃是过渡仪式中所表现的三段公式的扩大化:启程—启蒙—回归……英雄离开日常生活的世界进入一个超自然的奇特境地,在那里遇到巨大的敌对力量,英雄经过殊死搏斗,获得决定性的胜利。英雄从这种神秘的探险中回归,为他的人民带回恩赐。"[2]

在与世界其他文明竞争过程中形成的欧洲史诗,其讲述传统使之更趋向于塑造、皴染一个典型形象,因为复杂的形象不利于记忆。长期流传中不断强化的英雄成为人们顶礼膜拜的对象,他们与龙搏斗的书写,结构化为生与死、善与恶、正确和错误之间的较量,这种战斗不仅关乎英雄的荣誉更关乎人类秩序的建立。龙的"邪恶"成为反证英雄"道义"的筹码。"二希"文明的宗教传统,其外在超越与凡俗世界的断裂,形成僵硬的二元结构,这与古希腊在轴心突破之后的二元观念及其形而上的思想传统是一致的,屠龙英雄的叙事结构化为模型化的文学叙述,神话中有许多著名的屠龙者,包括珀修斯(Perseus)、马尔杜克(Marduk)、阿波罗(Apollo)、西格弗里德(Siegfried)、圣迈克尔(Saint Michael)、圣乔治、贝奥武甫(Beowulf)、亚瑟(Arthur)和特里斯坦(Tristan)等,他们既是男性气质的展演,又是神的

① 坎贝尔在《千面英雄》中将单一神话模式的每个部分又细分为多种不同的可能。沃格勒根据影视编剧的需要,总结出英雄之旅的十二个阶段和八种不同的原型角色。这种适合好莱坞编剧借鉴的结构模式,迅速成为好莱坞编剧的公共语言,成为传统的故事模式的一部分。他的书也被好莱坞的编剧们誉为"圣经"。十二个阶段为:正常世界,冒险召唤,拒绝召唤,见导师(智慧老人),越过第一道边界,考验、伙伴和敌人,接近最深的洞穴,磨难,报酬,返回的路,复活,携万能药回归;八种原型角色为:英雄,导师,边界护卫,信使,变形者,阴影,伙伴,骗徒。参见克里斯托弗·沃格勒:《作家之旅:源自神话的写作要义》(第3版),王翀译,电子工业出版社2011年版。
② 叶舒宪:《神话－原型批评》,陕西师范大学出版总社2011年版,第364页。

代言人,他们最终变身为国王、战神或者女神等。①

在消除罪责的仪式上,那些被迫害的"想象集合体"就充当了"公共替罪羊"。按照人类学家吉拉尔的看法,在原始宗教万物有灵的观念下,在某种信仰的阈限之外,受害者和加害者的角色就会翻转,"替罪羊-圣王"具有双重身份。这在古希腊悲剧《俄狄浦斯王》中得到了充分的展现,罪恶和清除罪责集于一身,也昭示着"悲剧"在人类早期宗教与仪式中的普遍性。

灾异、疾病、瘟疫解除以后,社会秩序恢复重建,受到一致迫害的群体——替罪羊,因为牺牲受到礼遇,升格为族群或者部落的保护神而受到祭祀。"龙"这个"祭坛象征集合体",随着献祭仪式,"牺牲"净化达到极致,从而跃升为"公共替罪羊"。"公共替罪羊"被以神圣的仪式屠杀或烧毁、被圣化、被献祭(sacrificed)、被神化(sanctification),并像凤凰涅槃一样地获得重生。人们深信替罪羊有一股魔力和神力,他既能造成灾难,也能带来和平。众人对"捣乱者"(造成危机)恨之入骨,后来又对"重建者"(带来和平)奉若神灵。"替罪羊"的效力倒转了迫害者和受害者之间的关系,"替罪羊"最终被神圣化。人们认为它们是唯一的、万能的神而受到群体一致的尊崇。在神话表述中龙逐渐重构为民族的英雄祖先、圣人和各路神灵被顶礼膜拜。②

图3　龙神话分岔与演化示意图

①　英国盎格鲁-撒克逊时期,以古英语完成的迄今为止最古老的长篇史诗《贝奥武甫》中,贝奥武甫就是一个著名的屠龙英雄。史诗2145节到3180节完整地叙述了毒龙因宝藏被盗而苏醒,向高特人进行疯狂的报复。年迈的贝奥武甫与恶龙展开了殊死搏斗,将暴虐的恶龙杀死,自己也因中龙毒而壮烈牺牲。11世纪的日耳曼民族史诗《尼伯龙人之歌》,提到国王西格弗里德(又译齐格弗里德)屠杀恶龙的故事。史诗第101至103行写道:"相传,他曾经亲手杀死一头凶猛的巨龙,皮肤因沐浴过龙血而变得像鳞甲一样坚硬,从此刀枪不入,这一点他已经多次亲自证明。"佚名:《尼伯龙人之歌》,安书祉译,译林出版社2000年版,第23页。
②　勒内·吉拉尔:《替罪羊》,冯寿农译,东方出版社2002年版,第55页。

证据显示,两种文明早期的分岔就体现在这一翻转上。东方崇祀转移灾祸的公共替罪羊"龙",认为它能沟通天人,行云布雨。印度东北部那加兰地区居住的那伽族,以蛇神崇拜的形式保留了达罗毗荼人的宗教传统,并以那伽崇拜的方式加以延展。其中在克什米尔语中,"那伽"是春天的意思,暗示着性、生殖与丰产。尼泊尔王国的那伽祭中,那伽被赋予眼镜蛇的造型,精细地刻于石头上,由此演化成那伽石崇拜的传统。石板上的那伽,象征繁殖和生育,庇护水源的同时,为虔诚的信众带来丰收和雨水。那伽蛇通常有四种表达形态:

甲,人首蛇身图式;

乙,对偶尾部交缠图式(那伽国王与王后的对偶雕像);

丙,鹰蛇对位图式(来自吸收了美索不达米亚传说的吠陀神话,那伽的首席克星就是每日以蛇为食的金翅大鹏鸟迦楼罗);

丁,一躯多首图式(从一条蛇躯或蛇嘴中裂变出数个眼镜蛇头。其数量在传说中达上千个,而视觉图示中则以"三""四""五""七""九"等虚数表示)。

距今五千年以上的中国仰韶、前红山、马家窑文化时期,石龙、玉猪龙、蚌壳龙都有沟通天人、传达神意的功能。早期中国典籍中乘龙飞升的场面描述比比皆是。《山海经》记载,夏后启、蓐收、句芒等都"乘雨龙"。另有"颛顼乘龙至四海""帝喾春夏乘龙"(《大戴礼·五帝德》)。东方勾芒,鸟身人面,乘两龙。西方蓐收,左耳有蛇,乘两龙。北方禺疆,黑身手足,乘两龙。南方祝融,兽身人面,乘两龙。[①]

表5　龙信仰传统示意图

| 中国 | | | 西方 | | |
|---|---|---|---|---|---|
| 历史时期 | 特点 | 连续(多神教) | 破裂文明(一神教) | 特点 | 历史时期 |
| 屠龙时代<br>恐怖危害 | 龙叙述处于远古以来神话观念框架中 | | 屠龙时代<br>恐怖危害 | | 屠龙时代<br>英雄和龙对抗 |
| 祭龙<br>龙王庙 | | | 后世龙叙述处于近代生物科学框架内恶魔的化身 | | 一神宗教兴起<br>神话传统断裂 |
| 嫁接龙神<br>龙的后裔 | 龙的传人(神话观念) | | | | |

① 袁珂:《山海经校注》,北京联合出版公司2014年版,第235、208、222、169页。

从种种迹象看,以古希腊罗马为代表,龙信仰断裂停滞于早期的北非和西亚的屠龙传统,替罪"龙"没有完成翻转,文化的传承断裂内卷为逻各斯中心主义的思维模式,这种思维模式迷恋于对恶龙的集体记忆和基督教对恶龙的叠写之中。文学史中,这种书写还表现为英雄叙述的结构模式。

# 结　　论

为什么会出现这种分岔?苏美尔、中国、埃及、印度、阿兹特克等早期文明形态,至今,只有中国文明在近五千年里保持了连续性。美籍华裔著名考古学家张光直先生认为,"在文明起源上,西方的一般法则不适用于中国,中国提供了它一般的规律"。比较研究中国、雅典、苏美尔文明时,张光直认为,中国文明是全世界向文明演进的典型的主流形态,"连续性"形态,中国古代文明是一个连续性文明:人类与动物的连续、地与天之间的连续、文化与自然的连续。由于历史地理的多次迁移和错位,西方文明是非典型的"破裂性"的形态,是个非连续性的文明。[①] 哈佛大学教授杜维明进一步强调,中国文明演进呈现有机程序,呈现三个基本主题:连续性、整体性和动力性,在宇宙之中任何一对事物之间永远可以找到连锁关系。[②]

如果用张光直的观点反思屠龙及其龙文化传统,中国文化就是一个参照系,以"二希"为代表的西方文明是一个镜像,它停滞在一神教的文化记忆之中:对"象征性集合体"龙的崇祀没有建立,宗教传统对英雄屠龙的隐喻性叙述,作为思想的言说、书写和其他实践固化为人类"英雄"对决"恶龙"的二元话语结构,龙成为英雄力量的对象化。进一步讲,以"二希"为代表的文明,自身传统被破断和遗忘,今天的记忆仅瞩目于书写小传统中的屠龙英雄,形成了终极形而上学的隐喻——英雄塑造对立面——恶龙和异教徒的言说传统。反观中国的屠龙书写和记忆,赓续萨满教传统中的万

---

① 张光直:《美术、神话与祭祀》,郭净译,三联书店 2013 年版,第 130—138 页。

② W. M. Tu, *The Continuity of Beijing: Chineses Versions of Nature, Confucian Thought*, Albany: State University of New York Press, 1985, p. 350.

物有灵观念,认为象征性集合体"龙"的牺牲挽救了人类族群,对"龙神"牺牲的感恩并接纳,翻转为对自然力量的认可与妥协,对崇高的敬畏与崇祀,包容万方,龙被请进了神坛,既延续了大传统中的神话力量,又避免了现代人道德的灾难。因之,汉字编码中,龙有被置于神庙中的形象,如"宠""庞"和双手捧着的形象"龚",龙成为农业生产的保护神和社会权威的符号表达。

近代以来,欧洲重商主义文化"重伤"东方中国以后形成的新世界体系中,龙被建构,"双重他者化"为殖民史学的叙述主角,成为西方世界秩序话语表述中的东方抓手,扮演了愚昧、落后、封闭、保守的"中国角色"。"东方主义"作为一种支配、重建、凌驾于东方之上的西方话语,揭露出意识形态构造的政治维度。把中国龙与基督教中的恶龙相关联,与殖民文化相表里,成为文化压制的新形式。当代中国的民族自觉,急于撇清这种关系,甚至怀疑当初跨语际翻译实践的话语动机,却忽视了西方现代世界体系初期,中国被西方文明等级秩序替代重建的历史语境。最初提出"龙是原始夏人的图腾"的闻一多,后来也说:"在我们今天的记忆中,龙凤只是'帝德'和'天威'的标记而已","三千年惨痛的记忆,教我们面对这意味深长的'龙凤'二字怎能不触目惊心?"[1]

从龙的话语、书写分岔,我们领略到今天中国文明寻求天人合一、协和万邦,成就合作共赢的"命运共同体"背后隐藏的更为久远的文化大传统。

---

[1] 闻一多:《龙凤》,见《闻一多全集》(甲集),开明书店1948年版,第70页。

# 民族民间屠龙文本与禳灾隐喻

## 引　言

　　龙到底是什么,学术界众说纷纭。和"龙图腾""龙的传人"命题中的"尊崇原则"相反,在世界范围内还存在大量的屠龙文本。美国学者斯蒂·汤普森在《世界民间故事分类学》中,首次划分出"屠龙者"(AT300, The Dragon Slayer)故事类型。① 屠龙故事同样广泛分布于我国境内各民族。华裔学者丁乃通对中国民间故事,也划分出了"屠龙者"这一母题。② 学者郎樱曾将新疆地区各民族屠龙故事进行对比研究,认为不仅是中国新疆地区各民族存在屠龙型民间故事,在中国其他地区的民族民间文学中,也有存量丰富的屠龙型民间故事。③

　　本文搜集汉族以外我国二十七个民族四十四则屠龙故事文本(表6),

---

① 斯蒂·汤普森:《世界民间故事分类学》,郑海等译,上海文艺出版社 1991 年版,第 27—40 页。

② 丁乃通:《中国民间故事类型索引》,华中师范大学出版社 2008 年版,第 41 页。

③ 郎樱:《东西方屠龙故事比较研究》,载《新疆大学学报》(哲学社会科学版)1995 年第 3 期。

比较不同民族的民间口承故事,分析屠龙文本背后隐含的文化传统,为探求龙的真相提供一个视角。

表6　中国多民族屠龙故事分布情况简表

| 故事名称 | 民族 | 流传区域 | 故事名称 | 民族 | 流传区域 |
|---|---|---|---|---|---|
| 《李郎降龙》 | 回族 | 内蒙古 | 《杨梅仔吹笙除恶龙》 | 瑶族 | 东南丘陵 |
| 《插龙牌》 | 回族 | 云南 | 《龙池斗宝》 | 羌族 | 四川 |
| 《锁孽龙》 | 布依族 | 贵州高原与湘西山地 | 《龙王潭的由来》 | 藏族 | 青藏高原 |
| 《七女洞》 | 布依族 | 贵州高原与湘西山地 | 《勇团,妮囡斗杀九角龙》 | 畲族 | 福建 |
| 《马利占杀龙》 | 傣族 | 澜沧江流域 | 《巴图鲁舍身斩妖龙》 | 满族 | 鸭绿江流域 |
| 《九隆王》 | 傣族 | 澜沧江流域 | 《驯龙记》 | 蒙古族 | 青海 |
| 《赶龙》 | 白族 | 金沙江流域与元江流域 | 《大力士》 | 塔吉克族 | 新疆 |
| 《小黄龙和大黑龙》 | 白族 | 金沙江流域与元江流域 | 《勇敢的小王子》 | 塔吉克族 | 新疆 |
| 《雕龙记》 | 白族 | 金沙江流域与元江流域 | 《勒退夫智斩妖龙》 | 东乡族 | 新疆 |
| 《凉水潭》 | 白族 | 金沙江流域与元江流域 | 《九池和龙窝的传说》 | 东乡族 | 新疆 |
| 《包佐杀龙》 | 彝族 | 金沙江流域与元江流域 | 《忠实的朋友》 | 乌孜别克族 | 新疆 |
| 《除妖龙》 | 彝族 | 金沙江流域与元江流域 | 《科里契卡拉》 | 乌孜别克族 | 新疆 |
| 《凤凰治龙王》 | 普米族 | 金沙江流域与元江流域 | 《飞汗的儿子》 | 哈萨克族 | 新疆 |
| 《大鹏斗孽龙》 | 纳西族 | 金沙江流域与元江流域 | 《为人民而生的勇士》 | 哈萨克族 | 新疆 |

| 故事名称 | 民族 | 流传区域 | 故事名称 | 民族 | 流传区域 |
|---|---|---|---|---|---|
| 《巴列降龙》 | 土家族 | 贵州高原与湘西山地 | 《兄弟仨》 | 哈萨克族 | 新疆 |
| 《火烧恶龙窝》 | 苗族 | 贵州高原与湘西山地 | 《会魔法的国王和年轻的猎人》 | 哈萨克族 | 新疆 |
| 《水麒麟的故事》 | 水族 | 贵州高原与湘西山地 | 《江尼德巴图尔》 | 哈萨克族 | 新疆 |
| 《金社除恶龙》 | 独龙族 | 怒江流域 | 《英雄艾里·库尔班》 | 维吾尔族 | 新疆 |
| 《珠子降龙》 | 京族 | 东南丘陵地区 | 《海兹莱提·毛拉姆麻扎的传说》 | 维吾尔族 | 新疆 |
| 《凤凰山和鬼龙潭》 | 仫佬族 | 东南丘陵地区 | 《达尼格尔神游地府》 | 柯尔克孜族 | 新疆 |
| 《芦笙桥》 | 侗族 | 黔东南地区 | 《达尼格尔枪杀毒龙》 | 柯尔克孜族 | 新疆 |
| 《德摩诗瑟杀龙》 | 哈尼族 | 红河与澜沧江两岸 | 《义斩河龙救公主》 | 柯尔克孜族 | 新疆 |

## 一、不同民族中的屠龙故事类型

依据"屠龙的原因",笔者把四十四则屠龙文本划分为三种类型:类型一,龙致灾祸被屠杀;类型二,龙残害人、吃人,人类因复仇而屠龙;类型三,为完成考验屠龙。兹概括归纳如下:

类型一,龙引致灾祸被屠杀。在四十四个民族屠龙型故事中,其中十九个屠龙型故事因龙制造旱涝灾害而屠龙,此类型的屠龙型故事文本分布在十五个民族中。这类故事中,龙被认为是破坏秩序、引致灾祸的罪魁祸首,因此要奋力剪除。故事结局是恶龙死亡或者是被降服,灾祸得以禳解,人们生活秩序得以恢复。

回族民间故事《李郎降龙》中,掌管行云播雨的银角龙根据村民进贡的贡品数量行雨布雨,雨量稀少致使村庄民不聊生,招致村民的集体屠龙。① 另外一个回族故事《青龙潭的传说》里的火龙欺弱怕强,霸占青龙潭作恶不雨,并化作美女诱惑阿里。阿里在青龙的指点下到蟒洞取金瓢,和青龙并肩战火龙,在缠头的协助下,勒死了火龙。阿里化龙和青龙一起降雨吐水,解救穆民之干旱。白族民间故事《赶龙》,龙王根据贡品的数量与质量下雨,并且愈加贪得无厌,村民不堪重负后设法屠龙。② 白族民间故事《小黄龙和大黑龙》中,龙为泄私愤制造旱涝灾害。大理海子的大黑龙丢失了宝物龙袍,为寻找宝袍,大黑龙兴风作浪酿成涝灾,因而招致民众屠龙。③ 同一类型的还有布依族民间故事《锁孽龙》:黄龙的朋友旱精因为制造旱灾而被布依族祖先捕获并烧死,黄龙为给旱精报仇,联合数条小白龙制造洪水灾害,淹没庄稼、刮倒树林。布依族百姓十分气愤,集体合力制服了恶龙。④ 羌族民间故事《龙池斗宝》中,白龙与黑龙因为争夺地盘、抢夺食物而展开恶斗,两条龙吐出的火珠炙烤农田、牧草与牲畜,为制止恶龙所害,王保兄弟使用火炮炸恶龙将其赶走。⑤

　　龙有意破坏人类生产生活秩序,给人类和其他动物带来灾殃。纳西族民间故事《大鹏斗孽龙》中,人与龙为同父异母所生,父母双亡后,龙欺压人类。人耕地,龙则派蟒蛇咬;人砍柴,龙则派蟒蛇抓。为阻住人类耕田,龙制造旱灾,最后招致人类屠龙。⑥ 水族民间故事《水麒麟的故事》中,小妖龙使用武力霸占河水,并任意残害鱼虾贝壳,最终招致水麒麟屠龙。⑦

　　哈萨克族民间故事《江尼德巴图尔》中,江尼德巴图尔欲为父亲找出画像中的姑娘,在草原上遇到巨龙并与之搏斗。当江尼德巴图尔将宰杀巨

---

① 李树江、王正伟:《回族民间传说故事》,宁夏人民出版社 2008 年版,第 23—26 页。
② 大理白族自治州文化局:《白族民间故事选》,上海文艺出版社 1984 年版,第 149—152 页。
③ 李子贤:《云南少数民族神话选》,云南人民出版社 1990 年版,第 98—103 页。
④ 汛河:《布依族民间故事集》,中国民间文艺出版社 1982 年版,第 30—32 页。
⑤ 四川省茂汶羌族自治县文化馆:《羌族民间故事》第 3 集,1982 年版,第 79—82 页。
⑥ 中共丽江地委宣传部:《纳西族民间故事选》,上海文艺出版社 1981 年版,第 89—91 页。
⑦ 祖岱年、周隆渊:《水族民间故事选》,上海文艺出版社 1988 年版,第 350—352 页。

107

龙时,巨龙乞求做江尼德巴图尔冒险游历的帮手。江尼德巴图尔与帮手巨龙和巨人走到海边,遇到污染水源的毒龙。毒龙污染水源致使人民生不如死,经过激烈的战斗,江尼德巴图尔最终将宝刀插入毒龙的心脏,河水再次清澈,人民生活恢复正常。① 柯尔克孜族民间故事《达尼格尔枪杀毒龙》中,王城中的喷泉被毒龙吸干而不再喷水,因此达尼格尔运用苦练的本领将枪射进毒龙的脑子。②

满族民间故事《巴图鲁舍身斩妖龙》中,鸭绿江中的恶龙每年夏季抢走三四个十三四岁的女孩祭江,如若村民反抗,恶龙则使洪水暴涨,淹没村寨,最终恶龙为巴图鲁所杀。③

除上述典型的屠龙故事外,其余十二个民族民间故事中,龙也常毫无缘由地制造旱涝灾害。旱涝灾害是各民族屠龙故事中出现屠龙的主因。这说明关于龙的想象与早期的农业社会先民对自然条件的高度依赖的生存状态紧密相关。

类型二,龙残害人、吃人,引起人类复仇而屠龙。维吾尔族民间故事《英雄艾里·库尔班》中,国王欲除掉艾里·库尔班设下诸多凶险任务。其中一项任务是派艾里·库尔班到东山杀龙。东山之龙吃人无数,艾里·库尔班最终将龙头割下完成任务。④ 维吾尔族民间故事《海兹莱提·毛拉姆麻扎的传说》中,村庄附近出现了妖龙,每年要吃一个农民,否则村民便将遭受无尽的灾难。海兹莱提·毛拉姆麻扎的弟子伊玛目·马立克·艾克拜尔为展现自己的才学请求除掉妖龙,后将妖龙劈为两半。⑤ 塔吉克族民间故事《勇敢的小王子》中,皇帝的小儿子巴图尔江出征为父亲寻找仙女古莉喀赫。途中遭遇龙窝,龙每天要吃一人与四十筐馕,百姓人心惶惶,

① 焦沙耶、张运隆:《哈萨克族民间故事》,新疆人民出版社 1982 年版,第 44—55 页。
② 张越、姚宝瑄:《新疆民族神话故事选》,新疆人民出版社 1989 年版,第 179—181 页。
③ 辽宁省宽甸县民族事务委员会:《满族故事集》,辽宁省宽甸县民族事务委员会 1988 年版,第 138—143 页。
④ 张越、姚宝瑄:《新疆民族神话故事选》,新疆人民出版社 1989 年版,第 48—50 页。
⑤ 中国民间文学集成全国编辑委员会:《中国民间故事集成·新疆卷》,中国 ISBN 中心 2008 年版,第 282—289 页。

国无宁日。后来,巴图尔江斩杀恶龙继续寻找仙境。<sup>①</sup> 乌孜别克族民间故事《忠实的朋友》中,卡哈尔汗王在锡尔河打猎时遇见仙女,其子吐尔逊及其好友艾依来提也在锡尔河边看到仙女。吐尔逊欲娶仙女,卡哈尔汗王指使巫师放出毒龙吃掉吐尔逊并夺走仙女,艾依来提将毒龙斩杀。<sup>②</sup> 哈萨克族民间故事《飞汗的儿子》中,飞汗的儿子江德巴特尔在王宫中发现了美丽姑娘的画像,发誓要出王宫找到姑娘。在某座城中江德巴特尔遇见市民正给恶龙准备贡品,以防止龙吃掉整个城市,于是江德巴特尔在夜半将龙杀死。<sup>③</sup> 柯尔克孜族民间故事《义斩河龙救公主》中,老三无法忍受嫂子的欺辱离家出走,来到一座无人的汗国都城,询问得知,都城的恶龙将城中姑娘渐渐吃光,为救下汗王的独生女儿屠龙,老三将恶龙剖为两半。<sup>④</sup>

傣族民间故事《马利占杀龙》中,塔答光沙国女国王嫦蒂为了隐藏与龙丈夫的恋情,指使自己的龙丈夫杀害了无数迎娶嫦蒂的男性。马利占决心为死去的男人报仇,最终设计谋杀龙。<sup>⑤</sup> 傣族民间故事《九隆王》,易罗湖中九条毒龙作怪,勇士蒙伽独为民除害遭毒龙杀害,蒙伽独最小的儿子九隆为父报仇,最终将毒龙制服。<sup>⑥</sup> 彝族民间故事《包佐杀龙》中,妖龙化作人形去彝族寨子中做客,与寨中的年轻男女牵手跳舞,带走他们的灵魂。几天后与龙牵过手的年轻男女便会暴亡。腊王包佐(腊王包佐,彝语,即王氏祖公)为拯救寨民,设计将妖龙全部毒死。<sup>⑦</sup> 独龙族民间故事《金社除恶龙》中,龙王的大儿子逼迫龙女出嫁,龙女拒绝后,龙王父子惩罚龙女在山林中受苦,金社在山林中搭救了遍体鳞伤的龙女,后金社与龙女成亲。

① 苏天虎:《塔吉克族民间故事》,新疆人民出版社 1988 年版,第 84—92 页。
② 苏由:《孜别克族民间故事》,新疆人民出版社 1983 年版,第 257—276 页。
③ 银帆:《哈萨克族民间故事选》,上海文艺出版社 1986 年版,第 39—53 页。
④ 张越、姚宝瑄:《新疆民族神话故事选》,新疆人民出版社 1989 年版,第 197—200 页。
⑤ 中国社会科学院云南少数民族文学研究所编:《云南少数民族文学资料》(7),中国社会科学院云南少数民族文学研究所 1981 年版,第 99—108 页。
⑥ 李子贤:《云南少数民族神话选》,云南人民出版社 1990 年版,第 194—198 页。
⑦ 中国民间文学集成全国编辑委员会:《中国民间故事集成·广西卷》,中国 ISBN 中心 2001 年版,第 448—449 页。

龙王得知后欲杀死金社,金社为报龙王害人之仇,与龙女联手将龙王杀死。①

因为恶龙残害人、吃人而招致复仇屠龙的故事还有白族民间故事《雕龙记》。龙潭中的母猪龙吃掉了木匠杨师傅的独子七斤,杨师傅悲痛难抑决心为子报仇。于是用木材制作木龙最终制服母猪龙。② 苗族民间故事《火烧恶龙窝》中,南野潭的恶龙经常吞食去往潭中捕鱼的人充饥。苗家老人故亚老来得子,故亚带儿子在南野河口捕鱼之时,恶龙吞食了故亚的独子。故亚凭借一身武艺火烧恶龙窝,杀龙复仇。③ 瑶族民间故事《杨梅仔吹笙除恶龙》中,恶龙抓走了杨梅仔的姐姐小红妹,杨梅仔吹笙制服恶龙复仇,并救出姐姐④。东乡族民间故事《九池和龙窝的传说》中,九池村中住着从西域迁来的麦赞尼一家六口,然而南山沟一条九头骚龙吞食了麦赞尼的父母,掳走了麦赞尼的妹妹,并杀害了麦赞尼的两位哥哥。于是麦赞尼翻山越岭来到太子山向仙人学艺复仇,斩杀妖龙。⑤

笔者在四川省绵阳市平武县虎牙藏族乡田野调查整理时发现《涮涮水的故事》也属于这一类型⑥:相传在很早以前,有一恶龙躲进了龙口的洞内,经常兴妖作怪,使人们不得安宁,无法正常生产、生活;继而当地一些小家禽家畜不翼而飞,常常被吸食;渐渐地,一些大型畜生如牛羊之类也经常失踪了。后来有人发现在大龙口飞瀑下有未消化被吐出的大牲畜的头颅和四肢骨头等。在一年的冬天借恶龙休眠的季节,全寨的男士聚齐,带着全副刀枪火杆,在大龙口处堵截了三天三夜,但都无济于事。至今龙口处还留下一道十分清晰的墙的痕迹。人们对于涮涮水的恶龙降不住,祭不

---

① 左玉堂:《怒族独龙族民间故事选》,上海文艺出版社 1994 年版,第 276—279 页。

② 中国作家协会昆明分会:《云南民族民间故事选》,云南人民出版社 1960 年版,第 158—169 页。

③ 黔东南苗族侗族自治州民族事务委员会、黔东南苗族侗族自治州文学艺术研究室:《苗族民间故事集》(第一集),1982 年,第 41—44 页。

④ 刘城淮:《世界神话集·二·自然社会神话》,湖南大学出版社 1999 年版,第 112—115 页。

⑤ 郝苏民:《东乡族、保安族、裕固族民间故事选》,上海文艺出版社 1987 年版,第 8—10 页。

⑥ 2017 年 5 月,在四川省绵阳市平武县虎牙藏族乡,距虎牙藏族乡政府所在地约 15 公里的地方,笔者调查整理到《涮涮水的故事》。

受,堵不死,只好逃走,因此人烟逐步稀少,几乎断了人迹。

有一年,一名红衣喇嘛师徒二人朝圣雪宝顶途经虎牙,说是佛法无边,能斩妖除魔。当地人就把红衣喇嘛师徒挽留下来,请他们斩妖除魔。经堂设在喇嘛寺的寺庙内(今尚有遗址),师徒整整念了九天九夜的降魔经,然后准备了三天的干粮,带上降魔法器去除魔。因怕伤害百姓,只有师徒二人到涮涮水去斩妖除魔。

到了涮涮水龙口飞瀑下,红衣喇嘛使尽了法术,都不能把恶龙引出洞口,只好带上实用的法器进洞除妖,还有一些除魔兵器和法器都留在洞外叫徒弟看守,急用时由徒弟往洞里送一下。红衣喇嘛进洞不久,洞内便发出嗡嗡的响声,像是红衣喇嘛在洞内诅咒施法念经的声音,一会儿便听见似虎啸非虎啸的声音,一会泉水又喷起老远。又隔了一会儿,便听见洞内一声巨响,泉水一下子变成了红水(血水),这时洞口一下子伸出一只有水桶那样粗的手杆,手杆上的汗毛有尺多长,手指有碗口粗。这是红衣喇嘛伸出的一只手,来要徒弟递送降魔兵器斩妖剑。徒弟从未见过师傅收妖,更不相信师傅的手有那样粗,以为是恶龙飞出了洞口,一时忘了给师傅递送斩妖剑,吓得屁滚尿流逃出了涮涮水沟外。这时寨上的男士都在沟口翘首等待除魔佳音,等了半天,见红衣喇嘛徒弟一人跑出,面无血色、没精打采的样子,知道情况不妙,便七嘴八舌追问除妖情况。徒弟因惊吓刺激一时缓不过气来,歇了半天才把所经情形略述了一遍。人们都说徒弟没良心,一日为师终身为父,你既不递兵器又不想法救师傅,你还有啥脸面见我们。于是沟口的人们就一齐奔进沟里到大龙口去救红衣喇嘛。但沟口到大龙口五六里远,当人们奔跑到大龙口时,只有股股血水从洞内流出,其他一切都归于平静。寨上的人们在那里守了三天三夜都不肯离去。有主事的提议,还是回去另请喇嘛给红衣喇嘛念经超度吧。于是大家才悻悻地离开。

后来人们便在喇嘛寺内为超度红衣喇嘛亡灵念了七七四十九天经,并把他去斩妖除魔那天即冬月初八作为祭奠他的日子。每年的冬月初八寨上人们都不约而同到喇嘛寺作祭奠活动,故有"冬月初八祭红衣喇嘛"的习俗。原来涮涮水大龙口恶龙与红衣喇嘛同归于尽了。

类型三,为完成考验屠龙。人类与异己怪物长期"战争"的历史,让屠龙转化为成人仪式中阈限（考验）阶段的隐喻,屠龙成为英雄的标志性动作。英雄外出游历或冒险,恶龙是路途中的拦路虎,英雄必须杀龙才能完成冒险。为完成考验而屠龙的故事中,龙的结局均为死亡。屠龙者结局相似:屠龙者在救出公主、找到仙女、拯救了王城或村庄之后,成为当地的英雄或国王,与公主、仙女过上幸福的生活。

在四十四则多民族屠龙型故事中,十四个嵌套在成人仪式为母题的考验故事中。这十四个屠龙型故事分布在五个民族中,这五个民族是新疆的塔吉克族、乌孜别克族、哈萨克族、维吾尔族、柯尔克孜族。

为历练自己而冒险的途中,科里契卡拉遭遇龙的阻碍:在一座城中遇见巨大的恶龙,恶龙四处追吃人畜。轮到国王献出公主,科里契卡拉杀死恶龙,救出公主。① 哈萨克族民间故事《兄弟仨》中,穷铁匠的三个儿子外出游历,老二在夜半发现了要吃人畜的巨龙,于是用剑将巨龙杀死。②

塔吉克族民间故事《大力士》中,双目失明的巴依老人欲培养儿子外出做生意,途中孩子救下一具将被烧掉的尸体,尸体化作大力士跟随孩子远征,途中遇见恶龙,大力士砍杀恶龙。③ 哈萨克族民间故事《为人民而生的勇士》中,德里达西为了找回被敌人掳走的母亲和父亲的财产,踏上冒险复仇之路。途中遇见毒龙吃雏鹏,德里达西用钢刀将毒龙杀死救出雏鹏。作为回报,德里达西在复仇路上获得了雏鹏母亲——大鹏的帮助。④ 柯尔克孜族民间故事《达尼格尔神游地府》中,达尼格尔的父汗被残暴的首领杀害,达尼格尔为了给父亲报仇杀巨龙,拿到了报仇的工具。⑤

综上,三种类型的屠龙故事中,龙的恶行主要集中在以下四方面:第一,龙主动向人类索要献祭,献祭的种类主要为女孩、农民、牲畜、普通食物。若人类不满足龙的要求,龙则会酿成灾祸。第二,龙被国王等当权者驱使,作为看守或者凶手攻击人类。第三,龙污染水源,致使人民无法生存。第四,过渡礼仪中,龙阻隔英雄的旅程,为完成考验,英雄斩杀巨龙。

① 苏由:《乌孜别克族民间故事》,新疆人民出版社1983年版,第65—76页。
② 银帆:《哈萨克族民间故事选》,上海文艺出版社1986年版,第163—169页。
③ 苏天虎:《塔吉克族民间故事》,新疆人民出版社1988年版,第123—129页。
④ 焦沙耶、张运隆:《哈萨克族民间故事》,新疆人民出版社1982年版,第276—300页。
⑤ 张越、姚宝瑄:《新疆民族神话故事选》,新疆人民出版社1989年版,第185—196页。

## 二、屠龙文本的禳灾文化传统

在世界最古老的屠龙神话《吉尔伽美什》中，三位英雄的屠龙都发生在洪水肆虐、灾难降临、秩序混乱的危急时刻。英雄果断屠杀酿灾的恶龙，消除灾殃、自然秩序才得以恢复，屠龙英雄获得高度礼赞。①

仔细阅读各民族的屠龙文本，我们发现在杀死或镇压引致灾难的怪物龙的过程中，依然保存着信仰时代禳解活动使用的法物、法术等巫术技艺：像雕刻的桃版、桃人、玉八卦牌、玉兽牌、刀剑，门神等，厌胜仪式上唱诵的祷祝、咒语等。

白族《雕龙记》中，屠龙者使用万年古松雕琢的木龙，加上被施以称为咒语的"木经"，木龙便具备了神性从而能够制服恶龙。在一些民族的信仰中，因为葫芦是祖先出生的地方从而具有神性。根据巫术的相似律，芦笙是葫芦制作的，因此芦笙也具有神性，可以通达神灵。吹奏芦笙产生的声音也具有避邪驱魔的能力。② 侗族和瑶族故事中，都使用吹芦笙的方法来赶走和屠杀恶龙。在自然物方面，土家族《巴列降龙》、哈尼族《德摩诗瑟杀龙》两则故事都提到，为纪念屠龙者，每年端午节在门前挂菖蒲，利用植物避邪的作用来消灾禳灾。

根据巫术的接触律，当神性动物或神的某一部分脱离时，脱离的物件同时会转移神性动物或者神的巫术力量，从而变得具有巫术功能。③ 布依族《七女洞》中，仙女将饰品金簪从头发上取下，于是金簪便具有了神力，帮助屠龙者将龙制服。蒙古族《驯龙记》中，公羊角具有巫术力量，用公羊角做的勺子也具有屠龙的能力。

部分民族的先民对新鲜事物大多抱有敬畏之心，一些民族认为铁器可

---

① 克拉莫尔：《苏美尔神话》，叶舒宪、金立江译，陕西师范大学出版总社有限公司 2013 年版，第 103—105 页。

② 刘亚虎：《荒野上的祭坛：中国少数民族祭祀文化》，北京出版社 2000 年版，第 70 页。

③ 弗拉基米尔·雅可夫列维奇·普罗普：《神奇故事的历史根源》，贾放译，中华书局 2006 年版，第 243 页。

以禁制鬼怪和危险精灵。①。从屠龙武器(表7)可以看出,屠龙文本中超过半数民族都使用了铁器或者是铁制品来对付恶龙。如《凤凰山和鬼龙潭》中使用铁爪来抓龙。哈萨克族等草原民族用铁制或者钢制的宝刀宝剑屠龙。实际上,某些民族也有对铁器的禁忌。如白族故事《雕龙记》中,坊间遵循不在河边使用铁器的禁忌,因为使用铁器会招来恶龙,杨木匠的儿子因为误用了铁器盛水喝,因此被恶龙杀死。② 除上述武器之外,凡是故事中出现的经过九九八十一天锻造的宝刀、宝剑、钢刀,以及法术、草本植物都被先民认为具有神性力量,从而能够作为屠龙法物。

表7 屠龙的武器

| 故事名称 | 民族 | 武器类型 | 故事名称 | 民族 | 武器类型 |
|---|---|---|---|---|---|
| 《李郎降龙》 | 回族 | 铁锁链使老龙吃下 | 《龙王潭的由来》 | 藏族 | 练法术 |
| 《插龙牌》 | 回族 | 铜做的龙牌将龙打死 | 《巴图鲁舍身斩妖龙》 | 满族 | 宝剑 |
| 《锁孽龙》 | 布依族 | 用石头将山口、山槽砌成坎坝将龙锁住 | 《勒退夫智斩妖龙》 | 东乡族 | 碾盘,火,石头,豆子,草;诱龙下山后,使用大刀砍。 |
| 《七女洞》 | 布依族 | 金簪变成的斩龙剑 | 《马利占杀龙》 | 傣族 | 宝剑 |
| 《赶龙》 | 白族 | 火把;母狗血 | 《九隆王》 | 傣族 | 经历九九八十一天炼成的长箭与宝刀 |
| 《小黄龙和大黑龙》 | 白族 | 铜龙铁抓,尖刀,铁制品,面制品,草扎的龙 | 《雕龙记》 | 白族 | 神器:万年古松雕成的"木龙" |

① 詹·乔·弗雷泽:《金枝:巫术与宗教之研究》,徐育新、汪培基、张泽石译,中国民间文艺出版社1987年版,第335—336页。
② 中国作家协会昆明分会编:《云南民族民间故事选》,云南人民出版社1960年版,第158—159页。

| 故事名称 | 民族 | 武器类型 | 故事名称 | 民族 | 武器类型 |
|---|---|---|---|---|---|
| 《凉水潭》 | 白族 | 宝剑 | 《包佐杀龙》 | 彝族 | 牛骨、茶子饼 |
| 《除妖龙》 | 彝族 | 炼铁技术 | 《火烧恶龙窝》 | 苗族 | 火链、火石将龙烧死 |
| 《凤凰治龙王》 | 普米族 | 宝剑 | 《金社除恶龙》 | 独龙族 | 弓箭 |
| 《大鹏斗孽龙》 | 纳西族 | 无 | 《珠子降龙》 | 京族 | 天剑 |
| 《巴列降龙》 | 土家族 | 发网、羽衣、菖蓬剑 | 《杨梅仔吹笙除恶龙》 | 瑶族 | 吹金芦笙 |
| 《水麒麟的故事》 | 水族 | 无 | 《勇团，妮囡斗杀九角龙》 | 畲族 | 双头剑、草鞋 |
| 《凤凰山和鬼龙潭》 | 仫佬族 | 铁爪 | 《驯龙记》 | 蒙古族 | 驼脖囊、种公羊、公羊角做的勺子 |
| 《芦笙桥》 | 侗族 | 芦笙 | 《九池和龙窝的传说》 | 东乡族 | 斩妖剑 |
| 《德摩诗瑟杀龙》 | 哈尼族 | 菖蒲、粽扇 | 《龙池斗宝》 | 羌族 | 火药炮 |

　　除了法术、法物降服龙以外，很多民族的屠龙文本中还使用巫术活动中的诵、唱、祷、祝等形式诅咒危害自身的龙。独龙族民间故事《金社除恶龙》中，金社将龙王杀死后，龙王化为两座石柱。金社和龙妹一边绕着大恶龙王变的石柱走，一边念道："恶龙王呀恶龙王，你在世上害死了多少人，搅得我们不安宁，今后你永远站在这里吧"。[①] 金社夫妇屠龙之后，绕圈施法念咒语，使恶龙永不复生，达到禳灾祛邪保佑平安的目的。前文提及白族民间故事《雕龙记》：木匠杨师傅挑选万年古松制作木龙，其中最关

---

① 　左玉堂、叶世富、陈荣祥：《怒族独龙族民间故事选》，上海文艺出版社1994年版，第278页。

键的步骤是木龙制作完整后，需要木匠念"木经"。剑川白族木工能建造房屋、雕刻佛像并持有神咒，趋吉避凶。① 重要的是，只有被念过"木经"的木龙才能降服母猪龙。而木匠念木经的过程，能将木经驱邪避害的能力转移到木龙上，从而使木龙具有神性以便与恶龙斗争。

黄平苗族的《斩龙》调"Hxak（歌）Hliob（大）"，翻译成汉语就是"大歌"。苗族《斩龙》（Dod Dail）调中，一位敢于下深潭杀恶龙为人除害的英雄金推磊，他的无畏精神让人反复咏叹，成为禳灾的活态文本。②

屠龙文本中还有使用接触巫术禳灾的内容。无论是毒龙身上的龙血还是毒龙的体液都含有剧毒，降解毒龙血和毒龙体液毒性的办法，一方面是喝奶解毒，另一方面是用牛奶将沾染在身上的毒血、毒液清除干净。

维吾尔族《海兹莱提·毛拉姆麻扎的传说》中，屠龙者伊玛目·马立克·艾克拜尔喝了青牛的奶，然后去寻找妖龙，妖龙将其吸入肚中。因为青牛的奶掺水而未能发挥解毒作用，结果丧失了性命。柯尔克孜族民间故事《义斩河龙救公主》中，屠龙者老三杀死了巨龙，同时也被龙血的剧毒浸染，昏倒在巨龙身上。汗王的女儿用两桶纯净的牛奶冲洗了他的全身，退净了他身上的龙毒，老三苏醒。同样，乌孜别克族民间故事《忠实的朋友》中，屠龙者艾依来提观看割下的毒龙头，爱慕他的公主也凑近观看，毒龙的血滴到脸上，公主顿时昏迷不醒。艾依来提吮吸干净公主脸上的毒龙血之后，公主苏醒。

这类屠龙文本中，屠龙者认为纯净的牛奶能禳解龙毒。于是在屠龙之前喝下牛奶，或者中毒之后用牛奶清洗，这实际上是洁净仪式和接触巫术观念结合的产物。

早期人类认为万物有灵，祭祀仪式被视为与神灵沟通，召唤神灵帮助人类解决灾异的手段。在民族屠龙故事中，族民往往在龙死后，定期为屠龙者或龙举行祭祀仪式。如普米族《凤凰治龙王》中，凡有水的江河湖泊、

---

① 中国作家协会昆明分会：《云南民族民间故事选》，云南人民出版社1960年版，第160页。

② 黔东南苗族侗族自治州民族事务委员会、黔东南苗族侗族自治州文学艺术研究室：《苗族民间故事集》（第一集），1982年，第41—44页。

水塘以及出水的龙泉龙洞龙眼,天神要求人类敬龙王,年年都要进行祭祀活动。又如东乡族《九池和龙窝的传说》中,为纪念屠龙者老三麦赞尼,村民修庙塑像,四季祭祀。

古人共有六种祭祀方法:置物以祭、沉物以祭、埋物以祭、焚物以祭、舞乐以祭、杀伐以祭。[1] 在屠龙故事中只出现了前两种祭祀方法。如回族《李郎降龙》中,村民把准备好的贡品放在案台上等待龙王拿取。如白族《赶龙》中,村民每年旱涝之际都将准备好的三牲(牛、样、猪)沉在潭水中等龙取走;藏族《龙王潭的由来》中,将准备好的人牲(属虎的男孩)沉在海里等待龙抓走。

屠龙故事中出现的祭祀供奉的种类有三种,即人牲、牲畜、食物。第一,进贡牲畜或食物。蒙古族故事《李郎降龙》中贡品是肉、油香(面制的油炸食品)。白族《赶龙》中宰肥猪,办三牲,敬龙王。东乡族《勒退夫智斩妖龙》中为避免洪灾,村民进贡牛羊求得平安。藏族恶龙故事《涮涮水的故事》中,起初,为了保一方平安,人们请一些端公道士降妖镇魔,但却适得其反,甚至发展到吞吃龙口瀑下过往的行人。人们希望通过供奉牛羊等祭品免除龙灾,于是好心的人们有请端公念经禳灾、求神、祭祀,每年九月初九的午时三刻把鲜活的双猪、双羊送到龙口飞瀑,拴在那里,外加香烛供果进行祭拜。柯尔克孜族《义斩河龙救公主》中每天进贡一个年轻姑娘和十只羊羔。哈萨克族《飞汗的儿子》中每周进贡绵羊,以保证整个国家不被龙吞食。第二,进贡人牲或牲畜。白族《凉水潭》中每年六月二十三日村民进贡一对童男童女。维吾尔族《海兹莱提·毛拉姆麻扎的传说》中每年进贡一位农民给妖龙以免除灾难。乌孜别克族《科里契卡拉》中每天进贡小孩和羊换取全城的安宁。

人牲是未开化民族的原始宗教仪礼,而祭祀的本质实际上也是为了娱神和媚神,从而达到人类的功利性目的。供奉人牲、牲畜一方面是为了取悦神灵以求得神灵庇佑,更重要的是,人们寄希望灾难疾病死亡转嫁到供奉的身上,从而让神灵带走灾难以达到禳灾的目的。

---

①　张琪亚:《民间祭祀的交感魔力:中国民间祭祀文化研究》,贵州民族出版社 2003 年版,第 118 页。

季羡林先生认为，作为文本的"龙王"是梵文 Nāgarāja 或者 Nāgarāj 或者 Nāgarājan 的翻译，是由印度输入的。[1] 和屠龙故事相反，民族民间故事中也有以"龙王"形象出现的龙。四十四则故事中，龙形象明确为"龙王"的民间故事共十则：回族、白族、普米族、土家族、水族、哈尼族、藏族、傣族、独龙族和蒙古族。回族民间故事《李郎降龙》中，掌管行云播雨的是银角老龙王。故事《插龙牌》中则是住在龙宫的黑龙王。白族《赶龙》中出现的是一条"神通"的龙。《凉水潭》则是海塘中的大黑龙。普米族《凤凰治龙王》中有龙宫龙王吕依巴士。土家族《巴列降龙》中有东海龙王敖广的孙子。水族《水麒麟的故事》中有被龙王囚禁的小妖龙。哈尼族《德摩诗瑟杀龙》中有龙王欧罗的小儿子。藏族《龙王潭的由来》中有海湾龙王。傣族《九隆王》中有九龙山上龙宫的九条龙。独龙族《金社除恶龙》中有逼迫龙女嫁给自己儿子的老龙王。蒙古族《驯龙记》中有凶暴的黑龙王。在这十二个具有"龙王"形象的民族民间故事中，因旱涝屠龙的民间故事类型里有九个龙王形象，这九个龙王形象的龙均制造了旱涝灾害。在因报仇屠龙的民间故事中，只有三个龙王形象。为完成考验屠龙的民间故事中没有龙王形象。

## 三、龙的真相是什么

为什么既有"屠龙"同时又有"龙王"？哈佛大学教授迈克尔·威策尔（Michael Witzel）认为，比较神话学在一定程度上能为遗传学、语文学、考古学和人种学提供佐证，为洞悉远古人类文化大传统提供钥匙。[2] 按照这一思路，长期流传的屠龙神话和民间口承故事背后，包含了龙的真相。

要说清各民族的屠龙文本的迁移，就绕不过去一个问题：什么是龙？有学者认为中国龙和西方龙截然不同，是翻译出了问题。甚至有人提议案，建议把中国龙翻译为"loong"，把西方的"dragon"翻译为汉语"拽根"，

---

① 季羡林：《印度文学在中国》，载《文学遗产》1980 年第 1 期。

② 张梅、杨泪：《神话比较揭示人类拥有共同的根：访哈佛大学南亚系教授迈克尔·威策尔》，载《中国社会科学报》2017 年 2 月 16 日，第 2 版。

并予以立法。①

首先,"龙"问题是西风激荡中生产的。清末民初以来,"东方""西方"等话语逐渐完成对旧世界秩序的话语建构,西方中心主义确立,中国沦为西方的"镜像"。在中国传统的整体负面化的过程中,正如朱利安所说的那样,"中国人无法读懂中国文化,中国文化基本上都被重构了"。②处于这样一个语境中,要回答好"龙"这个问题,必须把"龙""龙的传人""龙图腾"等表述放回历史语境中,进行整体的"还原"。

从已有的研究看,龙是什么,宗教学、神话学、考古学、天文学、历史学给出的回答莫衷一是,总结起来可分为以下几种类型:

第一种类型为某种动物说。杨钟健认为"龙"的原型是扬子鳄。③ 与此类似,持龙是单一动物原型的说法还有龙是恐龙、猪、鳄鱼、蟒蛇、鱼、熊、河马、马、水牛、犬等观点。

这其中值得注意的是清华大学王小盾教授,他认为龙的原型是胚胎,龙是先民所认识的胚胎性格同他们所崇拜的具体动物形象的结合。"龙"成了一个关于孕育和变化的神性的抽象概念。④

中山大学郭静云教授认为,中国龙的形象来自昆虫。在大自然中,只有昆虫能由蛇体化为鸟形,也只有昆虫能死后再生、升天。古人神化昆虫,这实为龙的形象与崇拜来源。⑤ 西伯利亚考古学家阿尔金教授也认为龙源自古人对幼虫的观察。"猪龙"实际上是模仿自叶蜂(Tenthredinoidea)、金龟子科的甲虫(Scarabaeidae)等类昆虫的幼虫所提出的。⑥

---

① 2017 年全国两会期间,全国政协委员、民进党陕西省委副主委岳崇再次向大会提交提案,建议纠正"龙"翻译的错误。岳崇认为,中国文化中的龙与西方文化中的 dragon,是两种不同的物象,将龙翻译成"dragon"和将"dragon"翻译成"龙"都是错误的。建议将龙英译为"loong",将 dragon 汉译为"拽根"。

② 秦海鹰:《关于中西诗学的对话——弗朗索瓦·于连访谈录》,载《中国比较文学》1996 年第 2 期。

③ 杨钟健:《演化的实证与过程》,科学出版社 1957 年版,第 31—41 页。

④ 王小盾:《中国早期思想与符号研究:关于四神的起源及其体系形成》,上海人民出版社 2007 年版,第 94、686—689 页。

⑤ 郭静云:《史前信仰中神龙形象来源刍议》,载《殷都学刊》2010 年第 3 期。

⑥ 阿尔金:《红山文化软玉的昆虫学鉴证》,载《北方文物》1997 年第 3 期。

北京大学哲学系教授王东追溯到中华文明起源期,也就是原龙形态的形成时期,使用考据学、古文字学、历史形态学等方法,对龙的类型学进行分类。夏朝的原龙,是以蛇型原龙为主导;商代的原龙,造型走向多种原龙的化合,初步形成夔龙;周朝的原龙实现了"虎头+蛇身+鳄吻+鲵头+牛角鹿角"的更广综合。从而得出了"六大文化区系十二种原龙形态"的多元格局。①

第二种类型为自然现象说。陈建勤认为龙应该是一个与风雨有关而又足以使蒙昧先人心灵震慑的力量,那便是交加着暴雨与闪电的"long long"雷声。② 与此类似的还有闪电(有方言称闪电为"挂龙")说、春天自然景观说③和何新的云神说。

何新认为,上古神话中的所谓"龙",其实并不是一种现实性的生物,而是对一系列相互关联的自然现象——水、云、雨、太阳所做出的功能性解释。这种功能性的解释被本体化为一种有生命的灵物,这就是"龙"。"龙"就是云神的生命格。云,以及云和雨的功能性关系(云产生雨),是产生龙的意象的基础。古代典籍中说:"云从龙","召云者龙。"这实际上是以神话意象的形式而出现的一种自然本体论。这种本体论以"龙"这种生物为意象,概括和解释了自然界中泉水和天云的生成原因。最初的龙形不过是抽象的旋卷状的云纹,后来逐渐趋于具体化、生物化,并且展开而接近于现实生物界中两栖类和爬行类动物的形象。到汉代,龙已经完全生物化,而其本源的意义反不为人所知了。其结果是,龙最后演化成为一种集

———————

① 东北文化圈－红山文化－猪型原龙、马型原龙;西北文化圈－仰韶文化、马家窑文化－鱼型原龙、鲵型原龙;中原文化圈－仰韶文化、龙山文化－鳄型原龙、蛇型原龙;中南文化圈－大溪、屈家岭文化－猪型原龙与鹿型原龙;东南文化圈－河姆渡、良渚文化－鹰型原龙与虎型原龙;山东文化圈－大汶口、龙山文化－鹰型原龙与虎型原龙。参见王东:《中国龙的新发现:中华神龙论》,北京大学出版社2000年版。

② 陈勤建:《越地祈雨中的"龙圣"崇信析论》,载《华东师范大学学报》(哲学社会科学版)2000年第3期。

③ 胡昌健在《论中国龙神的起源》中提出:"龙的原型来自春天的自然景观——蛰雷闪电的勾曲之状,蠢动的冬虫,勾曲萌生的草木,三月始现的雨后彩虹,等等。"其中虹是龙的最直接的原型,因为虹有美丽、具体的可视形象。

龟、鱼、蛇、蜥蜴、鳄鱼、牛、马、鹿、猪于一身的大合成。①

第三种类型为星象说。从事天文考古的学者冯时认为"龙"为东方七宿。所辖七宿依次为角、亢、氐、房、心、尾、箕。"当我们将殷周古文字中龙的形象与东宫七宿星图比较之后发现,如果以房宿距星（π Scorpio）作为连接点而把七宿诸星依次连缀的话,其所呈现的形象都与甲骨文及金文'龙'字的形象完全相同。"这种一致性所暗示的是,不仅商周古文字的"龙"字取象于东宫七宿,甚至龙的形象也源自于此。②

第四种类型为图腾说。近代救亡与启蒙的话语背景中,图腾主义学说盛行。卫聚贤最早提出"龙是夏族的图腾"。③ 姜亮夫先生对此进行了系统论述。④ 为激发民族意识,凝聚民族认同,闻一多在《伏羲考》一文中对"龙图腾"说进一步发挥:

（1）龙是多种形象杂糅的综合体。

（2）龙只存在于图腾中,而不存在于生物界,它是由许多不同的图腾糅合起来的综合体。

（3）龙是原始夏人的图腾,古代几个主要的华夏和夷狄民族,差不多都是龙图腾的团族。⑤

有意味的是,为了反封建、反独裁、反对宗法家族制,闻一多后来又推翻了龙图腾说。他说:"图腾式的民族社会早已变成了国家,封建王国又早已变成了大一统的帝国,这时一个图腾生物已经不是全体族员的共同祖先。……一言以蔽之,他只是帝德与天威的标记。""三千年惨痛的记忆,教我们面对这意味深长的'龙凤'二字怎能不触目惊心?"⑥

学者施爱东研究发现,近代以来,"龙图腾"说实际上是"学术救亡的

121

---

① 何新:《诸神的起源》,三联书店出版 1986 年版,第 64—68 页。

② 冯时:《中国天文考古学》,中国社会科学出版社 2010 年版,第 415 页。

③ 卫聚贤:《古史研究》(第三集),商务印书馆 1936 年版,第 221 页。

④ 姜亮夫:《古史学论文集》,上海古籍出版社 1996 年版,第 256 页。

⑤ 闻一多:《伏羲考》,见《闻一多全集》(甲集),开明书店 1948 年版,第 19—43 页。

⑥ 闻一多:《龙凤》,见《闻一多全集》(甲集),开明书店 1948 年版,第 70 页。

知识发明"。① 通过丝绸之路上传教士和探险家的探访,西方国家对中国龙的认识由皇权象征上升为中国形象。无论是"中国龙""中华龙",都是外域赋予中国人的"他者想象"。从《山海经》记载的夏后启、蓐收、句芒等都"乘雨龙",《大戴礼记》记录的"颛顼乘龙至四海""帝喾春夏乘龙"等文献看,龙在上古祭祀仪式中,是作为沟通天地的媒介、人神交通的使者或助手存在的。龙从来就只是帝王宠幸的工具和奴仆,不是崇拜的对象。

鉴于中国和地中海文化共同体都有屠龙、搏龙的神话和民间故事。今天对龙神话的破译,大都局限于 1494 年之后以欧洲为中心的世界体系和话语框架,因此,始终没有摆脱殖民史学的话语表述。

认真剖析比较不同民族的龙神话,我们会发现,人类文明早期存在一个泛旧大陆的漫长的迁徙和融合期。世界范围内都存在着大洪水的神话,存在着人类是由神或由神的儿子创造的神话,等等。可以说,早期人类关于龙的原始意象也是共同的。② 早在古埃及,尼罗河两岸的居民就信仰"龙王",认定是这个神祇让他们的母亲河泛滥,浇灌周边干旱的土地,造成了丰饶的沃壤。古希腊就传说"恶龙施虐",至今留有太阳神阿波罗屠龙的图案。英伦的凯尔特人也有"除龙害"的民间故事,其中的温特利之龙"偷吃动物和人类,损坏树木,森林,教堂和房屋",被一位"凶悍的骑士"斩杀。波兰的瓦维尔龙,被一位身份低贱的年轻鞋匠处死。③

比较中国、雅典、苏美尔文明之后,张光直先生的研究可做参考:中华文明是唯一的连续性文明,以"二希"为代表的文明是一个破断的文明,是文明发展的一个分岔,一个例外。④ 甲骨卜辞中有"龙方"出现,学者认为是指商代位于西北地区的崇龙部落。这个部落当属崇龙的夏人部族的支

① 施爱东:《中国龙的发明:16—20 世纪的龙政治与中国形象》,生活·读书·新知三联书店 2014 年版,第 1 章、第 6 章。
② 李永平:《替罪羊原型:屠龙故事原型新探》,载《外国文学研究》2017 年第 1 期。
③ Mririna Chirnitcaia, *Differences and Similarities in English and Polish Dragon Legends-the Dragon of Wantley and the Uawel Dragon*, Studja University, Revistă Stiintifică a Uniuersidătii de Stat din Moldova, 2010, nr. 4(34).
④ 张光直:《美术、神话与祭祀》,郭净译,生活·读书·新知三联书店 2013 年版,第 130—138 页。

裔,夏被商灭替后,此支裔散徙至西北地区。

从考古和文献证据看,中国有屠龙、好龙、畜龙、豢龙、食龙、祭龙、乘龙的完整文化链条。豢龙从蛇开始,逐步向豢养鱼、鳄鱼、猪、马、羊等多种动物转变,且归豢龙氏家族管理。这一点在轴心时代的中国文献《左传》中有明确记载:

> 秋,龙见于绛郊……蔡墨对曰:……古者畜龙,故国有豢龙氏,有御龙氏。……昔有飂叔安(飂,古国也。安,其君名也),有裔子曰董父,实甚好龙,能求其耆欲以饮食之,龙多归之。乃扰畜龙,以服事帝舜。帝赐之姓曰董,氏曰豢龙。封诸鬷川,鬷夷氏其后也。故帝舜氏世有畜龙。及有夏孔甲,扰于有帝,帝赐之乘龙,河、汉各二,各有雌雄,孔甲不能食,而未获豢龙氏。有陶唐氏既衰,其后有刘累,学扰龙于豢龙氏,以事孔甲,能饮食之。夏后嘉之,赐氏曰御龙,以更豕韦之后。龙一雌死,潜醢以食夏后,嘉之。既而使求之,惧而迁于鲁县。①

《史记·夏本纪》云:"帝廑崩,立帝不降之子孔甲,是为帝孔甲。帝孔甲立,好方鬼神,事淫乱。夏后氏德衰,诸侯畔之。"②孔甲"淫乱",诸侯相继背叛,成为夏代由盛到衰的转捩点。"淫乱"首先表现为对奇异美食的涉猎贪得无厌。豢龙氏是一支善于驯养"龙"的氏族。陶唐氏的后代刘累从学豢龙氏掌握了驯养"龙"的本领,而被孔甲赐为御龙氏。孔甲贪食美味"龙",因此物难得,孔甲进而求之,为避免孔甲的求索无度,刘累"惧而迁于鲁县"。据考古学者调查在今河南鲁山县昭平湖景区发现了"刘累故邑"。③

---

① 孔颖达:《春秋左传正义》(卷53),见李学勤主编:《十三经注疏》,北京大学出版社2000年版,第1729—1731页。另见黄晖:《论衡校释》,中华书局1990年版,第287—288页。
② 司马迁:《史记·夏本纪》,中华书局1959年版,第86页。
③ 《光明日报》2004年8月26日头版。

要还原龙神话,中华文明才一个参照。笔者认为,人类生存的早期,为了抵御外来入侵,获得充足的食物来源,被动或者主动杀死的异己怪物种类繁多,难以计数。因此,龙首先属于上古人类族群因种种原因打压的异己力量。

不同地理区域,不同族群,人类早期的不同时间段,其无意识深层结构的形成有共同历史境遇:①对于地域空间上陌生阃域的集体焦虑和不适应;②对威胁人类的异类它者的惴惴不安;③潜意识对不能命名、不能定义、难以言说的彷徨苦闷。这些集体无意识的焦虑,草蛇灰线,伏脉万年,在不同民族的语言表述上,要么绽放为原始意象,要么板结为原型结构,要么抽穗为原型母题。用一个数学公式表示,不同民族的经验千差万别,是自变量(independent variable),进一步还可细分为连续变量和类别变量。早期不同民族神话用"龙"表述这些自变量,在西方的龙分别有 Greek dragon、Slavic dragon、Armenian dragon,东方的有 Indian dragon、Persian dragon、Jewish dragon、Chinese dragon、Japanese dragon、Vietnam dragon、Korean dragon,等等。这些表述之所以给人婆娑迷离、面目漫漶的印象,正是神话这一"拟语言符号"的特点造成的。所以说,龙是早期各民族共同经验的"表述性症候",是含义极为丰富的特殊能指。

早期各民族神话、民间故事叙述中,把各种危害自身生存而被剪除、镇压的形象,汇聚为一种想象的怪物"龙",并作为禳解各种灾异的"公共的替罪羊"。因此说,上古各民族有统一的龙的理念,却并没有统一的龙的图像和龙表述。在祭祀的仪式上,龙显圣为某一具体怪物,把它作为沟通天地的神灵。今天各民族口承叙述中的屠龙文本,是远古以来的民间集体记忆的口头遗产,其文本的生成中还孑遗着"口头诗学"中的大词——"屠龙""吃人""英雄""龙王""恶魔""撒旦"等等。

希伯来文化吸收了苏美尔宗教信仰,因此完整地保留了苏美尔神话中恶龙库尔(即大蛇)的原初观念。进一步研读这些神话文本,我们有了疑问:为什么不同文明的龙原型都是蛇、蜥蜴、鳄鱼等地面或地下生活的动物?

笔者认为,背后的真正秘密在于支配人类观念的隐蔽秩序:无论是苏美尔神话还是古埃及以降的闪米特文明都有怪兽蛇的信仰,这些蛇都代表地下陌生阈域,从不升天也不飞翔。所以在不同文明早期,也就是"轴心突破"之前,文明还没有分岔,世界龙的一个方面象征了地理空间观念中与天空(上)相对的空间——冥府(下),这一点在人类最古老的文明——苏美尔文明中最为典型。藏族苯教中,神龙(klu)、赞(jbtsan)和年(gn-yan)为苯教(Bon)主要三大神。其中赞神居天空,年神居地上,神龙居水中(地下)。

因之,屠龙书写在西方固化"内卷"为基督教教义中对蛇的鞭挞和否定,并深度迷恋英雄圣乔治屠龙的类型化叙述结构,其"路径依赖"的背后嵌入的是集体无意识的自然秩序及其深层机制。

如果没有神话编码的解码工具,出现在上古文献、口头传统、原始民俗、考古材料中的龙神话的文化特质和源流就无法破译,也就难以解析和判断"龙王"神话的面相。

人类学家吉拉尔的"替罪羊理论"为我们破解这一谜团提供了思路:灾难降临时,为推卸罪责、逃避天谴、摆脱恐惧、攫取安全,边缘阈域、难以命名的怪物、异类它者,自然成为"公共替罪羊"被镇压、屠戮,以便禳解灾异。瘟疫及由此引发的社会危机解除以后,替罪"龙"的角色会逐渐发生翻转:龙既是制造灾难的主体,也是禳解灾难的主体,灾难解决了,龙成为"大救星",被捧上神坛,成为沟通人神的"龙王"。可以说,"屠龙"和"龙王"都是"替罪羊"完成替罪前后的不同"社会角色",是同一机制中呈现的两种面相。替罪"龙"的牺牲,挽救了整个社会危机。受害者和加害者的角色发生翻转,被动地位的受害者成为集体中的全能神。曾经受迫害的替罪羊成为群体赓续的大功臣,在神话表述中逐渐重构为民族的英雄祖先、圣人和各路神灵被顶礼膜拜。[①] 回到华夏民族,曾经的"替罪之龙"被当作具有咒灵的动物,成为沟通神人的祖先神。

---

① 勒内·吉拉尔:《替罪羊》,冯寿农译,东方出版社 2002 年版,第 54—55 页。

# 结　论

　　必须指出的是,"龙的传人"的表述和"替罪之龙"翻转为祖先神并没有直接关系。和民族寓言"拿破仑睡狮论"一样,"龙的传人说"是海外华人移植自欧洲的关于中国人的想象。这一"新神话"及其表达传入国内,迎合了凝聚民族认同的社会心理需要,在"文化中国"的感召下,通过主流媒体的不断演绎,逐渐成为经典化的表述和"共识",也成为当代多数中国人树立民族自信、提振民族精神的抓手。问题是:一方面,这一新神话试图重构龙曾经被屠戮甚至食用的历史真相;另一方面,"龙的传人"只看到龙的祥和美好,却无视各民族存在"屠龙"表述和龙曾经的"帝德和天威"!如今,这一反思和"中国威胁论"等国际政治议题相关联,强调翻译"纠错"的无比正当性。但是,作为"连续性文明"的中国,应该把"中国龙"作为标准让世界接受,而不是表面化地反思不同语言的翻译转换问题。那种试图以立法的方式一劳永逸地解决问题,更不免又重新落入回应"他者"目光的后殖民语境中而浑然不觉。

# 迷狂与书写：对"天书"母题的再反思

在《伊安篇》中,苏格拉底和获得祭神诵诗头奖的伊安讨论,为什么他只擅长吟诵荷马史诗。苏格拉底说:"你这副长于解说荷马的本领并不是一种技艺,而是一种灵感,像我已经说过的,有一种神力在驱遣你,像欧里庇得斯所说的磁石,就是一般人所谓'赫拉克勒斯石'";"神对于诗人们像对于占卜家和预言家一样,夺去他们的平常理智,用他们作代言人,正因为要使听众知道,诗人并非借自己的力量在无知无觉中说出那些珍贵的辞句,而是由神凭附着来向人说话"。① 在此,苏格拉底一再强调,"迷狂"就是对那曾经拥有,但今已失去的存在于遥远的天国的理念的感示,荷马不是凭借技艺知识,而是靠灵感或神灵凭附。"这类优美的诗歌本质上不是人的而是神的,不是人的制作而是神的诏语;诗人只是神的代言人,由神凭附着"②。

由此可知,古希腊文明早期的文艺观认为,诗歌创作的本源在神而不在人,诗人是神灵在人间的代言人,如荷马和赫西俄德,而职业诵诗者伊安

---

① 柏拉图:《文艺对话集》,朱光潜译,人民文学出版社1963年版,第8—9页。
② 柏拉图:《文艺对话集》,朱光潜译,人民文学出版社1963年版,第11页。

则是"代言人的代言人",由此将诗人的创作活动与巫觋的降神过程联系起来。古希腊的"迷狂"通神状态,在中国传统乡村社会生活中长期存在,并具体化为诵读经卷经卷的仪式治疗的实践。"治疗"过程致力于疏通自然与人事之间的因果逻辑,家户得以纳入"许愿还愿"向内、向外的双重节律中,从而重构社区的完整、家户的抚慰。①

但近代以来,通神并接受神的感示的中国经验,伴随着"西学东渐"和启蒙救亡的两个现代性旋律,成为西方人类学者眼中被妖魔化的"他者"。无论是周锡瑞对义和团运动中"降神附体"的探讨,还是 20 世纪初华北乡村神灵附体"刀枪不入"式的抵抗,都成为我们以他者目光来建构自我认同的历史中的旧疤痕。这使得我们对"迷狂""通神""代言""神授"等书写问题闪烁其词,讳莫如深,甚至一度被痛斥为"基本上是神秘的反动的"②。

其实不论是历史传统还是今天的文化孑遗,都清楚地包含了非理性的传统及其文化渊源的叙述,兹以文学传统中"天书"母题为例来展开论述。

## 一、"天书"母题所涉及的文化传统

远古的通天巫术、先秦的兵家文化、秦汉神仙方术、中国佛教观世音菩萨的现世传说及此后的隐逸文化等都涉及"天书"母题。汉末魏晋兴起的道教吸收了此前各类叙述中的"天书"母题,对该母题的稳定和成熟起到了决定性的作用。

首先,天书母题涉及早期的圣王仰观天象、俯察地势,对自然规律探索并掌握的神秘体验和收获。神话叙述之中"河图洛书"就是这一类的典型。《易》之《系辞上》云:"河出图,洛出书,圣人则之。"河、洛均为自然之物,它们怎么会产生出高深莫测的图和书呢? 这背后当然只能归之于神的

---

① 马丹丹:《迷狂的家户经验——王屋山巫医仪式的一项考察》,载《北方民族大学学报》(哲学社会科学版)2009 年第 5 期。

② 柏拉图:《文艺对话集》,朱光潜译,人民文学出版社 1963 年版,第 356 页。

示意,而圣人就以此为法则制定出礼法制度。《书》之《洪范》说:"帝乃震怒,不畀《洪范》九畴"①。

在兵家著作中,得神人指点,协助成就人间非凡霸业成为"天书"母题的一个重要发展。《战国策·秦策》载苏秦途穷发愤,"得太公阴符之谋,伏而诵之,简练以为揣摩",其游说合纵成功颇得力于此;《史记·留侯世家》写张良佐汉亦蒙黄石公所授《太公兵法》。在此基础上又衍生出教授苏秦、张仪纵横术的鬼谷子。而黄石公的亦仙亦隐已初步赋予天书以神格。

其次,道教产生后,假托利用了"天书"神授的神秘体验,向信徒暗示和传达道经的天经地义。《抱朴子·辩问》将天书远祧至上古的圣人崇拜,联结仙凡,将石函中首封天书之功归于大禹:

> 吴王伐石以治宫室,而于合石之中,得紫文金简之书,不能读之,使使者持以问仲尼,而欺仲尼曰:"吴王闲居,有赤雀衔书以置殿上,不知其义,故远咨呈。"仲尼以视之,曰:"此乃灵宝之方,长生之法,禹之所服,隐在水邦,年齐天地,朝于紫庭者也。禹将仙化,封之名山石函之中,乃今赤雀衔之,殆天授也。"②

王立认为,这段话已包蕴了后世小说中广为蕃衍的诸多重要的小母题:天书古远、隐埋石洞中、灵禽灵兽传递引导、得天书者不能读懂须求教识者。③ 嗣后经箓派的灵宝经系又具体化为吴王阖闾入一石城,在石室内玉几上得素书一卷,乃是《灵宝玉符》真文,三国时诸葛云蒙太上所遣三圣真人授《灵宝经》,代代传至葛洪。

北魏道士寇谦之在嵩山修炼时:"忽遇大神,乘云驾龙,导从百灵,仙

---

① 王云五:《尚书今注今译》,屈万里注译,商务印书馆 1969 年版,第 75 页。
② 葛洪:《抱朴子内篇校释》,王明校释,中华书局 1985 年版,第 229 页。
③ 王立:《道教与中国古代通俗小说中的天书》,载《东南大学学报》(哲学社会科学版) 2000 年第 2 期。

人玉女,左右侍卫,集止山顶,称太山老君","吾故来观汝,授汝天师之位,赐汝《云中音诵新科之诫》二十卷。号曰《并进》。言:吾此经诫,自天地开辟已来,不传于世,今运数应出","其书多有禁密,非其徒也,不得辄观",书中多载奇方妙术,"上云羽化飞天,次称消灾灭祸"①。泰常八年(423),魏太武帝即位平城欲入主中原时,寇谦之假托太上老君玄孙李谱文降临授神书,他遵命奉持进献,得到信任,天书母题与政治的关系更紧密了。

古老的爻占传统是在中国先民通过先知接收"神谕"的过程中形成的。"探知"天意的爻占传统失落以后,占爻过程中揣摩爻象之精微变化的暗示心理却积淀为一种感性美学观念和宿命世界观,其共同指向是天启神谕。爻辞只可传神意会而不可言表的做派,也一代代地传承下来,变异为传达天意的谶谣、谶诗、谶图,它们在民众生活中代替爻占发挥着"天书"的功能。"天书"利用民众集体无意识的神灵迷信之病灶,搭乘汉代谶纬学的风习,认为语言具有一种预示事物的发展与结局的神秘力量,继图谶之后,制作书谶或诗谶,释放巫术文化影响下的巫术焦虑,投合下层民众的"天命"信仰。

最后,后世的小说假借"天书"母题作为神话英雄的重要情节。超凡英雄具有接受神的感示的先天禀赋,因为神授"天书"的作用而具有非凡的能力。《说岳全传》第六十八回孔明所授兵书"上卷占风望气,中卷行兵布阵,下卷卜算祈祷"。《说唐演义后传》第二十九回九天玄女授薛仁贵的"素书","凡逢患难疑难之事,即排香案拜告,天书上露字迹,就知明白"。《五虎平南演义》第四回写段红玉"前生乃是终南山金针洞看守洞门一女童,已得了半仙之体,只为一时思凡,托生于段氏之家为女"。金针洞一道人,见她惹了红尘,托生于世,心中不忍,所以特来度她为门徒。一日,在后园中化作一道人,假诈化斋,授却三卷兵书与段小姐。段红玉得云中子所授天书,"书上所传飞天遁地、六丁六甲、神符、隐形变化、撒豆成兵、各式阵图,多少直言咒语,一一难以尽述"。

---

① 魏收:《魏书》卷一一四"志第二十·释老志",中华书局1974年版,第3501页。

## 二、"天书"母题与神谕传统

纵观人类原始宗教,早期的宗教领袖巫师或萨满阶层,具有接受神谕的特殊本领,前提是"夺取他们平常的理智",使其成为社会意识氛围中的"病人""疯癫者"或祭司才能成为代言人。正所谓"古者祭礼,皆传皇尸之命"①。

后世,这种权力转移到国王手里,国王拥有祭祀、操控神灵的权力。国王能和神明对话,能控制自然。古代近东、中国与古代埃及的统治者一般是祭祀王的形象。首先,他是介于人神中间、感知神明意图的唯一合法的沟通媒介。其次,他有为国家和民众祈福禳灾的职责。国王除了在意识中担任沟通人神的角色以外,还要在固定的时间内举行祈福仪式,在国家危难之际担当祈福禳灾的头领,甚至还要成为解除灾异的牺牲。

《格萨尔》史诗的传唱活动较为原始,在某种意义上能为我们考察这一神谕传统提供借鉴。在艺人以及广大的藏族民众心目当中,《格萨尔》被赋予了神圣的信仰意义,说唱《格萨尔》的"神授艺人",作为藏族原始宗教祭祀主持人,他们是人与神之间的桥梁和媒介,据说都能通神,且能同鬼神通话,以上达民意、下传神旨,可预知吉凶祸福,除灾祛病,还能从事征兆、占卜、施行招魂、驱鬼等巫术。他们所说唱的故事是神赐予的,说唱过程必须遵循特定的仪式性规程。这一说唱仪式拥有的社会整合与禳灾祛病作用,类同于北方民族萨满教采用的神圣仪典,全体氏族或部落成员参与祈祷人畜平安、农牧丰收。②

首先,降神并与神灵对话,通过语言实践获得精神疗救与自我救援曾是人类精神生活的重要内容。通神、占卜、治疗、禳灾、招魂的信仰仪式体系是神授天书传统产生的根源。前科学时代,先知是神明的代言者。梦境、天体运动,甚至云的形状、鸟群的队形等一些看似随机的现象也被认为与神明有关。以色列君王也会通过先知或其他方式求问上帝可否进行战

---

① 龚自珍:《尊隐:龚自珍集》(卷四),康沛竹选注,辽宁人民出版社1994年版,第220页。
② 叶舒宪:《文学人类学教程》,中国社会科学出版社2010年版,第143页。

斗。美索不达米亚曾出土数千个泥塑动物肝脏，上面铭刻着解释卜筮的方法。这些铭刻的文本名为预兆文本，它们的出现解释了上文中的"察看牺牲的肝"。《圣经》中尼布甲尼撒还用过其他的占卜方式。例如，先知以利沙多次用箭来预测王的胜利(王下13:14—19)。《圣经》中还常常提到掷签，相当于现在的抽签和掷硬币，此外还有利用诸如以弗得和神像等神秘物品的占卜。任何占卜形式都有宗教层面。比如，耶和华借由"梦、乌陵(类似骰子的器具，配合以弗得来使用)和先知来回应众人"(撒上28:6)；掷签被用来解决争端(箴18:18)。从手相师、算命师、巫师，到受神灵启示的预言者或先知，人们从事的占卜活动多种多样。

在口头祭祀仪式上，祝嘏(祭祀时致祝祷之辞和传达神言的执事人)，后代指祭神的祈祷词。主祭者(工祝巫卜等)代表主人(早期通常是王或巫)向假扮为受祭之神的"尸"发言，称为"告""祝""祷"，反过来他们还要代表受祭者"尸"即神像发言，将神的福佑之意传达给主人，称为"嘏""嘏辞"。①

我国古代礼书文献中关于嘏的记载不在少数。如《仪礼·特牲馈食礼》："主人坐，左执角，受祭祭之，祭酒啐酒，进，听嘏。"②《仪礼·少牢馈食礼》："尸执以命祝"。郑玄注："命祝以嘏辞"。贾公彦疏："谓命祝使出嘏辞以嘏于主人。"明徐师曾《文体明辨·嘏辞》："按嘏者，祝为尸致福于主人之辞，《记》所谓'嘏以慈告'者是也，辞见《仪礼》。"《礼记·礼运》亦云："修其祝嘏，以降上神"。郑玄注："祝，祝为主人飨神辞也；嘏，祝为尸致福于主人之辞也。"孔颖达疏："祝谓以主人之辞飨神，嘏谓祝以尸之辞致福而嘏主人也。"③

《文心雕龙·祝盟》认为"祝史陈信，资乎文辞"，祝辞系文学是与上古时代祝官系统紧密联系在一起的。

① 叶舒宪：《文学人类学教程》，中国社会科学出版社2010年版，第192页。
② 李学勤：《十三经注疏·仪礼注疏》，北京大学出版社1999年版，第863页。
③ 李学勤：《十三经注疏·礼记注疏》，北京大学出版社1999年版，第1419页。

古者巫祝为联职,《周官·春官》祝之属,有太祝、小祝、丧祝、甸祝;巫之属,有司巫、男巫、女巫。盖巫以歌舞降神,祝以文辞事神。《国语》谓聪明圣知者始为巫觋(见《楚语》)。郑注《周官》,谓有文雅辞令者,始作大祝。是知二者乃先民之秀特,而文学之滥觞也。①

预言书是这类文体中的一类,大致包括两类材料:一种是预言性的神谕,即先知的话,常以诗体出现;另一种是散文叙事,内容为先知本人或他人叙述的先知事迹。这些材料的编排方式往往很难断定。一些书卷以精确的日期和年代排序,如《圣经》《以西结书》和《哈该书》,但很多书卷并没有明确的编排原则。预言性书卷较为复杂。以《阿摩司书》为例,这部书1—2卷是经典先知书中最早的,且篇幅较短。同大多数先知书一样,《阿摩司书》开篇介绍先知本人的生平。之后是一篇较短的神谕,阿摩司借此宣布耶和华的审判。《约珥书》中也有同样的神谕,这种内容的重复在先知书中并不罕见。

藤野岩友认为商汤祷词为祝辞体,"通过诘问语气来占卜神意,具有与《天问》共通的性质",受"问卜系文学"传统的影响。在《楚辞·离骚》与《楚辞·九章·橘颂》等"自序文学"之下标"祝辞系文学",并与《尚书·周书·金縢》篇周公祈神保佑武王平安的祝辞形式加以对比,认为"作为自序文学的《离骚》,其文学形式来源于对神的祝辞"。②

通过"神谕",阿赞德人掌握神意,这成为他们精神生活的重要组成部分。通过"附体""代言"等形式获得与祖先或神灵的沟通神力,掌控侵扰家宅或家庭成员身体的"祟",从而将"疾患"过渡到健康和平安的状态,消除家庭危机。"不仅是我们认为比较重要的社会事务阿赞德人需要请教神谕,针对日常生活中的一些小事他们也请教神谕","欧洲人对于神秘力

① 刘勰:《文心雕龙义证》,詹锳义证,上海古籍出版社1989年版,第358页。
② 藤野岩友:《巫系文学论:以〈楚辞〉为中心》,韩基国编译,重庆出版社2005年版,第3—4页。

量一无所知,因而不能理解阿赞德人在行动的时候必须要考虑的神秘力量".① 人类学家普里查德这样写道:

> 每当赞德人的生活中出现危机,都是神谕告诉他应该如何去做。神谕为他揭露谁是敌人;告诉他在何处能够脱离危险,找到安全;向他展示隐藏的神秘力量;给他说出过去和将来发生的事情。没有本吉,赞德人确实无法生活。剥夺了赞德人的本吉无疑就是剥夺了他的生活。②

通神信仰传统使后世文学长期以来承担着"神人以和","正得失,动天地,感鬼神","言王政之所由废兴","美盛德之形容,以其成功告于神明者"③的巨大的社会功能,并和社会政治意识形态如影随形。

同样,通神心理活动成为和艺术感受巅峰体验二而为一的一种精神状态。"游于艺"在某种意义上认定艺术是和游戏、迷狂、巫术出神活动相表里的感性精神活动,它使人进一步摆脱一切世俗的、功利的、工具的羁绊,恢复自我的天性,使心灵朝着更为开放更为广阔更为纯净更适合想象的自由驰骋的方向张扬。

除了"模仿说"和"实用说"之外,通神信仰隐约在西方"迷狂说"及其理论中能窥见一斑。柏拉图在《斐德诺篇》中论及诗人的灵感时说:

> 此外还有第三种迷狂,是由诗神凭附而来的。它凭附到一个温柔贞洁的心灵,感发它,引它到兴高采烈神色飞舞的境界,流露于各种诗歌,赞颂古代英雄的丰功伟绩,垂为后世的教训。若是没有这种诗神的迷狂,无论谁去敲诗歌的门,他和他的作品都永

---

① 普里查德:《阿赞德人的巫术、神谕和魔法》,覃俐俐译,商务印书馆 2006 年版,第 275—276 页。
② 普里查德:《阿赞德人的巫术、神谕和魔法》,覃俐俐译,商务印书馆 2006 年版,第 274 页。
③ 李学勤:《十三经注疏·毛诗正义》,北京大学出版社 1999 年版,第 1297 页。

远站在诗歌的门外,尽管他自己妄想单凭诗的艺术就可以成为一个诗人。他的神志清醒的诗遇到迷狂的诗就黯然无光了。[1]

柏拉图认为"疯症有两类:一类产生于人的弱薄,另一类神圣地揭示了逃离世俗风尚束缚的灵魂"[2]。由此我们知道,西方式的纯粹理性权威尚未建立时,人们对待疯狂的态度是何等宽容和尊敬。把疯症划分为神圣和非神圣的两类,这多少表明远古时期神灵附体类迷狂的传统仍被认可的事实。原型批评中提及的"集体无意识""原始意象""原型"等概念,也隐约指向巫术时代的文化大传统及其对后世小传统的影响。

《圣经》提到了观兆、占卜、行邪术、施咒和交鬼。许多行为虽然被严禁,其中一些在公元前 7 世纪晚期约西亚王进行宗教改革后被禁止,但它们在《圣经》中的频繁出现说明这些行为在古代以色列是很普遍的。许多宗教中的圣徒、萨满巫师、神秘主义者等人物有时之所以处于社会边缘,也许是因为他们的奇行怪语。《圣经》和非《圣经》来源中都有这样的例子:先知在宣讲信息之前会进入一种迷狂状态。刚刚受膏被立的扫罗王在"受感说话"时就变成了"新人"(撒上 10:6)。有时音乐也能使人达到这种迷狂状态(撒上 10:5;王下 3:15)。此时有人会赤身裸体(撒上 19:24),有人会自伤自残(王上 18:28;亚 13:6),还有人会出现其他不正常行为,例如先知以西结曾长期侧卧,并且缄默不语。同其他文化一样,《圣经》中也有关于先知超凡能力的传说,其中以利亚和以利沙的能力显得尤为突出。据说他们曾令食物数量翻倍,使疾病痊愈、死人复活、毒物变无害,甚至令遗失约旦河底的斧头浮上水面。他们还借助神明的力量,唤火从天上降下,将熊召出树林撕裂无礼的少年。他们的力量甚至延续到死后。例如,以利沙的骸骨能使尸体复活。后来的先知也有许多不可思议的事迹,比如以赛亚能使太阳投射的影子倒转方向,此外他还有医病的异能。先知及其同时代的人都相信,神明会直接与先知进行特殊的交流。这种交流通常表现为

---

① 柏拉图:《文艺对话集》,朱光潜译,人民文学出版社 1963 年版,第 118 页。

② 柏拉图:《文艺对话集》,朱光潜译,人民文学出版社 1963 年版,第 118 页。

话语和异象,这要求先知既要听,又要看。例如,非以色列籍的先知巴兰形容自己"得听神的言语,得见全能者的异象"(民24:4)。同样,《阿摩司书》开篇提到"……阿摩司得默示论以色列……"(摩1:1)。先知受到启示的惯用表达为"耶和华的话临到",而后先知以耶和华的名义说:"这是耶和华说的。"先知所传的信息被称为神谕,这一术语来自古典时代。但是先知们究竟如何获得启示呢?渠道之一就是梦。为在梦中获得神明启示,他们要在特定的圣地过夜,这一过程名为"潜伏"(Incubation),许多资料证明了它的存在。那么先知口中的神明启示究竟是其深刻内心体验的外化还是他们亲耳所闻,亲眼所见?现代批判的观点否定了后者,但无论是哪种情况,关键都在于内心的体验,以及先知及其听众所达成的共识,那就是这种体验来自神明。在关于启示的描述中,最常见的就是一些先知声称自己曾经见证甚至参与了众神议会的讨论。

中国早期典籍《诗经·大雅·大明》记牧野之役,有"上帝临女,无贰尔心"一类充满警惕性的话语。《尚书·周书·立政》述建官之制,亦战战兢兢地,以"灼见三有焌(明)心,以敬事上帝"。汤因比所著《历史研究》,最后归结到至高精神实体神。评论家认为他的贡献就在于这个精神实体给予人们对形而上疑惑的保证。①

在"失落的天书"背后,是现代理性文化以文本为中心,严重脱离文学发生的鲜活生动的第一现场,当今人们对文学的理解偏离了久远的文化大传统而祛魅化和扁平化。文学因之丧失了原初的鲜活语境,抽离了发生学上的意义和功能,成为纯粹的书写文本,而文学诞生之初的通神救疗和禳灾的功能则被集体遗忘,"天书"母题背后的神谕传统也鲜有人提及。只有在少数的研究和观察中,学者才能见微知著地寻绎出文学当初元编码所释放出的能量,像测量红移来推断宇宙大爆炸最初几秒的情景一样,从遗存至今的大量的"天书"母题中,我们能捕获有关文学起源和原初功能的信息。

---

① 施议对:《文学与神明:饶宗颐访谈录》,生活·读书·新知三联书店2011年版,第117页。

## 三、"天书"母题的来源是萨满文化

"天书"传统的目的在于"代圣立言",其信仰源自萨满文化。张光直在彼得·佛斯特"亚美巫教"理论的基础上,提出"亚美巫教底层"学说,并建立了玛雅 – 中国连续体理论。他认为佛斯特关于亚美巫术体系的重建工作不应只限于中南美洲文明中,还应扩展至旧大陆的东部,尤其是古代中国。因为古代中国和中南美洲文明在宗教、艺术等方面都有很多相似之处,都可归为萨满式文明。① 人类学中专门研究萨满教的专家哈利法克斯(Joan Halifax)归纳说,萨满巫术的基本特征有如下四个方面:对幻象的追求,或者分解与复原的体验;出入上中下三界的能力;进入迷狂出神状态的能力;医疗能力及在社群与非常态的世界之间沟通的能力。② 另一位专家维特斯基(Piers Vitebsky)则强调萨满教是一切人为宗教的基础:它不是一种独立的宗教,而是一种跨文化的宗教感觉与现象。在万物有灵信念支配下,萨满文化以崇奉氏族或部落的祖灵为主,兼有自然崇拜和图腾崇拜的内容。崇拜对象极为广泛,有各种神灵、动植物及无生命的自然物和自然现象。没有成文的经典,没有宗教组织和特定的创始人,没有寺庙,也没有统一、规范化的宗教仪礼。巫师的职位常在本部落氏族中靠口传身受世代嬗递。萨满的意识及其主题出现在人类的整个历史、宗教和心理之中。其传统可谓深厚无比,从我们的旧石器时代的先祖那里就已经开始了。③

后世,"迷狂"背后是深刻的社会知识系统,远古时代"民神不杂。民之精爽不携贰者,而又能齐肃衷正,其智能上下比义,其圣能光远宣朗,其明能光照之,其聪能听彻之,如是则明神降之,在男曰觋,在女曰巫"④。遗憾的是,黄帝的继承者"颛顼"对天地间的秩序进行了一次大整顿。他命

---

① 李宏伟:《张光直对中华文明起源研究的得与失》,载《河北学刊》2003 年第 5 期。

② Joan Halifax, *The Shaman*: *Voyages of the Soul*, Trance, Ecstasy and Healing from Siberia to the Arctic, 1995, p. 6.

③ Piers Vitebsky, *Shamanic Voices*: *A Survey of Visionary Narratives*, New York: Arkan, Penguin, 1991, p. 3.

④ 邬国义、胡果文、李晓路:《国语译注》,上海古籍出版社 1994 年版,第 529 页。

"重"(颛顼帝的孙子)两手托天,奋力上举;令"黎"(颛顼帝的孙子)两手按地,尽力下压。于是,天地之间的距离越来越大,以至于除了昆仑天梯,天地间的通道都被隔断。颛顼还命令"重"和"黎"分别掌管天上众神事务及地上神和人的事务。此后,天地间神人不经"重黎"许可便不能够随便上天下地了!《尚书·周书·吕刑》对此事的记载是:"乃命重黎,绝地天通,罔有降格"[1]。使人神不扰,各得其序,是谓绝地天通。自此以后,天人之间的沟通,需要神在人间的"代理人",而且必须是出入于"迷狂"、疯癫的非常之人。

人类早期的诗是巫师这一掌握神灵、祖先和神秘世界对话权力的沟通者,以祝、咒、颂等形式在丰穰祭祀仪式上所奏音乐的组成部分。苏联学者开也夫在专论民间口传文学时为咒语开辟了章节,他写道:"咒语——这是一种被认为具有魔法作用力的民间口头文学。念咒语的人确信:他的话一定能在人的生活和自然现象里唤起所希望的结果。"[2]

诗的语言形式,如果撇开它与音乐的联系而单独来看,在相当程度上同咒语、祷词之类的有韵的言语形式有关。特别是在考察原始社会的时候,这类具有宗教性用途的韵语形式更普遍地显示了同诗歌起源的密切关联。比如在南美土著雅玛那人(Yamana)中,成熟的诗歌尚不存在,但他们已经拥有一系列程式化的祷词,应用在各种需要的场合。当天气变坏时,他们会说:"天父垂怜,以佑我船。"当灾害降临,人也会向神发问,为什么要降灾下来:"我父在上,何以罚我?"

埃杜里·匹格米人(Ituri Pygmies)也拥有一系列程式化的祷词,同雅玛那人的那种简单形式十分相近。当一位未生育的妇女去打水时,她会对森林之灵祷告:

赐我以孕,噢,巴里!

① 王云五:《尚书今注今译》,屈万里注译,商务印书馆1969年版,第177页。
② 开也夫:《俄罗斯人民口头创作》,连树声译,中国民间文艺研究会研究部1964年版,第95—96页。

赐我以孕,我能生子。

《梨俱吠陀》第十卷中有很多具有咒语性质祷告诗篇,有的是为了抵御疾病,有的是为了占卜和预言,有的是为了求雨与生殖:

> 一对青蛙一个迎接另一个,
> 在大雨倾泻中尽情欢乐。
> 青蛙们淋着雨,四处蹦跳,
> 斑纹蛙与黄身蛙的鸣叫缠合。①

这些祷词不仅有自身的结构和语音上的协调,而且还常运用反复。和一切原始歌谣一样,《诗经》颂诗、《旧约》、《阿达婆吠陀》中这种祝、咒、祷等神谕之词俯拾皆是。②

到了战国时代,伴随着祝咒通神之词,由建鼓、悬鼓、鼗鼓、有柄鼓和鹿架鼓等伴奏着巫舞。由近世东北流行萨满教推断,这些祝祷语词往往在禳灾祛祟除疫的仪式上,和着音乐节奏、歌舞颂扬神灵:"凡人患病辄延男巫,亦有女觋至家。左执鼓,以铁丝贯钱数十横丝鼓之两耳"③,击鼓作咒以疗病。叶舒宪先生以四重证据法释读夏禹"神鼓"和凌家滩"玉签"文化象征意蕴的实践为我们理解古人祭祀活动中"尚声"行为提供了认识论和方法论上的指导。在他看来:"无论是单纯发布声音信息的信号鼓,还是仪式性奏乐体系中的一种乐器,其最初的根源都在于神鼓信仰背景和史前社会宗教领袖沟通神鬼的仪式性活动。"④

在世界文明史上,早期神谕"天书"表现为以神话叙述的模式对王权

---

① 林太:《〈梨俱吠陀〉精读》,复旦大学出版社 2008 年版,第 182 页。
② 叶舒宪:《诗经的文化阐释:中国诗歌的发生研究》,湖北人民出版社 1994 年版,第 46—47 页。
③ 马伯英:《中国医学文化史》,上海人民出版社 1994 年版,第 166 页。
④ 叶舒宪:《〈容成氏〉夏禹建鼓神话通释——五论"四重证据法"的知识考古范式》,载《民族艺术》2009 年第 1 期。

机制生成的话语操控作用。摩西或汉谟拉比在圣山上接受神谕,颁布法律。上古时代有知识和法力的圣人通常就是部族和部落的酋长。①

在西方,神的使者就是古希腊神话中的信使赫尔墨斯,维科称巫为"神学诗人":

> 诗性玄学就凭天神的意旨或预见这方面来观照天神。他们就叫做神学诗人,懂得天帝在预兆中所表达的天神语言,他们是在"猜测"(divine),称他们为占卜者(diviner)是名符其实的。这个词来源于 divinari,意思就是猜测或预言。他们的这门学问就叫做缪斯(Muse)女诗神……因为精通这种玄秘的神学的人,能解释预兆和神谕中的天神奥义的古希腊诗人们就叫做 mystae(通奥义者),贺拉斯显出博学,曾把 mystae 这个词译作"诸天神的传译者"(《诗艺》,391)。每一个异教民族都有精通这门学问的西比尔(sybils,女巫)。②

中国早期的巫师,被称为"格人","格人"以占卜的方式能至知天命,成为"格知"。"格"与"告"属于神话学上的"还原性认体",皆从"口",原生形态是神圣仪式中的"口",意为通告预知。③ 这与"格天"感通意义相符。《尚书·周书·君奭》"成汤既受命,时则有若伊尹,格于皇天"④,就是指君受命于天,凡所作为,皆感通于天。《尚书·虞夏书·尧典》同样有"归,格于艺祖,用特"⑤的记载。

通神、占卜、禳灾、招魂、治疗等活动,大都是通过叙述实现的。世界范围内早期剧场的戏剧表演都带有与神灵沟通的功能。德尔斐每年在传说

---

① 詹·乔·弗雷泽:《金枝:巫术与宗教之研究》,徐育新、汪培基、张泽石译,中国民间文艺出版社 1987 年版,第 17 页。

② 维柯:《新科学》,朱光潜译,商务印书馆 1989 年版,第 186 页。

③ 叶舒宪:《文学人类学教程》,中国社会科学出版社 2010 年版,第 183—204 页。

④ 王云五:《尚书今注今译》,屈万里注译,商务印书馆 1969 年版,第 143 页。

⑤ 王云五:《尚书今注今译》,屈万里注译,商务印书馆 1969 年版,第 11 页。

中阿波罗的生日那天发布神谕,后来发展到除了冬季的三个月以外每个月的第七天都会发布神谕。在发布神谕过程中,德尔斐神庙的祭司皮提亚(Bythia)则处于一种迷狂的状态。类似昏迷的催眠通神状态后,由别人提问,她做出对未来的预测,所以预言不只在词源学上与疯癫相关,而且只能通过迷狂来实现。① 苏格拉底说,迷狂确实是上苍的恩赐,德尔斐的女预言家和多多那圣地的女祭司在迷狂的时候为希腊国家和个人获取了那么多福泽,我们要对她们感恩,但若她们处于清醒状态,那么她们会所获甚少或者一无所获。然而,我要指出这样一个事实,那些为事物命名的古人并不把迷狂视为羞耻和丢脸,否则的话他们就不会把这种预见未来的伟大技艺与"迷狂"这个词联系在一起,并把这种技艺称为迷狂术了。他们把迷狂术视为一份珍贵的礼物,是神灵的恩赐,这种技艺也就有了这个名称,而现在的人没有这个审美力,给迷狂术这个词增加一个字母,变成了预言术。②

因为神灵没有实体,人间的代理人巫师最初的职能就是讲故事,利用一切机会抓住所有现象来实现和神的精神交往,来排遣我们"绝天地通"以后的焦虑和无助。叙述言说领域的"天书"现象可以说是萨满教巫师的"面具"的置换变形。神的形象本身是古老的禁忌,人只能同他的替身沟通,而神在人间以"天书"降临的面目显现,这一点,我们从爱斯基摩社会中的萨满身上能找到答案:"萨满在仪式庆典或为人治病时都佩戴面具。蕾(Ray)根据19世纪欧洲观察者们的描述,认为巫师在治病或应付那些由于人的不当行为而招致的灾难时,尤其要佩戴的面具。……萨满就戴上

① 在献祭仪式的同时,皮提亚要在神庙内焚烧月桂枝叶熏蒸身体,还要和其他男祭司用灵感之泉举行沐浴仪式。一般来说,请求的问题是由男祭司代问,有时候是男祭司直接询问求神谕者想要问的问题,有时候是求神谕者将要问的问题写下来交给男祭司转问皮提亚。旁边的预言家将皮提亚的回答翻译成某种文体,一般是六步格诗句,有时候也会是谜语或散文,记录员则把这些诗句记录下来交给求神谕者。

② 柏拉图:《文艺对话集》,朱光潜译,人民文学出版社1963年版,第116—117页。引文参见王晓朝:《柏拉图全集》(第二卷),人民出版社2003年版,第157—158页。

面具,和有关的神灵商谈,或恳求他们宽恕。"①

从人类学角度,无论是讲故事、念咒语,还是歌唱和演戏,远古原始歌谣都以紧锣密鼓的音乐节奏、癫狂出世的形体舞蹈、迷狂出神的精神状态调动的精神信仰力量来改善生存环境乃至身体状态的功能,至今都是不言而喻的。如果说叙事的移情能够通过幻想来转移痛苦和补偿受压抑的欲望,那么"唱咒语治疗"的疗效,则更侧重在调动人类语言自身的仪式性和法术性力量,以及灵性语词沟通神圣治疗场的巨大潜力。② 白马藏人做了噩梦,身体出现"无名疼痛"、疲倦失神、抽搐痉挛、拗哭不止等症状,或家中乃至村寨中有不好的事情发生,如夫妻失和、诸事不顺、疫病传染等,都会请仪式专家做敲鼓敬神仪式。仪式上,由巫师唱诵经典祭歌。

"天书"母题也体现出在人神分离以后,巫师逐渐丧失了"降""陟"技能,世俗化为知识分子后集体无意识对权力话语的操控意向。他们企图通过话语操控,重操王者师的"旧业"。《史记·留侯世家》描写黄石公"出一编书,曰:读此则为帝王师矣"。张良亦称:"今以三寸舌为帝者师,封万户,位列侯,此布衣之极,于良足矣。愿弃人间事,欲从赤松子游耳。"③而黄石公、留侯正是天书母题积极入世角色的始作俑者,岂是偶然的巧合!

## 四、次生口头传统中的天书母题

王权神授以降,神授器物和神授教义成为曾经的神圣仪式言说实践的遗存。汉译佛经中,据说龙树出家后得读大乘经典,妙理有所未尽:"独在静处水精房中,大龙菩萨见其如是,惜而愍之,即接之入海,于宫殿中开七宝藏,发七宝华函,以诸方等深奥经典无量妙法授之。"④

欧大年在《宝卷:十六、十七世纪中国教派经卷概论》中研究了宝卷不

① 罗伯特·莱顿:《艺术人类学》,李东晔、王红译,广西师范大学出版社 2009 年版,第 208 页。
② 叶舒宪:《文学人类学教程》,中国社会科学出版社 2010 年版,第 265—266 页。
③ 司马迁:《史记》(卷五五),中华书局 1959 年版,第 2035 页。
④ 鸠摩罗什译:《龙树菩萨传》,见《大正新修大藏经》(卷五十),第 142 页。

同文本中反复出现的情节单元(入仙童的时间、场景、段落),主题包括:教主的自传性陈述,对神预警卷的领悟,教派名称及信众,创世、普度、来世神话、禅定、仪式、道德说教、地狱描绘,社会观念。他认为明刊《混元弘阳佛如来无极飘高祖临凡经》中有宝卷神授临凡之主题,宣扬宝卷系由普渡众生的教主,从神界下凡传授而来,涉及创世、普渡、末世说的神话主题。①

早期道教的创教神话中,也很完整地保留了"神授天书""赋予书写文字以经典的权威性"的传统。② 陈国符先生概括其共性规律:"道书述道经出世之源,多谓上真降授。实则或由扶乩;或由世人撰述,依托天真。"③而李丰楙先生则认为,按照陶弘景整理的《周氏冥通记》,《真诰》篇简直就是杨许诸人的冥通记,其"灵媒"(神媒)职能颇类萨满:

> 当时称为真书、真迹、真诰,都是书法能手在恍惚状态将见神经验——笔录。当时茅山的许氏山堂——即静室,为天师道设靖(静)的修道场所,也是仙真常常降临的神圣之地。而杨许也多经历一段时间的精神恍惚(trance),在迷幻中说出、写下一些神的嘱语——按照人类学家的研究,它经常表露其内在最基本的社会文化需求,常借用神诰的方式将神的意旨传达,宣示于信徒。④

后世络绎不绝的"天书"传统的缔造者,或者发展出各种替代性的迷狂方式(如准迷狂、伪迷狂方式),寻求曾经心醉神迷的那一时刻;或者深刻洞悉了下层民众集体无意识的神灵崇拜和权威迷信这一古老的心理沉疴,利用民众期盼"权威话语"并易受其暗示和感染的集体心理,让公众捕获这个征兆或信息,因为受"神灵"的示意更容易赋予这个征兆或信息一

---

① 欧大年:《中国民间宗教教派研究》,刘心勇、严耀中、邢丙彦等译,上海古籍出版社1993年版,第223页。

② 葛兆光:《"神授天书与不立文字"——佛教与道教的语言传统及其对中国古典诗歌的影响》,载《文学遗产》1998年第1期。

③ 陈国符:《道藏源流考》(上册),中华书局1963年版,第8页。

④ 李丰楙:《仙境与游历:神仙世界的想象》,中华书局2010年版,第96—97页。

个深刻的含意。这迎合了民众集体无意识对超常知识、能力、寿命的渴求，利用了书面传统与口头传统的差距，以及这一差距所深化的对"白纸黑字"典籍的崇拜，事先把大家想听到的内容设计好，通过众人在场"展演"式地，由灵媒写在纸上"代圣立言"，再用这物化了的"天书"来号召徒众。后来，这一活动还利用了早期中国王政对"谣言"等民众舆论的"观察"而异化为"谶谣"，体现出对政权更替和王朝兴衰的参与意识。

民间性的叙事文学宝卷，继承和利用"天书"传统。"对他们来说，宝卷是神灵通过其教祖和教主传授给他们的……同时，还有这样一个悠久的民间传说，书信传自于天，或者由神仙授之于大人物的"①。这种以"天书"等为代表的多样化、持续性神化书写，既有远古口传时代神圣叙事的集体无意识遗存，又有建构历史和神圣叙事的嫌疑。他们通过对过去经验的说唱，创造出仪式性演出及神圣空间，象征性地表达与人神沟通的状态，弥补绝天地通之后的精神迷茫，以达成一种得道成仙的心理暗示效果。

布罗姆菲尔德和丢恩在研究了 18 世纪之前还不被人知晓的古代欧洲诸民族的口传文学之后，得出结论：在理性原教旨主义问世之前，早期社会的活态口传文学，其根本的意义在于强调一种秩序，"无论其形式是多么离奇，那些神话和故事总是预设了秩序和合理性的观念"。于是他们以巫觋、先知或预言者的身份成为一个部族的精神领袖，成为神的代言人，天（神）和人之间的中介。借助于他们所传布的文字，不仅仅向民众心里灌输了一个社会所必需的种种经验和忠告，而且还控制了对于历史和现实的理解，并以此建构起一个能够最大限度突现自己符号利益的精神秩序。②这对于我们理解次生口头传统宝卷中的"神授天书"书写，有很大的启发。

在特殊的地方就有特殊的讲话方式。君权神授的小传统里，文人的书写方式是为了做宰辅，"致君尧舜上"，是一种被规训和展示规训的文字书

---

① 欧大年：《中国民间宗教教派研究》，刘心勇、严耀中、邢丙彦等译，上海古籍出版社 1993 年版，第 212 页。

② 朱国华：《口传文学：作为元叙事的符号权力》，载《求是学刊》2003 年第 1 期。李永平《神授天书与代圣立言：宝卷来源的人类学解读——以〈香山宝卷〉为中心的考察》一文也有引述（此文载《民俗研究》2012 年第 5 期）。

写。而在大传统下，从巫术时代开始，就始终有一种为"天下""苍生""秩序"的神圣叙事，他昭示的是一种更为普遍的人类学意义和原始法制精神。理性时代，这种传统被遮蔽，表层看来这似乎是各类民间宗教教主编造自己的"秘史"，神化自身，使自己书写的文字打上"神授"的印戳。但其背后隐藏着沟通天人、知识神授的远古人类口传文化的神圣大传统，这才是这种集体无意识的神话叙述的观念源头。

# "大闹"与"伏魔":《张四姐大闹东京宝卷》的禳灾结构①

## 引　言

　　"张四姐大闹东京"故事意蕴深厚,流传久远,在长期的演述中,文本种类繁多,其中包括多种宝卷文本。《中国宝卷总目》著录该宝卷嘉庆、同治、光绪、民国版本总计 35 种,编号分别是 1083 和 1566。《张四姐大闹东京宝卷》(又名《张四姐宝卷》)、《摇钱树宝卷》、《仙女宝卷》、《月宫宝卷》、《天仙宝卷》(又名《天仙四姐宝卷》《斗法宝卷》《天仙女宝卷》《张四姐宝卷》《杨呼捉姐宝卷》),笔者统计在《中国宝卷总目》著录的存世宝卷版本数量上,位居前十位。

　　根据故事情节,我们把《张四姐大闹东京宝卷》分为六大板块。

　　(1)仁宗朝,崔家家道中落,崔文瑞与母亲靠乞讨度日。

　　(2)玉帝第四女张四姐下凡,与秀才崔文瑞(原是天上金童)结为夫

---

① 本文是国家社科重大招标项目海外藏中国宝卷整理与研究(编号 17ZDA266),国家社科基金一般项目"宝卷禳灾叙述的人类学研究"(15BZJ037)的阶段成果。

妻,张四姐利用仙术帮崔文瑞母子重归富有。

（3）员外王半城见崔家财宝和崔妻张四姐的美色后起异心,定计谋,设圈套栽赃陷害崔文瑞,企图霸占张四姐。

（4）为了解救被拘押的丈夫,张四姐与呼家将、杨家将几番大战,大闹东京,打败包公。

（5）包公用照妖镜去擒妖,前往地府阎王殿、西天、玉帝等处查访,最后在斗牛宫中查访得知,张四姐是王母的四女儿下凡人间。

（6）玉帝大怒,派遣天兵天将、哪吒、孙悟空前往擒拿员外王半城不得。崔文瑞原是老君殿上仙童,一家三人都被玉帝召回天宫。

六大板块中,第（3）（4）（5）部分才是故事的关键部分。笔者收集《河西宝卷真本校注研究》收录的方步和先生整理本《张四姐大闹东京宝卷》（简称《真本校注本》）①,《临泽宝卷》收录整理本《张四姐大闹东京宝卷》（简称《曹大经藏本》）②,《酒泉宝卷》收录的整理本《张四姐大闹东京宝卷》（简称《酒泉本》）③,《中国靖江宝卷》收录的整理本《月宫宝卷》（简称《靖江本》）④,陕西师范大学图书馆藏咸丰元年（1851）曹鹤贤抄本《天仙宝卷》（简称《咸丰本》）、陕西师范大学图书馆藏民国二十八年（1939）王沧雄藏本⑤（简称《王沧雄藏本》）,哈佛大学燕京图书馆藏《天仙宝卷》（光

①　方步和整理本《张四姐大闹东京宝卷》是冯强搜集的武威张义堡王斌、蔡政学、徐祝德抄本。（参见《河西宝卷真本校注研究》,兰州大学出版社 1992 年版,第 125—162 页）。该整理本与《金张掖民间宝卷一》（2007）、《山丹宝卷上》（2007）属于同一抄本的整理本。故本文以 1992 年方步和整理本为底本比较,简称《真本校注本》。

②　小屯乡曹庄四社曹大经抄藏本。程耀禄、韩起祥主编:《临泽宝卷》,甘出准印 059 字总 1067 号,第 360 页。

③　西北师范大学古籍整理研究所:《酒泉宝卷》,甘肃人民出版社 1991 年版,第 309—335 页。此卷系酒泉市东洞乡农民田上海抄录并收藏,抄于民国三十二年（1943）孟冬。

④　尤红:《中国靖江宝卷》,凤凰传媒集团出版社 2007 年版。

⑤　李永平:《禳灾与记忆:宝卷的社会功能研究》,中国社会科学出版社 2016 年版,第 273 页。

绪乙巳年许锦斋抄本)①，云南腾冲民间唱书《张四姐下凡》②，从"表述的动力"角度，探讨故事在表演过程中的"演述动力"，认为口头传统中，故事的演述动力来源于文化文本的禳灾结构。

## 一、"大闹"与"伏魔"叙述丛考原

为什么张四姐大闹东京故事，能够在民间以包括宝卷在内的各种文本长期流传，并形成复杂的演述版本？其演述的动力来源是什么？容世诚分析迎神赛社戏剧《关云长大破蚩尤》等傩戏时认为，《破蚩尤》和安徽贵池《关公斩妖》没有多大区别，该剧的演出实际上是在戏台上重演一次古代傩祭中方相氏驱鬼逐疫的仪式，"围绕着叙事结构和演出象征的吉祥/不幸、平安/险难，以致更根本的生命/死亡等对立观念，构成一个意义网络，在整个驱邪的仪式场合里产生意义。最后通过戏剧仪式的演出、除煞主祭降服或者斩杀背负所有不祥和凶咎的恶煞，象征式地消解了以上的对立"。③

联系河西的《护国佑民伏魔宝卷》《包公错断颜查散》，靖江宝卷中的《大圣宝卷》，尤其是靖江《大圣宝卷》中张长生在观音的点化后转入修行，接着"降妖伏魔"，最后定于狼山上弘法等故事，笔者认为，"张四姐大闹东京"故事的多种文本的演述动力同样源于该故事包含的原型结构，其动力装置是"大闹""伏魔"禳灾。

远古以来，真实或想象的自然灾害、瘟疫、猛兽侵袭，成为集体性恐惧和存在意义上的焦虑，受迫害的想象和记忆，采取集体行动的预防性书写或仪式性"干预"，这些最古老的经验形成"大闹"和"伏魔"的主题文化文本丛，转化为村落社会重要的民俗仪式的或禁忌，做会宣卷只是仪式活动

---

① 哈佛大学燕京图书馆藏光绪乙巳年许锦斋抄本。

② 《张四姐下凡》，载《民间唱书选辑》，民间唱书皮影队艾如明、谢尚金、刘尚科收集，保新出（2017）准印内字第 025 号。

③ 容世诚：《戏曲人类学初探：仪式、剧场与社群》，广西师范大学出版社 2003 年版，第 23 页。

的一部分。换句话说,文学文本宝卷故事只是民间信仰做会仪式中的演述部分。而文化文本中旨在通过祭献获得拯救,劝善免除天谴,镇魂、度脱禳解灾异,"通过仪式"消除污染的图像、故事文本或仪式化的表述分布广泛。如果要追溯"大闹""伏魔"原型结构的来源,无疑要上溯到中国本土的禳灾祭祀民俗仪式的源头"张天师降五毒""五鬼闹判"。①

神话观念支配意识行为和叙述表达的规则。先秦以来,人们认为,五毒是侵害人类的灾异,五月初五端午节被人们认为是"九毒日"之首,民间便流传了许多驱邪、消毒和避疫的习俗。驱"五毒"成为端午节民俗仪式的核心目的。《燕京岁时记》称:"每至端阳,市肆间用尺幅黄纸,盖以朱印,或绘画天师钟馗之像,或绘画五毒符咒之形,悬而售之。都人士争相购买,粘之中门,以避祟恶。"②至今,凤翔镇宅辟邪木板节令画中,还有《张天师降五毒》的题材。③ 在民间文学中,天师被视为法力高超、驱邪禳灾的职业术师,能够帮助人间芸芸众生渡厄禳灾。

"五毒妨人",人想方设法镇压"五毒"以禳灾,这一观念逐渐演化为"五鬼"大闹人间,判官捉鬼、杀鬼、斩鬼伏魔的原型结构和文化传统,贯穿于剪纸"剪毒图"、年画"五毒图"、佩饰"五毒兜"、饮食"五毒饼""炒五毒"等民俗事项和傩戏等文化文本之中。

从西周开始,傩戏扮演了重要的逐疫禳灾功能。宋代以前有《五鬼闹

---

① 钟馗斩鬼最早的记载见于唐高宗麟德元年(664)奉敕为皇太子于灵应观写的《太上洞渊神咒经》,而该经最初的十卷成书时间约在陈隋之际。敦煌写本标号为伯2444 的《太上洞渊神咒经·斩鬼第七》关于钟馗是这样写的:"今何鬼来病主人,主人今危厄,太上遣力士、赤卒,杀鬼之众万亿,孔子执刀,武王缚之,钟馗打杀(刹)得,便付之辟邪。"而另一篇标号为伯2569 中写道:"驱傩之法,自昔轩辕,钟馗白泽,统领居(仙)先。怪禽异兽,九尾通天。总向我皇境内,呈祥并在新年。"钟馗不但负责打杀恶鬼,更具辟邪功能。钟馗的名字画像、打鬼都具辟邪"效果"。

② 富察敦崇:《燕京岁时记》"天师符",见潘荣陛、富察敦崇、查慎行、让廉:《帝京岁时纪胜·燕京岁时记·人海记·京都风俗志》,北京出版社 1961 年版,第 62 页。

③ 凤翔县非遗中心:《凤翔木板年画》,陕内资图批字 2014 年第 CB07 号,第 35 页。

判》,元代杂剧有《神奴儿大闹开封府》,明代有小说《新刻全像五鼠闹东京》①、《决戮五鼠闹东京》(《包龙图判百家公案》第 58 回),晚清有侠义公案小说《五鼠闹东京包公收妖传》。

明代的驱傩仪式中,也需要演述大闹—审判—伏魔故事。1986 年,在山西潞城县南舍村发现了明万历二年(1574)手抄本《迎神赛社礼节传簿四十曲宫调》。该抄本"毕月乌"项下录有供盏队戏《鞭打黄痨鬼》剧②。《鞭打黄痨鬼》是山西上党地区祭祀二十八宿时于神庙前演出的戏剧,它在赛社祭祀中只是祭祀仪式剧,表演时走上街头逐疫祛祟,成为热闹异常的大戏。

今天这种民俗仪式成为"非物质文化遗产",还活态地保留在山西、山东等地。其中山西省临汾市襄汾县赵康镇赵雄村的傩舞表演"花腔鼓"中有"五鬼闹判"仪式剧。王潞伟对此专门做过田野调查:上街演出五鬼闹判时,由五个被冤枉的小鬼和一个判官组合而成。五个小鬼在戏弄判官时,步伐必须是蹦蹦跳跳。判官在行进中表演时没有规定的步伐,在五鬼闹判戏要时,他一会儿手摇铃铛向五鬼示威,一会儿双手翻阅生死簿,寻找被冤枉屈死的名单。③ 戏剧由固定程式组成:"五鬼"大闹判官,判官与五鬼程式化地周旋之后,象征性地审判并斩杀"五鬼",恢复人间的秩序。

明杂剧《庆丰年五鬼闹钟馗》,第四折钟馗有"一桩驱邪断怪的无价

---

① 据目前所知,"五鼠闹东京"存世有两个版本:一,广州明文萃堂本《新刻全像五鼠闹东京》四卷,今藏香港大学冯平山图书馆。二,柳存仁发现的英国博物院藏本,清代"书林"刻本《五鼠闹东京包公收妖传》二卷。参见潘建国:《海内孤本明刊〈新刻全像五鼠闹东京〉小说考》,载《文学遗产》2008 年第 5 期。从故事题材来看,《五鼠闹东京包公收妖传》故事经历过两次重大的改变:第一次是受到明代公案小说的影响,增加了包公判案情节。第二次是在清代中后期,受到侠义公案说唱及小说的影响,"五鼠"形象由精怪蜕变为侠客。而正是因为与不同时期流行小说的不断结合,"五鼠闹东京"故事才拥有如此绵长的生命力。

② 曹占鳌、曹占标:《迎神赛社礼节传簿四十曲宫调》明万历二年手抄本影印,见山西师范大学戏曲文物研究所编:《中华戏曲》(第三辑),山西人民出版社 1987 年版,第 1—50 页。

③ 王潞伟、王姝:《山西襄汾赵雄"花腔鼓"调查报告》,见中国戏曲学会、山西师范大学戏曲文物研究所编:《中华戏曲》(第四十辑),文化艺术出版社 2009 年版,第 356—367 页。

宝,助国家万年荣耀",钟馗在五鬼头上放"三个神爆仗","爆仗声高","五鬼唬倒","将黎民灾祸消",除了辟邪之外,钟馗也带来了新年的祝福。最后钟馗逐鬼、捉鬼,"刳其目,然后擘而啖之"①。明末戏曲理论批评家徐复祚在《傩》一文中又云:"然亦有可取者,作群鬼狰狞跳梁,各据一隅,以呈其凶悍。而张真人即世所称天师出,登坛作法,步罡书符捏诀。冀以摄之,而群鬼愈肆,真人计穷,旋为所凭附,昏昏若酒梦欲死。须臾,钟馗出,群鬼一见辟易,抱头四窜,乞死不暇,馗一一收之,而真人始苏,是则可见真人之无术,不足重也。"②《三宝太监西洋记》第九十回"灵曜府五鬼闹判",出现国殇后,冥府中受苦的五鬼哄闹判官。后世五鬼闹钟馗之"五鬼"又演变为包公故事《五鼠闹东京》中的"五鼠",这与包公死后成为五殿阎王,往来三界降妖除魔的民间流行观念有关。

清代宫廷一直上演端午节应节戏——《斩五毒》(又名《混元盒》)。清廷每逢端午,必召"内廷供奉"进宫演出《斩五毒》。述五毒聚妖闹事,张天师降伏众妖,收于混元宝盒内。此剧为早年京剧大武戏,武打高难,火爆紧张热闹非凡。惜此剧早已失传,唯有十七帧脸谱为已故北京老戏剧家翁偶虹收藏,弥足珍贵。联系脉望馆抄校本《孤本元明杂剧》中《关云长大破蚩尤》《灌口二郎斩蛟》《太乙仙夜断桃符记》中的大闹—审判—伏魔的仪式性情节,其中的中间环节就是"审判"。其中《关云长大破蚩尤》最后一折关云长正末唱:"仗天兵驱神鬼下丹霄。今日个救苍生除邪祟万民安乐。震天轰霹雳。卷地起风涛。金鼓铎铙。剿除尽那虚耗。"剧中"将那造孽蚩尤拿住了""将孽畜紧拴缚了",现在"今日一郡黎民安乐。四时和雨顺风调"证实该剧源于驱除邪祟仪式所遗留的痕迹。③

"大闹""审判""伏魔"是村落社会长期形成的原型结构,同一结构,不同文本空间,不同形式相互吸收转化,彼此牵连,交错相通,形成网络,各

① 王季烈:《庆丰年五鬼闹钟馗》,见涵芬楼藏:《孤本元明杂剧》(第30册),中国戏剧出版社1958年版。
② 徐复祚:《傩》,见穆凡中:《昆曲旧事》,河南人民出版社2006年版,第74页。
③ 王季烈:《关云长大破蚩尤》,见涵芬楼藏:《孤本元明杂剧》(第8册),中国戏剧出版社1958年版。

种版本的《张四姐大闹东京宝卷》只是文化文本中的一类。正因为故事结构的"审判"禳灾功能,所以被编为各种剧本。例如,通剧《张四姐闹东京》、洪山戏《张四姐大闹东京》、京剧《摇钱树》、桂剧《四仙姑下凡》、河北梆子《端花》、弋腔《摆花张四姐》、黄梅戏《张四姐下凡》、莆仙戏《张四姐下凡》、花鼓戏《四姐下凡》、皮影戏《张四姐》。在陕西,"张四姐闹东京"故事以陕南孝歌《张四姐下凡》的形式流传。除了在汉族地区,我国少数民族地区也有"张四姐闹东京"的故事。例如,傣族戏曲《张四姐》、壮族戏曲《张四姐下凡》、湖北陨西地区的神话故事《张四姐闹东京》、彝族《张四姐》、客家文化地区《张四姐下凡》,苗族民间叙事诗《张四姐与崔文瑞》和壮族的民间长诗《张四姐与李文墟》。

## 二、大闹与审判:禳灾与洁净的跨文化文本

中国文化的重要原型,全部来自前文字时代的大传统,大传统时代的核心是神话观念。从文明演化来看,和希腊哲学和科学兴起时期的轴心时代不同,支撑我们精神传统的核心是本土资料中天人贯通神话思维,"大闹""审判""伏魔"是众多原型编码的一种。

和个体一样,社会不是平面单调的,而是多声部的构成,在文学文本之外存在意识和集体无意识的多样逻辑,可以说"大闹""伏魔"这个民俗事项源自于远古宗教仪式和过渡礼仪中被亵污染时的冗长而又热烈的仪式,在一代代仪式演述和集体记忆之中,散落为各种文化文本。融合故事、讲唱、表演、信仰、仪式、道具、唐卡、图像、医疗、出神、狂欢、礼俗等的活态文学是文学的本来语境。还原文学的文化语境,人们会发现,不同时代伏魔禳灾的结构主体,从方相氏到钟馗,再到关羽、包公,在不断地发生着位移。

道格拉斯的研究表明,远古以来,人们通过建立分类体系,来确定污染的来源和危险所在,并在此基础上建立民俗禁忌和律法。人们相信危险来源于道德伦理上的"过错":这种疾病由通奸导致,那种病的原因是乱伦;这种气象灾害是政治背信的结果;那种灾害由不虔敬造成。整个宇宙都被

人们用来限制别人，使之成为良民。① 通过分类，"他们会区分有序和无序、内部和外部、洁净和不洁净"，边界的含混不清、反常的情形等都是不洁的、危险的、污秽的。那些分类体系所无法穷尽的边缘、剩余、中间或过渡状态，往往是问题所在，甚至是"污染"和"危险"的渊薮，而"异类通常与危险和污染相联系"②。"异类"或反常之物，由于触犯了或旁逸斜出于社会认知及文化分类的底线或处于边际，多数被视为"暧昧""不纯""污秽""生涩"或"危险"的存在。③ 一个文化对人和民俗事项的分类往往内含着道德评价，人们往往会在内部寻找那些被"污染"了的存在或外部邪恶势力的代理人，试图驱逐或至少使它们边缘化，从而维系社区或体系内部的"净化"状态。④

处于"过渡期"（transition）或转换期（transformation）的人不仅是危险的，他还向周围环境释放污染。从人类学角度看，《张四姐大闹东京宝卷》第三个板块王半城见崔家财宝和崔妻张四姐的美色，顿起异心，定计谋，设圈套栽赃陷害崔文瑞。崔文瑞衔冤对村落社会是危险的、不洁的，从仪式展演角度，正邪之间的对抗——"大闹"正是这一阈限场域的仪式性书写，是"热闹"的内在结构，热闹是中国传统社会有别于物哀的社会审美心理。

去除污染并不是一项消极活动，而是重组环境的一种积极努力。⑤ 现代医学上的低分化性肿瘤，人类学上的阈限阶段等属于濒临危险的"门槛阶段"，门槛高出地面10—30厘米，通过门神的守护，门最终成为妖魔鬼怪和人的世界的象征性区隔物。中国文化传统以"闹"（大闹、热闹）等活动渡过危险，闹因此也成为具有净化禳解功能的阈限阶段，和"生""冷""二百五"相对，只有"大闹""热闹"才能渡过重重"关煞"，"焐热"重组生存环

---

① 道格拉斯：《洁净与危险》，黄剑波、柳博赟、卢忱译，民族出版社2008年版，第3页。
② 托马斯·许兰德·埃里克森：《小地方，大论题——社会文化人类学导论》，董薇译，商务印书馆2008年版，第310—311页。
③ 周星：《汉文化中人的"生涩""夹生"与"成熟"》，载《民俗研究》2015年第3期。
④ 穆尔：《人类学家的文化见解》，欧阳敏、邹乔、王晶晶译，商务印书馆2009年版，第300页。
⑤ 道格拉斯：《洁净与危险》，黄剑波、柳博赟、卢忱译，民族出版社2008年版，第2页。

153

境,完成由"生"到"熟"的过渡。前文所述,山西省临汾市襄汾县赵康镇傩舞表演"花腔鼓""五鬼闹判",这个节目一年一度在村落的搬演,主要突出一个"闹"字,"闹"是有冤要喊,有屈要申。① 世界范围内,在黄金海岸的海岸角堡,每年一度,驱除恶鬼阿邦萨姆的习俗也格外热闹:"八点钟的时候,城堡就放炮,人们在家里也放起滑膛枪来,把所有的家具都搬出屋外,用棍子等在每间房子的各个角落里敲打,尽量地高声喊叫,吓唬魔鬼。在他们觉得已经把他赶出屋去之后,他们就冲到街上,乱扔火把,叫着、喊着,用棍子敲打棍子,敲打旧锅,真是闹得吓人,为的是要把妖精从镇上赶到海里去。"②

人类学家范热内普认为,人的出生礼、成年礼、结婚礼、丧葬礼等"生命周期仪式",其结构由前阈限阶段(分离期)、阈限阶段(转型期)以及后阈限阶段(重整期)组成。"转型"状态位于前后两个阶段之间的阈限期,个人处在悬而未决的状态,既不再属于从前所属的社会,也尚未重新整合融入该社会。阈限状态是一个不稳定的边缘区域,其模糊期的特征表现为低调、出世、考验、性别模糊及共睦态。

中国文化传统解决阈限危险的方法是做会仪式,通过"热闹"重组环境以祈福纳吉。江浙一带的"做会"仪式过程中要宣讲相应的宝卷,宣卷先生因此担任做会的执事。在"圣灵降临的叙述"中,焚香点烛请神佛,然后开始宣讲宝卷。结束时要焚烧神码(供奉的神像)等物送神佛。中间还要应斋主(做会的人家)之请,穿插拜寿、破血湖、顺(禳)星、拜斗、过关、结缘、散花、解结等禳灾祈福仪式。荐亡法会的仪式有请佛、拜十王、游地狱、破血湖(女性)、念疏头、开天门、献羹饭、解结散花、送佛等。

婴儿的孕育是家族重要的阈限阶段,在江苏省常熟尚湖、福建莆田,为了预防不孕、流产或者是婴儿夭折,要举行"斋天狗"仪式。江苏常熟要宣

---

① 王潞伟、王姝:《山西襄汾赵雄"花腔鼓"调查报告》,见中国戏曲学会、山西师范大学戏曲文物研究所编:《中华戏曲》(第四十辑),文化艺术出版社 2009 年版,第356—367 页。

② 詹·乔·弗雷泽:《金枝:巫术与宗教的研究》(下册),徐育新、汪培基、张泽石译,商务印书馆 2012 年版,第863 页。

讲《目连宝卷》及《狐仙宝卷》。在福建莆田要举行红头法事"驱邪押煞"。法事仪式中,陈靖姑装扮法官,红布缠头,召集五方兵马降妖伏魔,与抢吃胎息的天河圣母和天狼天狗进行激烈地仪式性打斗,演出活动热闹异常。①

据民国十一年(1922)《新无锡报》报道,前洲镇祠山庙会盛况,"是日,殿上之老叟、妇女坐夜者约两千余人","时至薄暮,已经三殿满座,鼓声、锣声、唱曲声、宣卷声,喧闹震天,镇村万人空巷"②。无锡的佛头宣卷做佛事大都集中在每年正月和六七月两季。正月里斋主请"做寿","请财神",给孩子"开关";六七月里"大家佛"兴。现在则"一年四季忙不停"。

流传至今的伏魔仪式突出特点是以"大闹""格斗"等为内涵的热闹氛围,世界范围内大多如此。《金枝》第56章弗雷泽专门列举了流传广泛的公众驱赶妖魔的民俗仪式。新喀里多尼亚的土人相信一切邪恶都是一个力量强大的恶魔造成的,所以,为了不受他的干扰,他们时常挖一个大坑,全族人聚在坑的周围。他们在坑边咒骂了恶魔之后,就把坑用土填起来,一面踩坑顶,一面大喊,他们把这叫作埋妖精。③

祛除污染、禳解灾异,转变为定期的捉妖降魔的仪式。为彻底地消除邪恶,澳大利亚的黑人一年一度从他们的土地上驱除死人的鬼魂。伍·里德雷牧师在巴文河岸上亲眼见到过他们的仪式:"我感到这个哑剧正要结束的时候,只见十个人同样的装束,突然从树后出现,全体一起与他们神秘的进攻者格斗……终于转入快速的全力猛攻,然后结束了这种激烈的劳动。他们持续了一整夜,日出后又继续了好几个小时。这时他们感到很满意,认为十二个月内,不会再有鬼来了。他们在沿河的每个站口都举行同

---

① 田仲一成:《中国戏剧在道教、佛教仪式的基础上产生的途径》,见香港浸会大学《人文中国学报》编辑委员会编:《人文中国学报》(第14期),上海古籍出版社2008年版,第3页。

② 前洲镇志编纂委员会:《前洲镇志》,江苏人民出版社2002年版,第533页。

③ 詹·乔·弗雷泽:《金枝:巫术与宗教之研究》(下册),徐育新、汪培基、张泽石译,商务印书馆2012年版,第854页。

样的仪式。听说这是每年的惯例。"①

　　在新年的头一天，即圣西尔维斯特节，波希米亚的男孩子都带着枪，围成一圈，向空中开火三次，叫作"射妖"，人们认为这会把女妖吓跑。圣诞节到主显节恢复之间的十二天或"第十二夜"，欧洲许多地方把这一天选作驱逐妖魔的恰当日子。如在卢塞恩湖上的鲁伦村，男孩子在"第十二夜"列队游行，打着火把，吹着号角，敲着铃铛，抽鞭子等，造成一片闹声，以吓走树林的两个女妖斯特鲁黛里和斯特拉特里。人们认为如果他们闹得不够响，那年就不会有什么收成。又如法国南部的拉布鲁及埃地方，人们在"第十二日"的头一天晚上沿街跑，摇着铃，敲着壶，用各种方法造成一片喧闹声，然后借着火把和燃烧着的柴堆的光亮，大喊大叫，几乎把耳朵震破，希望用这种办法赶走镇上一切游荡的鬼魂和妖邪。②

　　在人生的主要转折点，在天时运行的重要节令，中国人都要热闹，闹元宵、闹社火、闹洞房。只有经过大闹才能渡过阈限阶段，拆除"爆炸物"的危险引线。闹对应的颜色是"红"，日子要过得红红火火，在婚庆期间，张灯结彩，挂满红灯笼，贴满红对联，穿上红衣裳，要闹洞房，各地民间至今流传着"越闹越喜""越吵越好""越闹越发，不闹不发"或"不闹不安宁（辟邪）""不闹不热闹"等说辞。③ 人生礼仪和节庆期间是大闹最为灵验的时刻。正月里社火队挨家挨户上门展演，锣鼓喧天热闹非凡，如果社火队落下谁家，谁家就会因为冷冷清清而流年不顺。

　　伏魔的仪式性民俗活动，积淀为热闹红火的社会审美心理，贯穿在各种文化文本之中。宋元话本有《宋四公大闹禁魂张》，元代杂剧有《神奴儿大闹开封府》，明代有小说《新刻全像五鼠闹东京》。《红楼梦》有"赵姨娘大闹怡红院""王熙凤大闹宁国府"，晚清有侠义公案小说《五鼠闹东京》。《水浒传》中多处有"大闹"情节："鲁智深大闹野猪林""大闹桃花村""大

① 詹·乔·弗雷泽：《金枝：巫术与宗教之研究》（下册），徐育新、汪培基、张泽石译，商务印书馆 2012 年版，第 858 页。
② 詹·乔·弗雷泽：《金枝：巫术与宗教之研究》（下册），徐育新、汪培基、张泽石译，商务印书馆 2012 年版，第 869—871 页。
③ 谢国先：《走出伊甸园——性与民俗学》，四川人民出版社 2002 年版，第 53—55 页。

闹五台山""郓哥大闹授官厅""武松大闹飞云浦""花荣大闹清风寨""镇三山大闹青州道""病关索大闹翠屏山""李逵元夜闹东京"等。联系《水浒传》第一回"洪太尉误走妖魔"中洪太尉大闹伏魔殿的情节就会发现,这些"大闹"是"天罡地煞(妖魔)闹东京"的神话观念的程式性演述。不同民族神话中均有降妖伏魔母题。[1]

文学原型只是文化原型的椭圆形折射,"大闹""热闹"更多地表现为民俗仪式活动,过去每逢除夕、元宵等岁时节日,方相氏、僮子(由村民装扮)与无形的超验世界(鬼疫之属)冲突激烈,热闹非凡。由此,我们不难想象以"驱鬼逐疫"为宗旨的大型戏剧队伍在火炬的照耀下,在威猛的锣鼓和呐喊的人声中展演的浩大声势。其中代表人类的角色(方相氏)就须做出以舞蹈为主的呵斥鬼疫的虚拟动作。

在社会秩序中,通奸、乱伦、失祀、不孝、冤情、接触不洁等等过错,会招致污染和天谴,导致灾异。元杂剧《窦娥冤》中,窦娥含冤被斩之际,"大闹法场"示意了天谴的降临:楚州大旱三年,六月飞雪,血溅白练等三桩誓愿。悲剧《俄狄浦斯王》中,因为俄狄浦斯王"杀父娶母",触犯了乱伦禁忌,让城邦"在血红的波浪里颠簸","田间的麦穗枯萎了,牧场上的牛瘟死了,夫人流产了。最可恨的带火的瘟神降临到这城邦,使卡德摩斯的家园变为一片荒凉,幽暗的冥土里到处充满了悲叹和哭声"。[2]

传统社会的灵验时间,要周而复始地演述古老的"大闹—审判—斩妖"仪式,以此达到净化的目的。安徽贵池的"钟馗捉小鬼",钟馗戴青黑色面具,驼背鸡胸,手拿宝剑,身挂"彩钱",小鬼则戴鬼面具,舞蹈以锣鼓为节。先是钟馗用宝剑指向小鬼,小鬼不断作揖求饶,钟馗恃威自傲,小鬼卑躬屈膝,二者形成鲜明对比。不久小鬼伺机夺过钟馗手中的剑,钟馗反而向小鬼求饶。最后,钟馗急中生智,夺回宝剑,将小鬼斩杀。尽管表演注入了世情因素,但表演的基本情节还是降妖伏魔与"斩鬼"。再如赛戏中"除十祟"演出真武爷降服群鬼的故事。

① 王宪昭:《中国神话母题 W 编目》,中国社会科学出版社 2013 年版,第 1395—1399 页。
② 索福克勒斯:《索福克勒斯悲剧五种》,罗念生译,上海人民出版社 2015 年版,第 73 页。

元代以后,"大闹—审判"的主角主要集中在包公身上,原因是包公吸附了从方相氏到钟馗、阎王等角色功能。① 农村祭奠孤魂野鬼的习俗兼有"普度"与"判刑"两面,其中审判戏就是"鬼魂上诉",包公受理控告,"审问鬼魂"(鬼魂诉冤),"超度鬼魂"等阶段,展示了当时流传的审判孤魂野鬼的习俗。②

### 三、阈限阶段结构呈现:《张四姐大闹东京宝卷》的演述动力

文学人类学在学科丛林的表象背后,拨开能指符号迷雾,赓续文化大传统,在文学的周边,重新定义文学性,找寻象征性空间的远古根脉,深层回应前现代思想的余韵,并以古今融通的"(人)类"的视野对置身其中的文化主题做出批判和省思。③

把版本众多的《张四姐大闹东京宝卷》还原到文化文本的结构网络中,方能窥见其中"大闹"的互文结构和禳灾内涵。村落传统中民间叙事的活力来自于远古以来的禳灾精神传统。从表层上看,《张四姐大闹东京宝卷》是"大闹"型故事与"伏魔"型故事的捏合形态。在"蒙冤—反抗—伏魔—昭雪"禳灾民俗仪式的演述中,重复的是"被禊—洗冤"结构模型,它是一种集体无意识的类型性原型结构。原型结构的形成与人类自远古以来形成的巨大心理能量间有关:不仅汲取凝聚,薪尽火传,而且是受集体无意识左右的一个自主情节的形成过程。原型在心理内核上还是一些倾向和形式而已,它要获得实现就必须依赖现存的相应社会现实和情景。

远古时代以来,原型通过物、图像、民俗仪式、禁忌一一表述,道格拉斯认为,仪式通过"运用反常的象征将恶与死亡整合到生与善中去,最终组成了一个单一、宏大而又统一的模式"。④ 反复出现在古典作品中的"大

---

① 李永平:《祭祀仪式与包公形象的演变》,载《中华戏曲》2014 年第 1 期。
② 田仲一成:《中国祭祀戏剧研究》,布谷译,北京大学出版社 2008 年版,第 229 页。
③ 叶舒宪:《现代性危机与文化寻根》,山东教育出版社 2007 年版。
④ 道格拉斯:《洁净与危险》,黄剑波、柳博赟、卢忱译,民族出版社 2008 年版,第 50 页。

闹—伏魔"结构,和降龙、伏虎结构一样,早就超越了一般的拙劣模仿和偶然的巧合。远古以来,人为的污染(失祀、冤狱、罪孽)导致秩序混乱,人不得不洗冤,搜寻替罪羊,祭祀禳灾,祈求上苍宽宥,使天理昭昭,以销释或者转移污染,恢复洁净。

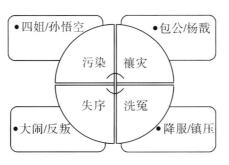

图4 "大闹"与"反叛"矩阵关系示意图

历史地看,孔子时代就已经流行古傩礼俗。从不同语言的宗教文献,到近代还在展演的目连戏和香山宝卷的演述传统,本身就是这种宗教性净化仪式的一部分。回鹘文木刻本《圣救度佛母二十一种礼赞经》,刻本第三栏是回鹘文(划分为三栏,第一栏是图像,第二栏是梵文和藏文),附汉文佛偈如下:

> 敬礼手按大地母,以足践踏作镇压,
> 现颦眉面作吽声,能破七险镇降伏。
> 敬礼安隐柔善母,涅槃寂灭最乐境,
> 莎诃命种以相应,善能消灭大灾祸。[①]

《张四姐大闹东京宝卷》卷首韵文:

> 四姐宝卷才展开,王母娘娘降临来。天龙八部生欢喜,保佑

① 高楠顺次郎:《大正新修大藏经》(第16册),台北新文丰出版公司1990年版,第478—479页。

大众永无灾。

　　善男信女两边排，听在耳中记在怀。各位若依此卷行，多做好事少凶心。

　　做了好事人人爱，做了坏事火焚身。作了一本开颜卷，留于（与）世上众人听。①

　　两者相比，我们似乎觉察到，宗教仪式的实施、民间宗教信仰文献的展演、一年一度的节庆仪式，其背后共同的信仰活力源于它们"能破七险镇降伏""保佑大众永无灾"的功能和使功能发挥效用的教化。

　　民间信仰中，人们将远古以来镇压邪魔的集体诉求"箭垛式"地背负到历史人物包公身上，他既能"日断阳、夜断阴"，能下地狱、上天宫，四处查访。贪财贪色的王半城制造冤狱，崔文瑞无辜蒙冤入狱，狱吏屈打成招，制造冤狱，必然招致灾异。为了洗冤，张四姐和包公成了张力结构的核心：一位持天界法物"大闹"东京，一位用照妖镜、赴阴床降妖伏魔：

　　　　有包公，听此言，心中暗想；命王朝，和马汉，急急前行。
　　　　抬铜锏，竖刀枪，甚是分明；又带上，照妖镜，去捉妖精。
　　　　桃木枷，柳木棍，神鬼皆怕；刀斧手，铜锏手，紧紧随跟。
　　　　一时间，就到了，崔府门前；叫一声，快捉拿，四姐妖精。
　　　　吓得那，一家人，胆战心惊；张四姐，听此言，冷笑一声。
　　　　却说众士卒逃回，吓得仁宗皇帝无计可施，忙派包公到天波府再搬救兵。太君两眼流泪说："我杨家为了宋氏江山，不知死了多少儿郎，待我前去捉拿妖精，为国除害。"包公心中大喜："有杨家女将出阵捉妖，必定成功，我且回南城府中。"②

　　包公在僮子戏等傩戏中担当沟通人神、逐疫、辟邪镇宅、镇魂等角色，因之具有"神人相通"的巫师的法力。无论是《金瓶梅词话》第六十五回描

---

①　方步和：《河西宝卷真本校注研究》，兰州大学出版社1992年版，第127页。
②　徐永成：《金张掖民间宝卷》（一），甘肃文化出版社2007年版，第51、53页。

写李瓶儿死后的吊丧说唱，还是《五鬼闹判》《张天师着鬼迷》《钟馗戏小鬼》《六贼闹弥陀》《天王降地水火风》《洞宾飞剑斩黄龙》《赵太祖千里送荆娘》，抑或是贵池傩戏演出的《舞伞》《打赤鸟》《五星齐会》《拜年》《先生教学》等小戏，最后一场必演出《关公斩妖》，和《关公斩妖》结构一致的是民间信仰中的大闹、伏魔与审判。

细读《张四姐大闹东京宝卷》，包公下地狱上天庭四处查访，找到了导致污染的因由。《包公错断颜查散》宝卷中，"尸首不倒"这一细节在多种《包公错断颜查散》版本中惊人的一致，它不仅成为推动故事发展的重要情节，而且清楚地表明，宝卷展演活动具有超度冤魂、恢复洁净的宗教社会功能。因为"尸首不倒"必有过错，这一关键性细节可以说是民族的集体认知传统所预设的。诸如此类的民间故事要素属于整个口头说唱传统，因此它们既可以出现于一般的故事情节当中，也可以出现于那些功能性的傩戏或仪式剧之中，其传统地位远非取决于纯粹的叙事性和戏剧性价值。

与《关公斩妖》等仪式剧不同的是，《张四姐大闹东京宝卷》中，包公在查访伏魔时还对张四姐的身份进行了查访（审判），擒妖除祟，使四姐重返仙籍，并度脱了凡男崔文瑞。容世诚认为这是中国宗教仪式剧的重要环节，和目连戏中的《刘氏逃棚》《捉寒林》，关公戏中的《关公斩妖》《关云长大破蚩尤》呈现大致一致的除煞禳灾母题，隐藏了《周礼》《后汉书》所描绘的傩祭仪式的表演原型。①

文学批评家经常论述中国故事、戏剧的大团圆结构。对于口头传统中的结构程式，田仲一成的戏剧发生理论或许给我们一个启发：活态故事和戏剧表演背后，是蒙冤—反抗（大闹）—伏魔（审判）的倒 U 原型结构。这一结构表面上是民间心理需要，深层是远古以来累积而成的审美心理结构，它在故事表演中表现为"祭中有戏，戏中有祭"的演述活力与动力。过去仅仅从文学文本中寻找这一神话观念的根源，如今看来，这些都是文字书写小传统的产物，真正的神话观念都根植于伏魔、除祟与禳灾传统。

① 容世诚：《扮仙戏的除煞和祈福》，见容世诚：《戏曲人类学初探：仪式、剧场与社群》，广西师范大学出版社 2003 年版，第 124 页。

161

故事千锤百炼的演述套路和跌宕起伏的戏剧性,背后的动力源于这种结构背后的功能性和无限生成转化性的禳灾传统,这是一种"永恒存在"的结构模型。民间故事讲述、传统仪式剧表演、宗教祭祀文献中的颂赞性韵文,与此类传统(套路)整体上以交感巫术心理"相似律"和"接触律"相榫卯。神话、传说、仪式、展演、口传叙事、物的叙事、文字典籍等是此在的"文化景观",捕捉定格这些"文化景观"的文化文本,对人类文化生成、发展动态过程予以整体观照,体现了"面向事情本身"的现象学精神。追踪链接仪式、展演、口传叙事等文化文本背后的历史心性,才明白文学人类学追求的人与物(事)的互动,事中循理、物中悟道,是凝固文化记忆的关键所在。文学人类学所拼接贯通的全息画面,在于对多级编码的贯通整合。

# 神话观念到民间信仰：明清宝卷所见西王母信仰本源①

## 引言：中国民间信仰中的西王母

明正德以后，《护国威灵西王母宝卷》②《瑶池金母金丹忏》③《王母消劫救世真经》④《王母无极妙道三皇（圣）救世皇经》⑤《王母玉皇救劫保生真经全部》⑥等民间宗教宝卷把西王母塑造成禳灾、救劫，能让信众摆脱

————————

① 国家社科基金项目阶段性成果（项目编号 15BZJ037），陕西师范大学"一带一路"智库专项资金项目。

② 《护国威灵西王母宝卷》为西大乘教宝卷，又名《西王母诸仙庆贺蟠桃实卷》。清康熙九年（1670）重刊本，四册，卷名《西王母诸仙庆贺蟠桃宝卷》。清康熙十六年丁巳（1677）重刊折本，二册。

③ 王见川、林万传：《明清民间宗教经卷文献》（影印第九册），台北新文丰出版公司 1999 年版。

④ 清光绪二十六年（1900）洞天聚贤堂刊本，一册。（欧大年藏）

⑤ 王见川、林万传：《明清民间宗教经卷文献》（续编）（影印第六册），台北新文丰出版公司 2006 年版。

⑥ 泾川王母宫发现的清咸丰四年刻本，2004 年重印。

"末劫"(万劫不复)的"无生老母""瑶池金母""古佛""无极老母"等形象。① 西王母住在"真空家乡",是一位无生无灭、不增不减、不垢不净、至仁极慈的女上帝。她把混沌(亦称鸿蒙)宇宙分出天地日月、两仪四象、五行八卦,创造了山川河海、草木禽兽和万物之灵人类,成为一位集创世与救世为一身的至圣女神,拥有无上权威,她甚至凌驾于诸神之上,可以"考察儒、释、道三教圣人"②,俨然成为众神之王,"诸祖满天,圣贤神祇,唯有无生老母③为尊"(《普度新声救苦宝卷》)。宝卷《王母消劫救世真经功德品》再三宣扬持诵、抄录此卷的神奇功能:

> 焚香高诵念,万事得咸亨。若为父母诵,父母享遐龄。若为儿孙诵,儿孙发聪明。若为家宅诵,家宅福禄臻。若为祖宗诵,祖宗列仙真。若为亡化诵,亡化早超升。若为求名诵,青云有路登。若为求利诵,积玉又堆金。若为求子诵,不久产麒麟。若为求雨诵,指日降甘霖。若为遣虫诵,虫蝗化为尘。若为疾病诵,疾病不缠身……若为枯木诵,枯木复向荣。若为禾稼诵,禾稼保丰盈。家宅供此经,福患不相侵,行人配此经,途路免虚惊。舟船载此经,风波永不兴。生前持此经,福禄寿重增。死后念此经,冥刑不能侵。抄录一本送,一家免刀兵。抄录十本送,灭罪列仙真。抄录百本送,荣华及子孙。刻录传天下,天下享康宁。功德难数尽,群黎谨奉行。诚心诵此经,天兵护其身。口诵心不遵,天雷剿其

---

① 王见川、林万传:《明清民间宗教经卷文献》(续编)(影印第六册),台北新文丰出版公司 2006 年版。
② 《护国威灵西王母宝卷》二卷,康熙十六年丁巳刻本。
③ "无生老母"简称老母,亦称古母、祖母、古佛、无生母、老无生、老古佛、收圆老祖、无极老母、无极圣母、瑶池金母、云盘老母、天地三界十方万灵真宰等;在民间宗教教派领袖和信众中,还将无生老母演化为"元天三无生""治天地无生""归天圣无生""飞天古无生""四明祖无生"(黄育楩《破邪详辩·卷三》);晚近,又称至圣先天老祖,明上帝无量清虚至尊至圣三界十方万灵真宰、大悲大愿大圣大慈瑶池至阴金母群真统御天尊无生老母明明上帝无量清虚至尊至圣三界十方万灵真宰。参见濮文起:《新编中国民间宗教辞典》,福建人民出版社 2015 年版,第 581—582 页。

形……持诵是经者,衣冠礼至尊。①

从这些表述我们可以看出,远古以来,西王母影影绰绰闪耀在中华文明的历史深处,汉代其神格以画像形式进一步跃升,社会功能进一步明确,历经"瑶池金母""无生老母""王母娘娘",最终完全以人类的"救世主"的角色出现,能将信徒从各种危险和困境中解救出来,又有人祖"娲皇"的创生功能。这就给我们带来一个疑问:明清民间西王母信仰的神话观念源头在哪里? 明清民间宗教信仰和远古的原始宗教之间有没有联系?

## 一、殷墟卜辞中的"东母""西母"

有人认为,甲骨卜辞中的频繁出现的"西母",就是战国文献中的西王母,笔者认为两者的关系需要放在世界文明范围内思考。

首先我们看甲骨文卜辞中"燎祭东母、西母"的文献记录:

王占曰:有祟。八日庚戌有各云自东面母。(《甲骨文合集》10405)

贞于西母,□帝(禘)。(《合》14345)

壬申卜,贞:侑于东母、西母,若。(《合》14335;《后》上二八·五)

贞于东母侑。(《合》14336)

乙酉卜谷贞,寮于东母,九牛。(《合》14337 正)

贞:寮于东母,三牛。(《合》14338)

贞:寮于东母,三牛。(《合》14339)

贞:寮于东母,三犬。(《合》14340)

寮于东母……□犬、三豕、三……。(《合》14341)

---

① 《王母消劫救世真经功德品》,见周本寿编:《民间国学手抄本》,中国华侨出版社 2012 年版,第 55 页。

贞:燎于东母□黄［牛］。(《合》14342)

……于东母。(《合》14343)

贞:燎于西母,□犬,燎三羊、三豕,卯三牛。(《合》14344)

贞:侑于东母。(《合》14761)

甲骨卜辞"燎祭东母、西母"的记录中,"东母""西母"含义到底是什么,学术界争论较多。陈梦家先生认为,此"东母""西母"大概指日月之神。"由天帝日月的神话传说,可推想殷人的帝或上帝或指昊天,东母、西母可能是日月之神天帝的配偶。"[①]持类似的观点还有丁谦、丁山、杜而未、叶舒宪等。

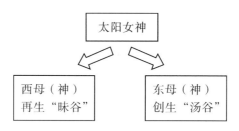

图5 "东母""西母"与太阳女神关系示意图

仔细分析卜辞的内容,我们发现其中并没有提及"西母"和月亮的对应关系,"东母""西母"称呼前大多有"于",根据语法规范,很明显"东母""西母"都是地名或者方位。日出于东方、日入于西方,卜辞中祭祀"东母"的次数远多于"西母",应该是更强调"东面母"的重要,"东面母"应该是对"日出"方位的称呼。卜辞以下《尚书》"尧典""舜典",恭敬地祭祀"日出"与"日入"的时间和空间:

分命羲仲,宅嵎夷,曰旸谷。寅宾出日,平秩东作。日中,星鸟,以殷仲春。厥民析,鸟兽孳尾。申命羲叔,宅南交。平秩南为,敬致。日永,星火,以正仲夏。厥民因,鸟兽希革。分命和仲,

---

① 陈梦家:《殷虚卜辞综述》,中华书局1988年版,第574页。

宅西,曰昧谷。寅饯纳日,平秩西成。宵中,星虚,以殷仲秋。厥民夷,鸟兽毛毨。①

纵观世界范围内的神祇形象,从比较神话的角度,笔者认为,"西母""东母"是人类早期通过母神太阳"王母"的运行,厘清东、西两个基准方位时,巫师对这两个方位给予的拟人化称呼。②

史家陈寅恪在《王静安先生遗书序》中概括王国维的三种治学方法,其中专门强调"取外来之观念,与固有之材料互相参证"③。回到卜辞中"东母""西母"的指代对象问题上,宋镇豪先生不同意陈梦家的"东母、西母可能是日月之神而天帝的配偶"的推断,他把"东母""西母"理解为主管太阳出入的女神。他说:"甲骨文反映的日神神性,人化成分很难看到,说东母、西母为日、月之神或司太阳出入之神,未必可以成立。"甲骨文有"己巳卜,王,贞呼弜共生于东"(《合》20637)之辞,"'共生于东',犹言拜求生命于东方。甲骨文祭'东母'多于祭'西母',商代葬俗鬼魂之幽意识以头朝东最多,向西较少,似东方主生,象征生命和再生,西方主死,象征死亡,大概东母为生命之神,西母为死亡之神。燎祭东母、西母,大概是求其保佑商族子孙的繁衍兴旺"④。

研究早期考古资料,结合比较神话学的视野,人类早期的宗教多数是自然崇拜,"王母"("东母""西母")作为神名,源自于人类自身对太阳的称呼,是人类把创生世界的神想象为自己的"祖母神"或大母神。先民对于太阳神的崇拜产生很早,"庙底沟文化彩陶上频繁出现的太阳鸟图像,与大汶口文化和良渚文化所见的同类图形完全相同,说明当时的太阳神观

① 屈万里:《尚书今注今译》,商务印书馆 1969 年版,第 4 页。
② 萧登福认为西王母是掌管日、月"入处"之西方的神祇。见萧登福:《扶桑太帝东王公信仰研究》,台北新文丰出版公司 1982 年版,第 4 页。
③ 陈寅恪:《王静安先生遗书序》,见陈寅恪:《陈寅恪集·金明馆丛稿二编》,生活·读书·新知三联书店 2001 年版,第 247 页。
④ 宋镇豪:《中国风俗通史·夏商卷》,上海文艺出版社 2001 年版,第 641—642 页。相似的论述见宋镇豪:《夏商社会生活史》,中国社会科学出版社 2005 年版,第 789 页。

念普遍存在,传播范围很广"。① 初民观察太阳的运行规则,太阳反复东升西落形成的东、西两个基准方位观念,后来,创生意识和古老的空间观念、再生观念结合,东方和西方分别成为创生之神太阳"出生"和"消失"的方位。对创生母神(祖母神)所在的两个方位的进行有规律的祭祀从史前一直持续到秦汉。

史前人类将死亡视为再生的准备阶段,在母神信仰支配下,生死转换的重要职能统合在太阳母神身上。② 殷人改造太阳神话并虔诚信仰。《山海经》说羲和生十日,商王庙号以十干命名,暗示殷人具有强烈的日神崇拜观念。殷墟卜辞所见对日神的祭祀,更是清晰地显示出他们的宗教信仰:甲骨文中对日神的祭祀有宾祭、㱿祭、侑祭、刚祭等多种方式,对出日、入日的祭祀亦较频繁,祭仪有、用、侑、裸、岁、酒、卯等。"这些祭仪常见于殷代,也用于祭祖神或自然神等其他场合,可知殷代的日神信仰,是多神信仰之一。"③从甲骨文的材料看,殷商人对东方神的祭祀更为隆重,要供奉大量的牺牲。牺牲中除了牛、羊和犬,还会用到人。常玉芝先生也认为"东母""西母"应该分别是指东方神和西方神,而且认为"东母""西母"是司职太阳出入的女神,又可以引申为是司职人类生死的生命之神。④

## 二、《山海经》中的"西王母"

学者注意到,甲骨卜辞"燎祭东母、西母"的记录中,祭祀"东母"的次数远多于"西母",这与稍后的神话著作《山海经》对于"西王母"记述次数

---

① 中国社会科学院考古研究所编著:《中国考古学·新石器时代卷》,中国社会科学出版社 2010 年版,第 252 页。
② 青铜器上的"王母"之名并非西王母,唐兰认为:"金文罕见王母,此或生存祖母之称。"参见唐兰:《西周青铜器铭文分代史征》,中华书局 1986 年版。太阳对应的为王母神,即西周青铜器铭文"王母"。参见叶舒宪:《千面女神:性别神话的象征史》,上海社会科学院出版社 2004 年版,第 52—60 页。
③ 宋镇豪:《甲骨文"出日"、"入日"考》,见文化部文物局古文献研究室编:《出土文献研究》,文物出版社 1985 年版,第 35 页。
④ 常玉芝:《商代史:商代宗教祭祀》,中国社会科学出版社 2010 年版,第 130—132 页。

相比,有很大反差。《山海经》有关"西王母"的记载有多处,而没有发现有"东母"或者与之类似的"东王母"或者"东王公"的记录,兹列举如下:

又西三百五十里,曰玉山,是西王母所居也。西王母其状如人,豹尾虎齿而善啸,蓬发戴胜,是司天之厉及五残。(《山海经·西山三经》)①

海内西北陬以东者。蛇巫之山,上有人操柸而东向立。一曰龟山。西王母梯几而戴胜杖,其南有三青鸟,为西王母取食。在昆仑虚北。(《山海经·海内北经》)②

西有王母之山,壑山、海山。有沃之国,沃民是处。沃之野,凤鸟之卵是食,甘露是饮。凡其所欲,其味尽存。爰有甘华、甘柤、白柳、视肉、三骓、璇瑰、瑶碧、白木、琅玕、白丹、青丹,多银铁。鸾凤自歌,凤鸟自舞,爰有百兽,相群是处,是谓沃之野。有三青鸟,赤首黑目,一名曰大鹜,一名曰少鹜,一名曰青鸟。(《山海经·大荒西经》)③

西海之南,流沙之滨,赤水之后,黑水之前,有大山,名曰昆仑之丘。……其下弱水之渊环之,其外有炎火之山,投物辄然。有人,戴胜,虎齿,有豹尾,穴处,名曰西王母。此山万物尽有。(《山海经·大荒西经》)④

另外,《山海经》中的西王母有几个特点如下:

(1)"西王母"的居所是西方的玉山,即昆仑丘。

(2)西王母的长相和打扮很奇怪,"西王母其状如人",但"虎齿而善啸",头发蓬乱却"戴胜"。

---

① 袁珂:《山海经校注》,上海古籍出版社1980年版,第50页。
② 袁珂:《山海经校注》,上海古籍出版社1980年版,第306页。
③ 袁珂:《山海经校注》,上海古籍出版社1980年版,第397页。
④ 袁珂:《山海经校注》,上海古籍出版社1980年版,第407页。

（3）西王母的本领是善啸，穴处，梯几，有三青鸟为之取食。

（4）西王母的职司是"司天之厉及五残"。

《庄子》《山海经》《淮南子》《史记》等早期文献也没有"东母"或者与之类似的"东王母"，及东汉画像石中才出现"东王公"形象。李凇也提到，东汉中期以前的画像中几乎只有"西王母"。① 也有学者据此认为卜辞中的既有"东母"又有"西母"，所以卜辞中的"西母"与《山海经》"西王母"不是一回事。对此陈梦家和张光直两位先生却表达了相反的看法：认为卜辞中"西母"二字，就是战国文献中的神话人物西王母。② 笔者认为《山海经》中的"西王母"仅仅接续了殷墟卜辞中的"西母"神格而已。西王母直接源于西亚、中亚的太阳女神，和卜辞中的西母没有直接的传承关系。

如果将《山海经》中的"西王母"与甲骨文中的"西母"两相比照，不难发现：首先，其表述都与空间方位"西"有关；其次，都是母神。也就是说，《山海经》中"西王母"与殷墟卜辞中的"西母"存在方位表述上的连续关系。再次，殷商以后社会生活中普遍使用有铭文的铜镜，铭文多见"西王母"文字，《藤花亭镜谱》卷二著录的一件所谓"六朝器"，铭文也反复出现"东王公"和"西王母"，其中"东王公"出现两次，"西王母"及"王母"出现三次。那么为什么《山海经》中缺少了殷墟卜辞中居于重要地位的"东母"或"东王母"的记载？

《山海经》虽号称"经"，但由于所述多奇怪诡谲之事，常被人以荒诞不经视之。司马迁虽敢于突破《尚书》束缚，将中国上古史推至炎、黄二帝，但面对《山海经》，他也叹曰："至《禹本纪》、《山海经》所有怪物，余不敢言之也"。③ 然而，胡厚宣先生的《甲骨文四方风名考证》中所用的《山海经》的资料竟与地下出土的三千多年前的甲骨文之记载相互印证④，足见这部

① 李凇：《论汉代艺术中的西王母图像》，湖南教育出版社 2000 年版，第 37 页。

② 陈梦家：《古文字中之商周祭祀》，载《燕京学报》1936 年第 19 期；张光直：《中国青铜时代》，生活·读书·新知三联书店 2013 年版，第 384 页。

③ 司马迁：《史记·大宛列传》，中华书局 1959 年版，第 3179 页。

④ 胡厚宣：《甲骨文四方风名考证》，见胡厚宣：《甲骨学商史论丛初集：外一种》，河北教育出版社 2002 年版，第 271 页。

书绝非简单的虚荒诞幻之书。

殷墟卜辞记载的是商周时代的情况,战国以后祭祀的重心发生了转移。当代的神话研究也认为,神话虽说是集体的思想,但更是神话观念的体现。叙述者利用其所掌握的各种资源建构论述,因此,神话往往会随着叙述者的生活经验变异。也就是说,神话并非稳定不变的,其内容往往会在社会文化沟通及对话的脉络中,不停地转化其原有意涵。①

在早期文明中,人们认为人类身处的自然世界中既充斥着超自然力量,又为超自然力量所驱使,超自然力量甚至可以决定人类的命运。在人类学文献之中,这些力量以"神祇""女神""诸神""神灵"等各种词汇指代。② 殷商以前,自然崇拜还普遍存在,人类完全匍匐在超自然的脚下,对创生人类的太阳和世界的东方充满敬畏,因而最为敬重。当时,祭祀的重心在祭天,创生世界的太阳初始方位自然成为重中之重。

在轴心时代之前,世界文化与宗教的相似性远大于差异性。从世界范围比较来看,卜辞时代对应的是青铜时代,太阳母神崇拜在青铜时代的埃及、地中海沿岸、克里特和米诺斯文明中广泛存在。公元前12世纪,拉姆西斯三世墓葬的浮雕中,女神伊西斯给了冥界主宰欧西里斯生命。15世纪的女法老哈赛普苏的石棺一侧绘制着"宇宙之母"伊西斯的形象,作为生命的施予者,她头戴象征王权的头饰,手放在象征永恒的"太阳圆盘"上。③ 在埃及卢西·古迪森将太阳母神视为青铜时代的主神。④ 在公元前2000年,在安纳托利亚与黎凡特地区,作为圣殿主神的太阳母神就是国王

---

① 李亦园、王秋桂:《中国神话与传说学术研讨会论文集》,台北汉学研究中心1996年版。
② 布鲁斯·G.崔格尔:《理解早期文明:比较研究》,徐坚译,北京大学出版社2014年版,第294页。
③ 海伦·斯特拉德威克:《埃及的神》,刘雪婷、谭琪译,上海科学技术文献出版社2014版,第46页。
④ Lucy Goodison, *Death, Women and the Sun: Symbolism of Regeneration in Early Aegean Religion.* BICS Suppl. 53. London: Institute of Classical Studies, 1989, pp.173-176; M. L. Moss, *The Minoan Pantheon: Towards an Understanding of Its Nature and Extent*, BAR International Series 343, Oxford: John and Erica Hedges Ltd., 2005.

与王后的保护神。① 这一观念不仅仅存在于古巴比伦,在乌迦特的巴力史诗中,母神的角色也是类似的,太后是亚舍拉母神的大祭司,亚舍拉可以说是太阳母神。根据怀亚特的观点,太后的地位非常重要,因为未来的国王通过她的宗谱而得以确立。神话般的母系继承权反映了太后的社会地位。② 孀居的太后被称为"rbt",意思是"伟大的女性"。③ 创世之神埃尔的配偶亚舍拉拥有女神的所有特征,因此被称为"践踏亚姆的伟大女性"(亚姆是混沌之蛇),是"诸神之母"。④

　　随着时代的变迁和神话观念的转变,人类的自我意识开始自觉,与宗族兴旺发达相关的"长生"和"再生"观念的重要性逐渐压倒了宇宙"创生"的观念,对创世、创生的追求逐渐被现实的家族的长生诉求取代,"长保二亲宜孙子",象征太阳"再生""复生""长生"的西方成为战国秦汉以后民间信仰所系,祭祀的重心发生了重要逆转。于是,无论是《庄子·大宗师》《淮南子·览冥训》的内容,还是战国、汉代的画像石的主题,都突出长生不死的神话观念,思想观念的社会变迁,承载卜辞时代早期神话观念的"西母"逐渐置换为战国秦汉以降的"西王母",西王母本来是掌管天厉五残的司命神,是"主宰人类寿夭荣辱的生命之神或命运之神"⑤,有伺察和控制灾害之气的神力,可以消灾祛祸,赐福人间。⑥ 战国以后置换为掌

① 南诺·马瑞纳托斯:《米诺王权与太阳女神:一个近东的共同体》,王倩译,陕西师范大学出版总社有限公司 2013 年版,第 210—211 页。

② Nicolas Wyatt, "Religion of Ugarit: An Overview", in Wilfred G. E. Watson and Nicolas Wyatt, eds., *Handbook of Ugaritic Studies.*, Leiden: Brill, 1999, pp. 544-545; Niels-Erik A. Andreasen, "The Role of the Queen Mother in Isrealite Society," *Catholic Biblical Quarterly* 45, pp. 179-194.

③ Nicolas Wyatt, *Space and Time in the Religious Life of the Ancient Near East*, The Biblical Seminar 85, Sheffield: Sheffield Academic Press, 2001, p. 168. 参见南诺·马瑞纳托斯:《米诺王权与太阳女神:一个近东的共同体》,王倩译,陕西师范大学出版总社有限公司 2013 年版,第 61 页。

④ Nicolas Wyatt, *Religious Texts from Ugarit: The Words of Itimilku and His Colleagues.* The Biblical Seminar 33. 2d ed., Sheffield: Sheffield Academic Press, 2002, pp. 131-132, 152.

⑤ 钟宗宪:《死生相系的司命之神:对于西王母神格的推测》,载《青海社会科学》2010 年第 5 期。

⑥ 刘宗迪:《失落的天书:〈山海经〉与古代华夏世界观》,商务印书馆 2006 年版,第 535 页。

管"不死之药"的权力,今人赵宗福研究后认为,作为经营长生药的吉神西王母,正是从掌管死亡的功能中延伸出来的。[①] 西部方位的崇祀又与华夏民族的迁徙流动方位在时间上形成"层累"。《山海经》中"西王母"形象就是在这一背景下"层累"形成的。这一"层累"的背后侧露出人类生存意识的自觉过程,从"出生"的自然宗教,到"再生"的自然宗教,到人文宗教观念的形成之间有一个时间过程。月亮本和西王母神话观念没有联系,由于关联想象思维和故事叙述的诗性完型特点,汉代以后,西王母是月神的观念逐渐定型。

《山海经》中西王母的形象"豹尾虎齿而善啸",这更是中国早期神话宇宙观念中西方方位神观念在战国时代的残留形式。中国商代就已经有基本的方位观念,氏族族徽的"亞"形图案,殷墟陵墓中的"十"字形墓室营造背后,暗含了商人祭祀宇宙的中心,"左青龙,右白虎,上朱雀,下玄武",西方是日落的方位,对应四神为"白虎",对应的五行为"金"。(见图6)

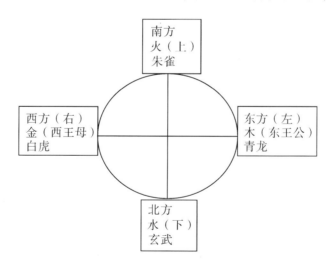

图6 "四神"关系示意图

青铜铭文中涉及西王母的镜铭较多,上有:

① 赵宗福:《西王母的神格功能》,载《寻根》1999 第 5 期。

龙氏作竟自□□,东王公西王母,青龙在左,白虎居右,□治□□□习左大吉(《古镜图录》卷中)

袁氏作竟真大□,东王公西王母,青龙在左,白虎居右,山人子乔赤容子,千秋万倍(《古镜图录》卷中)

涷治铜锡去其滓,辟除不祥宜古木,长葆二亲利孙子,辟如□众乐典祀,寿□金石,西王母,飞来言之,始自有纪(外层);子丑寅卯辰巳午未申酉戌亥(内层)(《博古图录》卷二八)

上大□,见神人,□王母,饮澧泉,驾交龙,乘浮云,宜官□,保子孙,贵富昌,乐未央兮(外层);子丑寅卯辰巳午未申酉戌亥(内层)(《奇觚室吉金文述》卷一五)

尚方作竟,明如日月不已,寿如东王公西王母,长宜子孙,位至三公,君宜高官(《古镜图录》卷中)

袁氏作竟兮真,上有东王公西王母,山人子侨侍左右,辟邪喜怒无央咎,长保二亲生久(《古镜图录》卷中,《簠斋藏镜》卷上,《小校经阁金文》卷一五)

因此,位居西方位置的母神,自然成了动物"虎齿而善啸"的西王母,母神因此在汉代置换成了具有老虎特性"虎齿而善啸"的神灵。

## 三、从神话观念到邦国首领

夏人西来,周人是夏的后裔,成书于春秋至汉代的《山海经》,更多地保存了早期西北民族羌戎酋邦的情况。以袁珂、韩高年、姚宝瑄为代表的学者认为,西王母是西北先民羌人的一支。其理由是,根据西王母最早出现的文献《山海经》中的记载:"玉山,是西王母所居也。西王母其状如人,豹尾虎齿而善啸,蓬发戴胜,是司天之厉及五残。"从西王母的形象来说,蓬发戴胜极可能是在举行祭祀仪式时,佩戴着面具的形象。豹尾虎齿则被学者们认为是其部落图腾物的描述。"司天之厉及五残"是指她的两个职能,其一是掌管着祭祀厉鬼的任务,祭祀厉鬼的目的,就是让这些厉鬼有所归依而不为害人间;其二是驱除"五残","五残"即五瘟神,也就是掌管驱瘟祛病之职。这也就说明她是羌戎氏族中信仰的原始萨满教中的祭师。还有学者指出,西王母"戴胜""蓬发""穴处"等,与古羌族的生活习俗相近。羌和戎在汉文典籍中,有时称氐羌、巴戎、巴氐;因其多居西境而称为"西羌"或"西戎"或"羌戎"。"羌戎"一名,实是汉文典籍对藏缅语族(藏语支、羌语支、彝语支)各族的统称。羌戎早在新石器时代就因气候变化、民族冲突进入新疆乃至中亚地区,而且远在张骞通西域之前。

　　《尔雅·释地》中将西王母列为"四荒"之一。则当时西王母是人还是地方已经不是很清楚了。为此,郭璞注解说:觚竹在北,北户在南,西王母在西,日下在东,皆四方昏荒之国。吕思勉云:"弱水西王母等,则身苟有所未至,即无从遽断为子虚,而其地遂若长存于西极之表矣,循此以往,所谓西王母者,将愈推而愈西,而因有王莽之矫诬,乃又曳之而东,而致诸今青海之境。"[1]考古学界一般认为,寺洼文化、辛店文化属羌人遗存。特别是河西走廊火烧沟四坝文化墓地是典型的羌文化,那里出土的约100具人骨全是蒙古人种。古戎族及其后裔建立的政权与中原民族政权在历史上为争夺天下而持久抗衡,二者的战争是商周以后及至秦汉时期的主要战争。西周中叶,与戎狄的战争更加频繁。周穆王时,周室尚称强大,因"戎狄不贡,王乃西征犬戎,获其五王,又得四白狼、四白鹿,王遂迁戎于太原"。穆王西征到了什么地方? 据古本《竹书纪年》记载:"穆王十七年西征,至昆仑丘,见西王母,乃宴。"昆仑丘所在,各家考证不一。《史记·大宛列传》记张骞出使西域了解到的西王母国的情况:"条枝,在安息西数千里,临西海,暑湿。耕田,田稻。有大鸟,卵如瓮,人众甚多,往往有小君长,西安息役属之,以为外国。国善眩。安息长老闻条枝有弱水、西王母,未尝见。"[2]司马迁虽云不敢言《山海经》怪物,但最终还是把西王母写进了正史:

① 吕思勉:《西王母考》,载《说文月刊》1939 年第 1 卷第 9 期。
② 司马迁:《史记·大宛列传》,中华书局 1959 年版,第 3164 页。

造父幸于周缪王，造父取骥之乘匹，与桃林盗骊、骅骝、绿耳，献之缪王。缪王使造父御，西巡狩，见西王母，乐之忘归。而徐偃王反，缪王日驰千里马，攻徐偃王，大破之，乃赐造父以赵城。①

而《后汉书·西域传》说得更明白："大秦国一名犁鞬，以在海西，亦云海西国。……或云其国西有弱水、流沙，近西王母所居处，几于日所入也。"②西王母作为远古一位邦国首领，以巫术活动通天。而在世界观念中，昆仑扮演了天柱的角色。战国秦汉时期西王母神话系统和昆仑神话系统连缀了起来，"西王母居昆仑"便是这一观念的体现。

成书于战国的《穆天子传》记载了前10世纪时周穆王携带丝织品西行至西王母之邦的故事。《竹书纪年》才有穆王"十七年，西征昆仑邱，见西王母，西王母止之，曰：'有鸟䳒人。'西王母来见，宾于昭宫"③的记载。笔者认为，西王母在《山海经》中是原始宗教的方位神格叠加上古西亚邦国太阳女神的角色，成为民间宗教至上神。

关于西王母及其地望，中外观点有数十种之多，可以说是中西交通史上一大疑难。20世纪初，学者多持有"中国人种西来说"，认为西王母本源于西亚地区。比较有代表性的观点有：章炳麟在《訄书·序种姓》中认为"西母"即"西膜"，"言西膜者，西米特科，旧曰西膜，亚细亚及前后巴比伦，皆其种人"。丁谦在《穆天子传地理考证》中认为西王母国即古代加勒底国，西王母则是其国的月神。日本学者小川琢治的文章《昆仑与西王母》则认为《穆天子传》中的"西王母"本是西方女王，后逐渐诗化、仙化，成了女神。民国时学者先后提出过苏美尔（凌纯声《中国的封禅与两河流域的昆仑文化》）、迦勒底、波斯（刘师培《穆天子传补释》）、波斯之德黑兰（顾

① 司马迁：《史记·赵世家》，中华书局1959年版，第1779页。
② 范晔：《后汉书·西域传》，李贤注，中华书局1965年版，第2919、2920页。
③ 范祥雍：《古本竹书纪年辑校订补》，上海古籍出版社2011年版，第31—32页。

实《穆天子传西征讲疏》①）、撒马尔罕附近（张星烺《中西交通史料汇编》②）、大秦（杨宪益《穆天子传的作成及其作者》），还有学者提出阿拉伯、兴都库什山、阿富汗喀布尔、哈萨克斯坦、塞种、新疆塔什库尔干等说法。

今人温玉成认为，远古昆仑邦国的国王兼祭司，至迟在商代武丁时期，就叫"咸野嬷"即音译的"西王母"。西王母祭司文化，是西戎文化的代表，成为苯教文化的源头。③ 在青海省同仁县隆务寺，至今保存着一个古老习俗——"跳於菟"，即跳老虎舞。《汉书·西域传》中，有一些词语不是汉语，学者不察而已。例如"且末国"，即且嬷国，是（白狼）羌语，太阳母亲的意思，《后汉书·西南夷传》记录了白狼国诗歌三章。其中"且"译作日（太阳），"嬷"译作母。萧兵推断西王母之邦大体在锡尔河中上游，撒马尔罕、塔什干、安集延一带，南缘可达中国新疆喀什以北，包括后来康居东偏和乌孙、月氏之间地带。④ 古代东方社会，母亲或王后拥有极高的社会地位，在埃及，女神伊西斯是这种传统的代表，她是国王荷露斯与哈索尔的母亲，其名字的意思是"荷露斯的居所"。在米诺宗教中，女神是万神殿中统治所有男神的母亲。与此同时，女神是国王神话世界中的母亲，赋予国王

---

① 顾实关于穆天子西征路线有较为具体的说明。他推定，周穆王出雁门关，西至甘肃，入青海，登昆仑，走于阗，登帕米尔山，至兴都库什山，又经撒马尔罕等地，入西王母之邦，即今伊朗地方。又行历高加索山，北入欧洲大平原。在波兰休居三月，大猎而还。顾实认为，通过分析穆天子西行路线，可以认识到上古时代亚欧两大陆东西交通道路已经初步形成的事实。参见顾实：《穆天子传西征讲疏》，上海科学技术文献出版社 2015 年版，第 130、142、143 页。

② 张星烺先生在《中西交通史料汇编》中考证穆王西征，认为西王母邦在撒马尔罕附近，此外，他还驳斥了蒋智由、丁谦、顾实等人的西王母起源"西来说"，通过对于古代典籍的考证，认为"其国之必在于阗西北也"。参见张星烺：《中西交通史料汇篇》（第一册），"民国丛书"第五编，第 78 页。

③ 汉代以来，我国西部广大地区的西羌、党项羌、苏毗、羊同、吐谷浑、匈奴等民族，都信奉苯教。温玉成：《探究"昆仑邦国"与大夏诸国西迁：公元前 7 世纪大夏、析支迁往新疆》，见李斌城、韩金科主编：《2015 丝绸之路与泾川文化学术研讨会论文集》，2015 年版。

④ 萧兵：《中亚羌种女王西王母：兼论华夏、羌戎与西域—中亚的血肉之情》，载《淮阴师范学院学报》（哲学社会科学版）1998 年第 1 期。

以权威。[1]

按照金芭塔丝的女神文明理论，史前女神信仰贯穿整个新石器时代的欧亚大陆北方。进入新石器时代的中亚遗址中，女神崇拜的迹象已经较为明确。母权制的米诺斯文明由一位女神来统治，她的画像散见于印章、戒指、壁画、雕刻中，她显灵为大母神（后来希腊人的瑞亚或德墨忒尔），或显灵为处女布里玛托耳提斯，与神联姻，集母亲与女儿于一身。[2] 从西王母所处的西极玉山放眼西望，将进入新疆以西的中亚地区。当地的考古发掘表明，中亚史前社会也曾经历过崇拜女神的文明阶段。[3] 斯蒂芬·休斯顿和大卫·斯图尔特观察到，早期文明的统治者都试图将自身和永恒、神圣的秩序联系在一起，这样，神的权力和神秘性可以确认和强化世俗权威。[4] 如果夏人西来说成立，则西王母更大的可能是华夏民族祖先神崇拜与西戎太阳女神攀亲这双重意识作用的硕果。

沈福伟认为，《山海经》中有羽人之国，可能是古代的亚述，亚述流行人首兽身和有翼兽的雕像。东王公、西王母图像来自伊朗琐罗亚斯德教中围绕圣火祭坛或生命树的左右神像，神像多作人首鸟身鹰足，象征日神弥罗（Mithra）和他最佳的伙伴维里斯莱纳（Verethraghna）。琐罗亚斯德教崇拜日月，到了中国，便有了雕刻家虚拟的有翼羽人形象，表现在汉画像石中，就是东王公与西王母图像。[5]

马克思·韦伯提出"祛除巫魅"和理性化是人类历史发展的共同现象，早期人类社会都是束缚在宗教樊篱中的政教合一的政权形态。陈梦家先生在论商代巫术时说："由巫而史，而为王老的行政官吏，王者为自己虽

---

[1] 南诺·马瑞纳托斯：《米诺王权与太阳女神：一个近东的共同体》，王倩译，陕西师范大学出版总社有限公司2013年版，第204页。

[2] 埃里克·沃格林：《城邦的世界：秩序与历史》（卷二），陈周旺译，译林出版社2009年版，第124—125页。

[3] 札巴罗夫·德列斯维声斯卡娅：《中亚宗教概述》，高永久、张宏莉译，兰州大学出版社2002年版，第12页。

[4] 布鲁斯·G. 崔格尔：《理解早期文明：比较研究》，徐坚译，北京大学出版社2014年版，第294页。

[5] 沈福伟：《中西文化交流史》（第2版），上海人民出版社2006年版，第66页。

为行政领袖,同时乃为群巫之长。"①从《山海经》记载的西王母"虎齿,有豹尾""虎齿而善啸"等特点,学者从不同角度认为西王母来自西方邦国,更接近一个萨满教的巫师。

"啸"是招魂巫术中,巫师的一种语音咒术,是巫师施咒的一种古老方法。《楚辞·招魂》有"魂兮归来!入修门些。工祝招君,背行先些。秦篝齐缕,郑绵络些。招具该备,永啸呼些。魂兮归!来反故居些"②。这是楚国巫师用咒术来招魂。王逸注:"啸者阴也,呼者阳也,阳主魄,阴主魂;故必啸呼以感之。"古人认为,人死后魄归于地,魂则发扬于上,啸魂就是以口朝上发出啸声,召唤鬼魂。《异苑》卷九中便有一个先用啸法召唤精灵,再施咒语的例子:

> 晋南阳赵侯少好诸异术,姿形悴陋,长不满数尺,以盆盛水,闭目吹气作禁,鱼龙立见。侯有白米,为鼠所盗,乃披发持刀,画地作狱,四面开门,向东长啸,群鼠俱到,咒之曰:"凡非噉者过去,盗者令止。"止者十余,剖腹看脏,有米在焉。③

孙作云在《敦煌画中的神怪画》中说:"此虎齿豹尾的西王母………可能是她的图腾服饰。古代氏族人,他们的服饰多仿他们图腾的样子。总之,她是从原始社会时期,一直到西周时代,西方甘青之间的女酋长。"④

---

① 陈梦家:《商代的神话与巫术》,载《燕京学报》1936 年第 20 期。
② 黄寿祺、梅桐生译注:《楚辞全译》,贵州人民出版社 1984 年版,第 159 页。
③ 刘敬叔:《异苑》,范宁校点,中华书局 1996 年版,第 90 页。
④ 孙作云:《敦煌画中的神怪画》,见孙作云:《孙作云文集美术考古与民俗研究》(第 4 卷),河南大学出版社 2002 年版,第 300 页。张光直、孙作云等学者不约而同认为,中国古代文明是所谓萨满式(shamanistic)的文明,该信仰曾经是遍布亚洲北部和中部乃至欧洲北部、北美、南美和非洲最主要的世界性信仰。参见张光直:《美术、神话与祭祀》,郭净译,生活·读书·新知三联书店 2013 年版,第 135 页。

## 四、作为至上女神的"西王母"

西王母的特点"戴胜"在《山海经》中表述得最为充分,但却没有引起足够的重视。过去学者有过一些分析:鲁惟一(Michael Loewe)指出西王母"戴胜"的神性特征,强调其作为君王配偶身份的标志;①日本学者小南一郎认为,"胜"是象征织机的道具,"戴胜"是用来象征纺织行为的神话性质,在神话阶段,西王母的纺织就具有宇宙论的意义。②受视野的局限,笔者认为这些分析都有商榷之处。

西王母神容为半人半兽,"状如人,豹尾虎齿,蓬发戴胜"。此记载见于《五藏山经》的《西山经》,《西山经》在《山海经》中属古老层次,部分内容来源应该追溯到更古老的"荒远时代"。③从比较神话学角度,笔者认为,"戴胜"恰恰是西王母作为至上太阳女神的象征性佩饰,它是王权的标志。从世界范围看,在青铜时代ⅡB时期(前1700—前1600),叙利亚有印章上刻有两个斯芬克斯神,头戴王室阿提夫冠,守护着带翅膀的太阳盘(见图7)。④另外在一口哈吉亚·特里亚达(Hagia Triada)的石棺(前1400)上,两侧挡板上分别出现了佩戴羽冠的女性形象。画面上,她在主持献祭仪式。据研究,这位"女大祭司"就是王后,她所佩戴的羽冠正是王权的象征物。⑤埃及万物之母女神伊西斯头上佩戴的徽章就是象形文字中"王座"的意思,这和伊西斯名字的含义一样。⑥笔者认为,羽冠和"戴胜"都是王权身份的标志物。《后汉书·舆服志》载,太皇太后在进行象征性

---

① Michael Loewe, *Ways to Paradise:The Chinese Quest for Immortality*, Unwin Hyman,1979, pp. 103-105.

② 小南一郎:《中国的神话传说与古小说》,孙昌武译,中华书局1993年版,第56页。

③ 袁行霈:《〈山海经〉初探》,载《中华文史论丛》1979年第3期。

④ 南诺·马瑞纳托斯:《米诺王权与太阳女神:一个近东的共同体》,王倩译,陕西师范大学出版总社有限公司2013年版,第21页。

⑤ 南诺·马瑞纳托斯:《米诺王权与太阳女神:一个近东的共同体》,王倩译,陕西师范大学出版总社有限公司2013年版,第23—24页。

⑥ 海伦·斯特拉德威克:《埃及的神》,刘雪婷、谭琪译,上海科学技术文献出版社2014版,第43页。

的采桑劳动时戴胜:"太皇太后、皇太后入庙服,绀上皂下,蚕,青上缥下,皆深衣制,……簪以瑇瑁为摘,长一尺,端为华胜……"[1]伊文思关于克里特米诺宫殿时代祭司王的洞见与古代东方的传统相符合。国王是大祭司,在一些重大国家庆典中主持祭祀仪式,这一点正如我们从埃及、赫梯、乌迦特、美索不达米亚、叙利亚的资料中能够了解到的一样。国王是人类社会与神界沟通的唯一合法中介[2]。

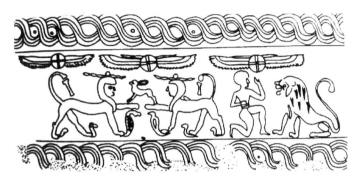

图 7　两个斯芬克斯守护带翅膀的太阳盘印章

太阳女神原型在世界早期文化中普遍存在,成为各民族的集体记忆。从战国到汉代的神话传说,分别叙述尧和大禹求教、求福于西王母。贾谊《新书·修政语》上篇云:"尧曰:'……身涉流沙,地封独山,西见王母。'"《荀子·大略》云:"尧学于君畴,舜学于务成昭,禹学于西王国。"《易林》卷一"坤之噬嗑"卦比较特别:"稷为尧使,西见王母,拜请百福,赐我善子。"早期君王向西王母虔诚地求长生不死药、祈福纳吉或者求子,求贤才。小南一郎总结认为:"这些中国的圣王就学于西王母的,不仅仅是知识,还有给中国带来平安的方法。"[3]中国的创生救世女神"西王母"同样本土化为汉代民众普遍的信仰。史料多角度记载西汉末年,连年大旱、民不

---

① 范晔:《后汉书·舆服志》,李贤注,中华书局 1965 年版,第 3676 页。

② Beatrice Teissier, *Eyptian Topography on Syro-Palestinian Cylinder Seals of the Middle Bronze Age*, Orbis Biblicus et Orientalis Series Archaeologica 11, Fribourg: Academic Press Fribourg, 1996, pp.80-88, 192-195. 参见南诺·马瑞纳托斯:《米诺王权与太阳女神:一个近东的共同体》,王倩译,陕西师范大学出版总社有限公司 2013 年版,第 17 页。

③ 小南一郎:《中国的神话传说与古小说》,孙昌武译,中华书局 1993 年版,第 29 页。

聊生,以民间西王母崇拜为背景,甚至衍生出一次席卷26郡国,又直至京师的声势浩大的流民运动,震动朝野。西王母在汉代人的意识中,其实又可以看作西方神秘世界的一种典型象征:

哀帝建平四年正月,民惊走,持稿或梻一枚,传相付与,曰行诏筹。道中相过逢多至千数,或被发徒践,或夜折关,或踰墙入,或乘车骑奔驰,以置驿传行,经历郡国二十六,至京师。其夏,京师郡国民聚会里巷仟佰,设张博具,歌舞祠西王母。又传书曰:"母告百姓,佩此书者不死。不信我言,视门枢下,当有白发。"至秋止。①

(建平)四年春,大旱。关东民传行西王母筹,经历郡国,西入关至京师。民又会聚祠西王母,或夜持火上屋,击鼓号呼相惊恐。②

(哀帝建平)到其四年正月、二月、三月,民相惊动,讙哗奔走,传行诏筹祠西王母,又曰:"纵目人当来。"③

也许是集体无意识的孑遗,社会危机的情境中,民众弃官方祭祀的神灵(如五帝、太一、后土等)于不顾,转而祭祀求援于母神西王母,目前在我国西北还存有汉代以后建造的多处西王母庙、王母宫、王母池,可见后世民众集体意识里面依然把西王母看作"救世主",西王母显然更具有"救赎世人"的宗教品质。在元明戏曲中,庆寿、献桃、度化成仙是西王母的主要工作,法国汉学家鲁惟一也指出这场群众运动包含某些宗教因素,如象征物(诏筹、博具)、祭仪、崇拜的偶像、有组织的活动等等。④

以往学界认为西大乘教经卷《护国威灵西王母宝卷》把西王母视为民

---

① 班固:《汉书·五行志》,颜师古注,中华书局1962年版,第1476页。
② 班固:《汉书·哀帝纪》,颜师古注,中华书局1962年版,第342页。
③ 班固:《汉书·天文志》,颜师古注,中华书局1962年版,第1311—1312页。
④ Michael Loewe, *Ways to Paradise*: *The Chinese Quest Immortality*, London: George Allen and Unwin, 1979, p.100.

间宗教中的至上神。根据史料来看,明清宗教教派多使用"无生老母"来称呼西王母,它集体无意识地接续了远古以来的创世母神信仰,其源头来自于史前人类对创世祖母太阳的崇拜。刘宗迪认为,西王母转换为民间信仰来源于祖妣之尸,祖妣之尸是整个蒸尝仪式之中心,在"西王母之山——沃之野"这一场景中处于显要地位的西王母形象无疑是祖妣神尸的写照,也就是祖母之神的象征。实际上,"西王母"之名的本义就是"祖妣"的意思。"西王母"本应作"王母",所谓"王母"无非就是崇高之母、神圣之母,是全民族的始祖母。① 明清时期宗教宝卷中重新复活了王母、无生老母救劫、解救世人的远古神话及其意象,进一步细化坐实了"玉皇王母救世之婆心"②。

《玉皇王母救劫保生真经上中下全部》中有:

> 迄今世界,大劫频临,兵革迭起,水火频仍,年岁饥馑,瘟疫流行,皆因黎庶陷溺沉沦,酿成大劫,莫可逃生。恶气郁结,布满天庭。……大慈大悲,至圣至仁,瑶池王母,悯念众生,红莲生艳,普渡迷津。慈云蔼蔼,法雨淋淋,爰命广法,普救众生。消劫行化,演教传经,尔等大众,急急遵行。③

无生老母最早见于明朝初年刊行的《佛说皇极结果宝卷》,明朝中叶,经过无为教创始人罗清及其传人的继承与发展,最后又经过清初大乘天真圆顿教创始人弓长与其高足木人的经典性总结,终于使这一偶像臻于丰满,其职能也趋之完备。无生老母首先是创世主和人类的祖先。她住在"真空家乡"(又称云城、安养极乐国、都斗太皇宫、无极理天),是一位无生

---

① 刘宗迪:《西王母信仰的本土文化背景和民俗渊源》,载《杭州师范学院学报》(社会科学版)2005 年第 3 期。
② 《玉皇王母救劫保生真经上中下全部》,泾川黄有信先生藏,清咸丰四年刊 2004 年重刊本,第 7 页。
③ 《玉皇王母救劫保生真经上中下全部》,泾川黄有信先生藏,清咸丰四年刊 2004 年重刊本,第 44 页。

无灭、不增不减、不垢不净、至仁极慈的女上帝。她开始把混沌（亦称鸿蒙、威音）——宇宙分出天地日月、两仪四象、五行八卦，创造了山川河海、草木禽兽和万物之灵人类。与正统宗教不同的是，无生老母既不像佛教中的释迦牟尼那样庄严肃穆，也不像道教中的三清（玉清元始天尊、上清灵宝道君、太清太上老君）那样冷漠高远，而是时时向人间流露出慈母般的爱抚与关怀，更具人情味，因而受到明清时期下层社会广大群众的狂热崇奉。特别是无生老母日夜盼望与皇胎儿女在云城降世时共享天伦之乐的思想，对于"沉沦苦海"，备受苦难生活煎熬的下层民众来说，具有极大的精神慰藉作用，曾鼓动起一次又一次的农民暴动和农民起义，以实现"归根认母"的梦想。明清时代，《无生老母宝卷》、无生老母传说、《无生老母救世血书宝卷》、无生老母庙、《无生老母十指家书》等成为一个叙述文化群，其中《无生老母十指家书》文辞至为感人。谓自开天辟地以来，人造罪无边，六道轮回不休，尸骨堆积如山，不得返本；现正值五魔乱世和大清算时期，也正是天开科场，选善英之良辰，应识破红尘幻景，各安本分，改邪归正，尽早修行，快立功果，俾三灾八难来时能够躲避，将来龙华三会时，了道证果，母子团圆。其全文如下：

一指皇胎家早回，来时欢喜去时悲。三期莫误龙华会，同登极乐仲元魁。

二指东方儿女来，皇胎子女母婴孩。至今过了半周载，正午还家三泰开。

三指中华外国娃，午时三刻快回家。不知何日光天下，为找原来母种瓜。

四指皇胎家早还，阿娘想破慈心肝。几番教子几番叹，一字血书一字寒。

五指原来返正中，亲来东土唤儿童。破开世上红尘梦，幻景一时名利空。

六指乾坤雷六合，为娘教子早登科。功圆果满万缘阁，天榜题名考善额。

七指坤元妇道流,同登海上乐三洲。阿娘教好闺中秀,考取贤良女德修。

八指南针定卦书,玉龙宝马负鸿图。先天修补后天数,过去未来三宝珠。

九指宫开天上学,西方佛子唤同胞。亲来教化修儒道,同步青云好上桥。

十指家书天下闻,儿拆母信便知音。同来福地洞天隐,何必桃源去问津。[①]

纵观文献,在"连续性"的中国文明中,原始宗教的创世神与救世神——太阳神"老祖母""无生老母"在不同时代角色置换迁转。饶宗颐先生从西亚雨神阿努(Annu)与太阳神马尔杜克(Marduk)有时会是阴性,认为商代"东母""西母""王母"对应的都是红山文化时期的母神。[②] 汉代是中国文学自觉的时代,大量出现的小说、画像砖石、铜镜画有力地开创了史无前例的"造神运动"。后来这一切理性化,层累叠经历了周朝及先秦时代历史化与地方化——西域部族女首领(女帝王);到西汉时代历史化与宗教神仙化的多元丰富性演变——作为西域部族女首领与民间女神与升仙信仰联系起来;再到东汉及魏晋时期道教介入以后西王母神话传说宗教化、神圣化的加强——道教的改造与利用逐步展开;再到南北朝、唐代最终完成宗教化、神圣化的使命——西王母成为领道教女仙班的主神。在远古神话、历史传说、道教经籍、小说、戏曲、说唱等多种载体描绘下,从先秦至今,"西王母"一直在发展演变之中,其词也由地名、邦国名、氏族名转变为神、人王、女仙;其形象从早期的半人半兽,到雍容绝色的贵妇之姿;其职能

---

① 李世瑜:《一心天道龙华圣教会调查资料辑存(1945—1951年)》,见李世瑜:《社会历史学文集》,天津古籍出版社2007年版,第345—346页。

② 饶宗颐:《神话传说与比较古史学》,见饶宗颐:《饶宗颐二十世纪学术文集》(卷一),中国人民大学出版社2009年版,第214页;饶宗颐:《中国宗教思想史新页》,北京大学出版社2000年版,第109页。

由原先掌疫厉（疠）、刑杀的凶神到握有长生不死药的吉神，再到化育万物、母仪天下的天界女神，并最终成为民间信仰中的"王母娘娘"。明中叶民间秘密宗教把这一丰富的文化资源纳入自己的宗教体系中，从而形成了民间宗教中的至上神"无生老母"。《山海经》中描述的昆仑山西王母形象作为远古的大母神信仰保留到商周以下父权制文明记载中的稀有案例来看待，我们从中洞悉到前文字时代的远古文化大传统的更多奥秘，而这一奥秘在中国封建社会后期又重拾并层累上伏羲女娲的"人祖神"职能（见图8），成为明清民间信仰中无所不能的神灵。

图8　山东汉代伏羲女娲画像石（中间为西王母）

# 祭祀仪式剧与包公形象的演变<sup>①</sup>

包拯自三十九岁重登仕途直至六十四岁病逝,其间仕宦二十六年,任职多次变化,主要担任过地方守臣、御史、谏官、三司官、监司官、军政官等。职掌内容涉及地方和京师军政、监察、谏诤、财政、军政等。他在宋代的人格特征是清廉刚正,主要表现在直言敢谏、公正严明、关心民众、廉洁自律诸方面,由此赢得朝野人士的普遍尊敬,当时人便敬称他为"包公"。胡适认为民间传说中的包公是个"有福之人",他在《三侠五义》序开门见山写道:

古代许多精巧的折狱故事,或载在史书,或流传民间,一般人不知道他们的来历,这些故事遂容易堆在一两个人的身上。在这些侦探式的清官之中,民间的传说不知道怎样选出了宋朝的包拯来做一个箭垛,把许多折狱的奇案都射在他身上。包龙图遂成了中国的歇洛克·福尔摩斯了。<sup>②</sup>

① 教育部人文社会科学规划项目(项目批准号:09XJC751005)。中央高校专项资金资助重点项目。编号:09SZZD03。
② 胡适:《中国章回小说考证》(第 2 版),安徽教育出版社 2006 年版,第 275—276 页。

明代《百家公案》和《龙图公案》将许多与包公毫不相干的断案故事汇于包公名下,后世改编为戏剧演出。戏剧改编搬演传统又使历史上的包公面目漫漶,其形象转换使人不免产生两点疑问:

(1)民间传说中包公生来相貌丑陋漆黑,在京剧、晋剧等戏剧舞台上,"包公"脸谱额头上有月牙状涂面。但从包拯后裔珍藏的肖像来看,历史上的包拯是一位方面白脸、眉清目秀的儒者,额头没有任何特殊之处,在民间想象中,包公是怎么由白脸演变为黑脸的? 额头的月牙是怎么回事?

(2)戏剧和民间故事中的包公角色形象不局限于日断阳世棘手案件,还兼理阴曹地府的因缘果报,乃至在民俗仪式中降妖除魔,这是怎么形成演变的?

笔者不揣浅陋,探讨这背后复杂的戏剧文化背景,撰文以见教方家。

## 一、方相氏与包公形象

在艺术形象中包公的黑色脸谱,在长期口头传播中,转变为包公天生黑丑的集体记忆,而包公黑脸谱又是对方相氏在丧仪上驱鬼功能的色彩化表达。方相氏是中国古代傩祭(一种驱鬼巫术仪式)的主持者。在远古时代,原始先民对于人类自身的疾病、瘟疫和死亡充满着迷惑和畏惧,以为是某种厉鬼作祟。每遇此事,便要举行隆重的仪式:点燃火烛,戴着恐怖的如同"饕餮"(传说中一种贪婪凶残的猛兽)面具,跳着勇猛激烈的舞蹈,嘴里不住地发出"傩""傩"的呐喊声,以吓退厉鬼,这种驱鬼仪式就叫"傩"。方相氏就是"傩祭"的司仪官。商周形成的驱逐疫鬼的傩仪中,方相氏是丧仪先导。《周礼·夏官·方相氏》记载了商周傩仪的基本形态:

> 方相氏,掌蒙熊皮,黄金四目,玄衣朱裳,执戈扬盾,帅百隶而时傩,以索室驱疫。大丧,先柩,及墓,入圹,以戈击四隅,驱

方良。①

这种仪式实际上是神话时间里对英雄祖先行为的重复,几乎所有的民族都是如此。在新几内亚,当一位领头的水手出海的时候,他便是部落英雄奥利的化身,"他穿上据说是奥利曾经穿过的服装,满脸涂黑。……他在平台上跳舞,伸展开他的胳膊就像奥利的翅膀一样"②。先秦文献记载,中国早期傩仪中的主祭师是方相氏,他"掌蒙熊皮",执戈盾一类的武器,率领着"百隶"在喧闹鼓声中,驱逐方良这类恶鬼。据《礼记·

图9　方相氏,汉墓砖画拓片

月令》等书的记载,有季春三月举行的"国傩"、仲秋八月举行的"天子之傩"和年终举行的"大傩"。傩仪的功能大致有三:一是"索室殴疫",就是搜索、清扫居室,从而殴逐疫鬼;二是"大丧,先柩",在重大的丧葬仪式里走在棺柩的前面,驱逐凶鬼;三是到墓坑里用戈击四隅,殴逐可能危害尸体的鬼怪"方良",毁坏众多兵器。李渝先生介绍说:

用相貌极其丑陋的人做葬礼先导来驱逐鬼疫这一古老习俗至今在贵州黔北地区仍盛行。这一带出殡行列先导,乃专门找一形象丑陋之乞丐,手持燃烧之竹子(爆竹),来为死者驱鬼开路。③

上古方相氏做丧仪先导,后来便成了民间丧仪的开路神。20世纪50

①　贾公彦:《周礼注疏》,中华书局1998年版,第306页。
②　米尔恰·伊利亚德:《神圣的存在:比较宗教的范型》,晏可佳、姚蓓琴译,广西师范大学出版社2008年版,第370页。
③　李渝:《贵州傩面具的分类及其源流》,见贵州省文化厅艺术研究室编:《傩·傩戏·傩文化》,文化艺术出版社1989年版,第34页。

年代以后,考古工作者在很多古代墓葬中都发现了这种把方相氏及"所用戈盾,皆殉于墓,永为死者护卫"现象。①方相氏沿门驱鬼、逐疫、辟邪镇宅、袚襐、沿门乞讨逐疫的习惯,以及相貌丑陋的特点,都被继承了下来。

古代医疗卫生技术不发达,瘟疫、"疾"和"厉"(疠)一旦爆发,人们往往认为厉鬼在作祟。汉代的王充在《论衡·订鬼篇·第六十五》中写道:

> 《礼》曰:"颛顼氏有三子,生而亡去为疫鬼:一居江水,是为虐鬼;一居若水,是为魍魉鬼;一居人宫室区隅沤库,善惊人小儿。"
>
> 病者困剧身体痛,则谓鬼持棰杖殴击之,若见鬼把椎锁绳缠立守其旁,病痛恐惧,妄见之也。初疾畏惊,见鬼之来;疾困恐死,见鬼之怒;身自疾痛,见鬼之击。皆存想虚致,未必有其实也。②

据《东京梦华录》记载,北宋宫廷傩仪,往往让教坊装"将军""门神""钟馗""小妹""土地""灶神"之类,其中提到"教坊南河炭丑恶魁肥,装判官。又装钟馗、小妹、土地、灶神之类,共千余人,自禁中驱祟出南熏门外转龙湾,谓之'埋祟'而罢"③。

鬼怪多为黑面凶相,炭黑和凶丑都具有威慑力量。为了避害,早期傩的主角方相氏是一种面目狰狞、气势汹汹的形态,他对"妖""怪"和"鬼"毫不留情地追赶和驱逐。包公生前为开封府尹,立朝刚毅,一身正气,不苟言笑,"人以包拯笑比'黄河清'",因而胡作非为的达官贵人都很怕他,"贵戚宦官为之敛手,闻者皆惮之"④。《宋史·包拯传》称赞包公,"人以包拯笑比'黄河清'。童稚妇女亦知其名,呼曰'包待制'"。京师为之语曰:

① 井中伟:《西周墓中"毁兵"葬俗的考古学观察》,载《考古与文物》2006年4期。
② 王充:《论衡》,上海人民出版社1974年版,第343—344、342页。
③ 孟元老:《东京梦华录》(外四种),古典文学出版社1956年版,第62页。
④ 曾巩:《孝肃包公传》,见包拯撰:《包拯集校注》,杨国宜校注,黄山书社1999年版,第272页。

190

"'关节不到,有阎罗包老。'吏民畏服,远近称之。"①《孝肃包公墓志铭》载:"(嘉祐三年,除右谏议大夫,权御史中丞兼)理检使。公之总风宪,法冠白(豸角)立,(峨)然有不可凌之势。其所排击,曲中理实,坏阴邪之机牙,(莫)敢妄发。"②从元代开始,包公戏中包公的脸谱,除了两道白眉之外全部是黑色的。③今天我们把黑色解释为铁面无私,从早期的颜色功能上看,黑色有降妖伏魔、镇压凶鬼的作用。

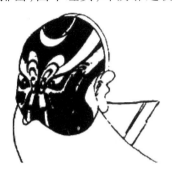

191

图10　齐如山旧藏秦腔
古脸谱"包公"

元代镇魂祭祀、超度鬼魂的祭祀仪式剧,"审判""超度"的主角都是包公。田仲一成对中国各地现存的祭奠亡魂习俗进行调查而认为:农村祭奠孤魂野鬼的习俗兼有"普度"与"判刑"两面,其中审判戏包括"鬼魂上诉"(判官受理控告)、"招魂"(传唤鬼魂进公堂)、"审问鬼魂"(鬼魂诉冤)、"超度鬼魂"等阶段,展示了当时流传的镇魂祭祀习俗。④元代鬼魂诉冤的公案剧,既是公案戏又为鬼魂戏。《盆儿鬼》中,鬼魂随着大旋风在判官(包公)面前现身,是打官司的原告,只有"日断阳间夜判阴"的包公才能看得见。包公让他到开封府来鸣冤叫屈,说"速退,速退",暂叫冤魂退下。《神奴儿》中包公下牒文,传唤鬼魂,然后烧了纸钱,对门神下令:"邪魔外道挡拦住。只把冤鸣反过来",以便让冤魂进法堂里来。《生金阁》中鬼魂唱到:"也是千难万难得见南衙包待制,你本上天一座杀人星;除了日间剖断阳间事,到得晚间还要断阴灵。只愿老爷怀中高揣轩辕镜,照察我这悲悲痛痛、酸酸楚楚、说无休、诉不尽的含冤负屈情。"⑤

---

① 司马光:《涑水纪闻》(卷十),见包拯撰:《包拯集校注》,杨国宜校注,黄山书社1999年版,第272、298页。
② 包拯撰:《包拯集校注》,杨国宜校注,黄山书社1999年版,第277页。
③ 齐如山:《国剧艺术汇考》(一),辽宁教育出版社1998年版,第209页。
④ 田仲一成:《中国祭祀戏剧研究》,布谷译,北京大学出版社2008年版,第229页。
⑤ 《包待制智赚生金阁》,见吴白匋编:《古代包公戏选》,黄山书社1994年版,第102页。

由此分析,上古驱赶厉鬼方良,保护亡灵的四方之祭方相氏,其面貌狰狞,巨口獠牙,却能判断冤死鬼。在关联性思维逻辑的驱动下,包公的信仰角色功能和大傩方相氏形象及其角色功能发生置换,包公的艺术形象被方相氏裹挟,包公的判官角色不断放大。元代的民俗信仰中,包公进一步人格化为出入阴阳两界,代鬼申冤,镇魂祭祀,令人忌惮的黑脸判官。

## 二、僮子戏、傩戏与包公形象

汉代以后,方相氏狰厉的驱鬼仪式逐渐消失了,后世宫廷大傩以侲子为主神。《隋书·礼仪志》记载的北齐大傩,侲子数达二百四十人。段安节《乐府杂录·驱傩》云:"侲子五百,小儿为之,衣朱褶、素襦,戴面具。以晦日于紫宸殿前傩,张宫悬乐。"①

南通僮子戏是从民间宗教仪式向戏剧过渡的典型样式。其主体部分又称"上僮子",是巫医(僮子)为病人驱邪治病的仪式。据曹琳先生介绍,通州市横港乡北店村胡氏的"上僮子",程序多达七十六项,其中既有无法独立于仪式之外的"以戏构仪"的戏剧化仪程,又有"以戏附仪"的世俗戏曲。

图11 包公戏《坐堂审替》②

"僮子"自称"小侲童",又别称巫僮、香火僮子、巫师、巫医等。他们以神的化身自居,"自称为某神",就是民间所说的"神附体",所以才能具有"言人

---

① 中国戏曲研究院:《中国古典戏曲论著集成》(一),中国戏剧出版社1959年版,第44页。

② 照片引自田仲一成:《中国戏剧史》,云贵彬、于允译,北京广播学院出版社2002年版,第84页。

祸福"、为人医病的特异功能。①

　　包公在僮子戏等傩戏中担当沟通人神、逐疫、辟邪镇宅、镇魂等角色，因之具有"神人相通"的巫师的法力。② 田仲一成做过田野调查，包公戏《坐堂审替》是包公捉鬼、审鬼、逐鬼的一出戏。"包公"的四个随从张龙、赵虎、王朝、马汉，分别戴龙、虎、狗、马四式纸糊套头面具，是脸子戏。包公捉拿归案的罪犯薛金莲是一个纸扎的女子，演的是偶戏。包公陈州放粮，打道南通州，在天齐王庙受理冤情。通州百姓怕被假青天坑害，一位僮子闯上公堂反审包公，包公事理分明，僮子笃信，呈上告山东兖州女鬼薛金莲无故害人（指病者）。包公命张龙、赵虎去土地神处捉拿女鬼。包公审替身，定罪焚烧，为病者祛灾。戏中的包公类似一位萨满人物。③

　　不仅在僮子戏中如此，在安徽、贵州等地的傩戏中包公同样扮演逐疫、辟邪镇宅、镇魂等角色。贵池傩戏④中保存的包公戏的剧目有《陈州散粮》

① 群众当面尊称其为先生，背后称之为僮子，有的地方也称香火。僮子主持的祭仪，当地人叫作"做会"。又因为做会总要烧掉许多纸钱（俗称冥票，给死人在阴间使用的货币，迷信用品），所以又称这种活动为"烧纸"。僮子在祭祀、祈祷、招魂等祭仪上活动中进行舞蹈歌唱，形式很多，但与仪式关系最为密切的一种说唱则称为"神书"。把具有一定故事情节的说唱神鬼词句及七字调、古儿书唱本加工后，化妆登台，串演戏文（"劝"世文）。参见康保成：《傩戏艺术源流》，广东高等教育出版社2005年版，第332页。

② 据曹琳撰文所记皋蒲西乡老僮子顾延卿（八十二岁）回忆："五十年前，做僮子会要挂五堂轴子——阿育王玉皇大帝居中，金童玉女拥其左右；泰山东岳天齐王，有张、康二香单童为伴；五福都天神是端坐在元宝上的财神，招财、进宝童子分立两侧；地藏王菩萨打坐木莲之上。"也就是说，元曲里的审判戏是由"超幽建醮"礼仪直接转化而来的形式，必须被认为和前述"英灵镇魂戏"一样，同为元曲最早的形式。

③ 萨满认为，可以通过过阴、追魂、与恶魔斗法等形式与下界的魔鬼等打交道。他们常为了患有重病者索魂而行。萨满凭借昏迷术使自己的灵魂出壳，进入地界，通过与恶魔斗法战胜恶魔，夺回病者的灵魂；或通过向恶魔祈求，请其放回所拘之魂，使之回归病人躯体，从而使病人康复。

④ 安徽贵池傩戏有在明代民间说唱词话基础上形成的可能性。贵池的家族傩里保存了一些被称为"傩神古调"或"嚎啕戏会"的傩戏抄本，其中有五本与上海嘉定宣家坟1967年出土的明成化年间（1465—1487）刊本《说唱词话》里的说唱本形式和词句接近，有些甚至完全相同，这只能解释为贵池傩戏使用了说唱本作为底本来表演，其时间可能在明代前期。参见王兆乾：《池州傩戏与成化本〈说唱词话〉——兼论内傀儡》，见中国戏曲学会、山西师范大学戏曲文物研究所编：《中华戏曲》（第六辑），山西人民出版社1988年版，第135—164页。

（即《打銮驾》或《陈州粜米记》）《包文正犁田》①《宋仁宗不认母》②等。贵州傩堂戏全堂戏演二十四出，半堂戏演十二出。其中包公戏有《五虎平西》《陈州放粮》等。图12为重庆酉阳阳戏中的包公面具。③

巴蜀自古巫傩之风盛行，道教兴起之初，张道陵等人在川北、汉中等地开坛设教，几乎吸收了傩与巫的全部衣钵，如占卜、符箓、驱鬼逐疫、请神禳邪等手段。历朝历代的各地县志中均有端公、道士设坛行傩、祛邪禳灾的记载。陕南端公们角色是"吃阳间饭，做阴间事"，专干与鬼神打交道的差事。④从田野调查的情况看，端公戏里的傩神塑像同样面目黧黑。众所周知，脸谱的涂面是从面具发展而来的。面具本身是萨满的重要道具，通过它萨满角色可变身

图12　重庆酉阳阳戏中的包公面具

为面具所描绘的神灵。戏剧舞台上黑脸是包公程式化的固定形象。再对比一下蒙古族的萨满，蒙古族的萨满面具不仅面目漆黑，而且面具上绘有新月和星辰，"这是远古马纳灵力的象征符号"。⑤由此我们大致可以类推：越往后世，人们给包公赋予的形象的神圣力量越发强大，而这一切不仅表现为戏剧的内容，而且从戏剧舞台的脸谱、穿关等元素中表现出来。

后来，傩又吸收了道教、佛教的神灵和祭祀仪式。两宋时期"三教合一"，这种变化更加明显。傩还把许多历史人物神、民间传说神及各

①　安徽贵池黄家店汪姓有傩戏抄本《包文正犁田》。
②　清溪乡杨家畈和刘街荡里姚有《宋仁宗不认母》一部。
③　照片引自胡天成主编：《民间祭礼与仪式戏剧》，贵州民族出版社1999年版，彩色图版八"面具"。
④　王继胜、王明新、王李云：《陕南端公》，陕西科学技术出版社2009年版，第77页。
⑤　菲利普·威尔金森：《神话与传说：图解古文明的秘密》，郭乃嘉、陈怡华、崔宏立译，生活·读书·新知三联书店2012年版，第269页。

地区的地方保护神拉到自己的神坛或神图里,不断壮大自己的神灵谱系。包公被纳入其中,一方面从民族社会心理上,民众赋予包公沟通人神、来往于阴阳两界的能力,同时包公也拥有法器"赴阴床""游仙枕""斩妖剑""照魔镜""还魂丹"等等,既能下阴曹地府见阎罗王,又能谒见玉皇大帝。

## 三、钟馗与包公形象

唐宋时代是杂剧形成和发展的关键时期,更直接促成了以方相氏为主角的傩仪形态由舞蹈仪式向戏剧表演的转变。佛、道教的各路神灵也渗透到傩仪之中,使得傩礼中的神鬼系统出现了多元化。[①]

孟元老《东京梦华录》卷十对"宫廷傩"有下面的描述:

> 至除日,禁中呈大傩仪,并用皇城亲事官。诸班直戴假面,绣画色衣,执金枪龙旗。教坊使孟景初身品魁伟,贯全副金镀铜甲装将军。用镇殿将军二人,亦介胄,装门神。教坊南河炭丑恶魁肥,装判官。又装钟馗、小妹、土地、灶神之类,共千余人,自禁中驱祟出南薰门外转龙弯,谓之"埋祟"而罢。是夜禁中爆竹山呼,声闻于外。士庶之家,围炉团坐,达旦不寐,谓之"守岁"。[②]

从记载来看,宋代傩仪表演已具有一定故事情节,多由教坊伶人装扮,显然已带有戏剧的特征。场面是方相氏戴着面具化了妆,披戴着一整套行头,带领着千余人的表演队,舞之蹈之,在皇宫里的每一个角落上演着"索室驱疫"这个戏剧性动作。这里有表演者和观众的关系发生;这里有特定

---

① 民间傩在孔子时代也被称为"乡人傩"。它在中国各地有不同的民间口语化的称谓。乡人傩比之于宫廷傩各方面都要相对简陋一些,其历史也难见于文字记载,但其生命力顽强,两千多年后的今天,依然可以看到民间傩还活跃在中国的乡村里,但宫廷傩早已不见踪迹。

② 孟元老:《东京梦华录》(外四种),古典文学出版社1956年版,第62页。

的扮演人物和角色——百二伥子;这里还有一整套固定而连贯的台词和对话……值得注意的是驱傩队伍中土地、灶神的出现表明傩与社的合流,这种情况在后世更明显,民国《临晋县志》载正月十五:

> 人民嬉戏诸技艺,则有高抬、柳木棍、妆演戏目、游行街衢,夜又有龙灯、竹马、旱船、太平车等,金鼓喧阗,观者如堵,俗谓之"闹社户"。卜昼卜夜,歌谑欢呼,举国若狂,殆滥觞于大傩云。①

后世,方相氏最终为钟馗所取代。在敦煌文书描述的傩仪中,主体神几乎全是钟馗。敦煌文书 P.4976 号写本有"万恶随于古岁,来朝便降千祥。应是浮游浪鬼,付与钟馗大郎。从兹分付已讫,更莫恼害川乡"。②P.2055 写本则详细描述了钟馗的容貌特征:"领取铜头铁额,魂(浑)身忽着豹皮,口使朱砂深赤,咸称我是钟馗。"③从"钟馗""铜头铁额""着豹皮"的装扮看,"钟馗"(中鬼)正是由"方相"演变而来。从早期方相氏"掌蒙熊皮"率领"十二兽舞"来看,方相氏形象还带有动物图腾的特征。后世方相氏的驱鬼队伍的人格化越来越明显。作为傩仪主体的方相、十二兽等已变为将军、符使、判官、钟馗、六丁、六甲、神兵、五方鬼使、灶君、土地、门户、神尉等,由伶工扮演。

钟馗是古人槌击鬼魅活动中人格化出的神灵形象。根据考古发掘的史前资料,从原始宗教和巫术的角度来探讨钟馗传说和钟馗信仰的起源,不失为一条新径。近来,王正书先生指出:"钟馗其人及历代传其驱鬼辟邪的观念,实起源于上古巫术,他是由先代位居祝融之号的重黎衍生而来的。"他认为良渚文化反山、瑶山出土的玉琮上的兽形人面纹,乃是传说中

---

① 俞家骥、赵意空:《临晋县志》,成文出版社有限公司 1976 年版,第 164 页。

② 《敦煌写本中的"儿郎伟"》,转引自谢和耐、苏运鸣等:《法国学者敦煌学论文选萃》,耿昇译,中华书局 1993 年版,第 245 页。

③ 《敦煌写本中的"大傩"礼仪》,转引自谢和耐、苏运鸣等:《法国学者敦煌学论文选萃》,耿昇译,中华书局 1993 年版,第 263 页。

的重黎的形象,亦即后来出现的钟馗的原型。①

从文献看,钟馗传说和钟馗信仰在西晋或东晋末,就已经在民间相当流行了。② 胡应麟在《少室山房笔丛》里所说的"余意钟馗之说,必汉、魏以来有之"③,并非臆断。敦煌写本标号为伯2444的《太上洞渊神咒经·斩鬼第七》关于钟馗是这样写的:

> 今何鬼来病主人,主人今危厄,太上遣力士、赤卒,杀鬼之众
> 万亿,孔子执刀,武王缚之,钟馗打杀(刹)得,便付之辟邪。④

敦煌本与《道藏》本的文本略有出入,"孔子执刀,武王缚之"的字样,在《道藏》中是没有的。这段显然是驱除病疠之鬼的早期道教经典,尽管对钟馗斩鬼的传说语焉不详,甚至也还没有出现钟馗形象的具体描写,但钟馗作为专门的斩鬼者的角色,与孔子、武王这二位著名历史人物一起出现在经中,其形象又是十分鲜明的。这说明,在写本中,斩鬼的钟馗,不是作者随意创造出来的一个驱鬼逐邪的道具,而是取自当时已经家喻户晓的民间传说中的人物。

唐代钟馗捉鬼的故事家喻户晓,影响深远。灵璧钟馗画中,钟馗头戴乌纱,身着官袍,有一股凛然难犯之气,世人誉称为"判子""灵判"。据传玉帝对钟馗刚烈不屈的性格非常赞赏,命其为"阴阳两界的判官"。这个看似狰狞可怕的魁头,实际上可降伏恶鬼、吓退魑魅、镇宅护家、消灾避邪,人称"镇宅钟馗"。

---

① 王正书:《钟馗考实——兼论原始社会玉琮神像性质》,见上海民间文艺家协会、上海民俗学会编:《中国民间文化:民间仪俗文化研究》,学林出版社1993年版,第114—124页。

② 刘锡成:《钟馗传说和信仰的滥觞》,载《中国文化研究》1998年。

③ 胡应麟:《少室山房笔丛》,中华书局1958年版,第294页。

④ 黄永武:《敦煌宝藏》(第120册),台北新文丰出版有限股份公司1985年版,第480页。又见邱坤良:《台湾的跳钟馗》,载《民俗曲艺》1993年第85期。两书文字略有出入。此处采用了前书的文本。

图13　山西襄汾傩舞花腔鼓"五鬼闹判"

　　两宋时,除夕驱傩活动,也常常由伶人扮钟馗,具有演剧性质。《梦粱录·十二月》有"装神鬼、判官、钟馗、小妹等形"的记载。[①] 因判官、钟馗都是管鬼、收鬼的官,形象都正直无私,而且传说中钟馗被阎王任命为判官,《孤本元明杂剧》中《庆丰年五鬼闹钟馗》第四折中就说钟馗被封为"天下都判官领袖"[②],因此民间往往以钟馗为判官的代表。《东京梦华录》卷七"驾登宝津楼诸军呈百戏":"又爆仗一声,有假面长髯,展裹绿袍靴简,如钟馗像者,傍一人以小锣相招和舞步,谓之'舞判'。"[③]在地方戏曲中,往往(跳)舞判,就是(跳)舞钟馗。后世五鬼又演变为包公故事《五鼠闹东京》中的"五鼠",包公从西天雷音寺请来玉面猫降服五鼠。在人们的心目中,早已把判官和钟馗看作一人。

　　明代公案小说中,包公和钟馗常一起共事,见其社会功能基本一致。《百家公案》第二十二回"钟馗证元弼绞罪",包公请钟馗作证,判元弼杀人罪。

①　吴自牧:《梦粱录》,商务印书馆1939年版,第48页。

②　王季烈:《孤本元明杂剧》,商务印书馆1941年版。

③　孟元老:《东京梦华录》,古典文学出版社1956年版,第43页。

拯听得有此异事，仍复言胡氏可在此对理，想胡氏必领其命。拯遂差张龙、赵虎牌拿郄元弼到台。鞫究拷打一番。元弼因无见证，硬争不肯招认。包公即写牒文一道，请钟馗以证此事。文云：拯自摄府政，朝夕惕励，惟欲天下民安于无事。不幸值胡氏韦娘死情，未知是何凶恶。先生为亮奉祀福神，可作质证。乞驾临敝衙，毋拒万幸。写完，令李万前往武宅，将牒焚之。须史，钟馗直到公堂，与拯叙礼，备陈元弼奸谋杀命情弊。郄元弼泣诉钟馗诬陷此事。钟馗执剑策之："汝为奸计不遂，谋杀二口，还要强争，是何道理？全不记作《长相思》以戏韦娘乎？"于是元弼心惊无语。钟馗证毕辞去。拯唤张龙将元弼捆打，钉了长枷，取了供状，问元弼杀死二人，拟罪当绞，以待三年秋，决竖贞节牌坊于武宅，以旌胡氏。后来元弼拘于狱中听候。[1]

《百家公案》第三回"访察除妖狐之怪"中包公和钟馗一样能降妖伏魔，其法器为照妖镜：

时包公因革停猴节妇坊牌，案临属县，偶见其家有黑气冲天而起。包公即唤左右停止其处，亲谒其宅，左右问其故，包公曰："此间有妖气，吾当亲往除之。"……凡四日，而包公倏到，仗剑登门，观者罢市，美人错愕失措，将欲趋避，包公以照魔镜，略照知其为狐，遂乃大叱之曰："妖狐安往？"美人俯伏于地，泣吟一律曰：
一自当年假虎威，山中百兽莫能欺。
卧冰肃肃玄冬冱，走野茫茫黑夜啼。
千岁变时成美女，五更啼处学婴儿。
方今圣主无为治，九尾呈祥定有期。[2]

① 王汝梅、朴在渊：《韩国藏中国稀见珍本小说》（第4卷），中国大百科全书出版社1997年版，第218页。
② 安遇时：《百家公案》，石雷校点，群众出版社1999年版，第8页。

后世五鬼闹钟馗之"五鬼"又演变为包公故事《"五鼠"闹东京》中的"五鼠"。① 这是包公由判阴曹地府到往来三界降妖除魔的开始。

《五鼠闹东京》收在明万历聚奎楼刻本《轮回醒世》十七《妖魔部》，目下注明"宋时"，可见故事起源较早。其实，五鼠变妖事是一则长期在民间流传的故事，世代累积，并随着传播环境屡次变异。初为张天师与钟馗收妖伏魔，并无包公形象。待包公事盛行时，始附会于此。要寻找这则故事的渊源，必与《五鬼闹判》有关。这一点，我们可从一些有关傩戏的文献里见到踪迹。

《金瓶梅词话》第六十五回"愿同穴一时丧礼盛　守孤灵半夜口脂香"描写李瓶儿死后，"十一日白日，先是歌郎并锣鼓地吊来灵前参灵，吊《五鬼闹判》、《张天师着鬼迷》、《钟馗戏小鬼》、《老子过函关》、《六贼闹弥陀》、《雪里梅》、《庄周梦蝴蝶》、《天王降地水火风》、《洞宾飞剑斩黄龙》、《赵太祖千里送荆娘》，各样百戏吊罢，堂客都在帘内观看。参罢灵去了，内外亲戚都来辞灵烧纸，大哭一场"②。

鲁迅在《中国小说史略》一书中论及《三宝太监西洋记通俗演义》时说：所述战事，杂窃《西游记》《封神传》，而文词不工，更增支蔓，特颇有里巷传说，如"五鬼闹判""五鼠闹东京"故事，皆于此可考见，则亦其所长矣。五鼠事似脱胎于《西游记》二心之争；五鬼事记外夷与明战后，国殇在冥中受谳，多获恶报，遂大哄，纵击判官，其往复辩难之词如下：

> ……五鬼道，"纵不是受私卖法，却是查理不清。"阎罗王道，"那一个查理不清？你说来我听着。"劈头就是姜老星说道，"小的是金莲象国一个总兵官，为国忘家，臣子之职，怎么又说道我该

---

① 《五鼠闹东京》刻本藏于英国伦敦博物院，共二卷，封面题有"五鼠闹东京　包公收妖传"，讲述西方佛祖座下五鼠魅惑人界、扰乱朝堂，后经包公借来如来佛玉面神猫得以平乱的故事。参见刘世德、陈庆浩、石昌渝：《古本小说丛刊》(第十五辑)，中华书局1991年版，前言。

② 李渔：《新刻绣像批评金瓶梅》，齐烟、汝梅校点，齐鲁书社1989年版，第104页。

送罚恶分司去？以此说来，却不是错为国家出力了么?"崔判官道,"国家苦无大难,怎叫做为国家出力?"……这五个鬼人多口多,乱吆乱喝,嚷做一驮,闹做一块。判官看见他们来得凶,也没奈何,只得站起来喝声道,"咄,甚么人敢在这里胡说! 我有私,我这管笔可是容私的?"五个鬼齐齐的走上前去,照手一抢,把管笔夺将下来,说道,"铁笔无私。你这蜘蛛须儿扎的笔,牙齿缝里都是私(丝),敢说得个不容私?"……(第九十回《灵曜府五鬼闹判》)①

笔者认为,民间故事中存在一个由五毒到五鬼、五鼠再到"五义"的发展过程,由于社会伦理规范以及细民百姓对恐怖鬼怪的恐惧和谄媚,对鬼怪的控制由最初的镇压、收复到顶礼膜拜为神灵,最终,自然界的恐怖鬼怪也因此被建构成一种建设性的力量。

在人间朝廷官场上,判官是实力派人物,历来都选择德高望重、铁面无私的官员担任,宋代包公"性峭直,恶吏苛刻,务敦厚,虽甚嫉恶,而未尝不推以忠恕也。与人不苟合,不伪辞色悦人,平居无私书,故人、亲党皆绝之。虽贵,衣服、器用、饮食如布衣时"。又由于包公"法冠白(豸角)立,(峨)然有不可凌之势。其所排击,曲中理实,坏阴邪之机牙,(莫)敢妄发"②,人们把判断是非曲直的判官钟馗想象自然地和包公形象相融合,这样包公角色自然就成了黑脸判官,这时的包公是方相氏叠加上判官钟馗的形象。

为了避免孤魂野鬼祸害人,道教仪式设醮度鬼或驱鬼避邪。不管驱鬼还是度鬼,其仪式程序中往往有审判鬼魂的阶段。北方的"捉黄鬼""拉死鬼"的民俗以驱赶恶鬼为目的。据对河北武安"拉死鬼"的田野调查,这个祭祀活动有请神、捉鬼、拉鬼、审鬼、制鬼等一整套程序,先捉鬼,再把鬼拉到土地庙,坐在正堂的判官盘问死鬼的罪行。对衔冤屈死的鬼魂,非得解除他生前的怨结,超度死者亡灵不可。浙江永康地区的度亡科仪敲天门,

---

① 鲁迅:《中国小说史略》,郭豫适导读,上海古籍出版社1998年版,第120—121页。
② 包拯撰:《包拯集校注》,杨国宜校注,黄山书社1999年版,第273、277页。

击地户,打开狱门,把亡魂招过来,设建道场,乞请诸神仙"解厄祛灾,和冤释对",最后一天念经《大赦》解结,让灵魂新生。

元杂剧中的包公也在法堂上堪问:"兀那鬼魂,有什么冤枉事,我与你做主",先听鬼魂状词再下断:设黄菜醮,超度鬼魂。在香港,至今从北方移住来的客家人也把包公当作三官大帝、北帝、洪圣王等神的陪神祭祀在庙中。[①] 历史上皖南地区的"街头傩",钟馗和包公难分伯仲,面具通常可以互为换用,江西等地就赋予包公和钟馗一样的打鬼降妖的角色功能。[②]

图14　朱仙镇版画"包阎罗斩鬼"

图15　端公戏之傩神

先秦以来驱鬼的方相氏的黑丑的"英灵镇魂"形象和唐代以来钟馗的判官形象,因为民族集体感知和记忆的特点,发生了时间上的错位,这里面的混杂衍变有很多细节难以知晓或已湮灭,但都嫁接在宋代"立朝刚毅"

① 笔者已经读到的,有沈志冲、吴周翔搜集的《僮子会资料》,载《民间文艺季刊》1988年第3期;《十三部半巫书》(南通市民间文学集成办公室、南通市民间文艺家协会1995年内部资料本);王仿:《巫术艺术的结合与分离:南通僮子戏调查》,载《民间文艺季刊》1989年第3期;车锡伦、金鑫、殷仪:《江苏南通的僮子戏和太平会》,载《东南文化》1989年第1期;曹琳:《江海平原上的巫傩余风》,载台湾《民俗曲艺》1991年第70期。
② 河南民间版画《阎罗老包斩鬼》,引自高有鹏:《插图本中国民间文学史》,河南大学出版社2001年版,第498页。

"鬼神难犯"的包公身上。民间传说和历史遗传的混杂衍变虽然会给考据带来迷雾,但也从其基因反映出的形神中,可以窥见其遗传过程中断断续续的轨迹。[1]

## 四、仪式剧在包公形象形成中的作用

祭仪剧作为一种驱邪赶鬼的仪式,包公参与其中,至少有三种力量,在三个层次上运作,向在场的参与群众产生心理效用,而完成其仪式功能。这三个力量分别来自"图像"、"语言"和"叙事-搬演"。包公在仪式中的出现,成为一种类似宗教图像的存在,近似民间信仰门神和钟馗的画像,本身就有阻吓镇压妖魔鬼怪的威力。[2] 岩城秀夫教授已指出,在元曲包公"审判戏"中,案件的侦察审判不是依靠证据和推理,而大多是采取冤魂托梦,站在包公床前诉说,让法官掌握冤情的真相。这一形象汇集了历史时间和集体记忆中的方相氏、钟馗、僮子等各个时期不相同的角色形象。[3]这就是为什么除文字记载的历史之外,哈布瓦赫说:还有一个随时间更新的鲜活的历史,在这历史中可能遇到许多看似已消失的远古的潮流。事实上, 在集体记忆的持续发展中, 没有像在历史中那样界限分明, 而是仅有

① 张兵、张毓洲:《从敦煌写本〈除夕钟馗驱傩文〉看钟馗故事的发展和演变》,载《敦煌研究》2008 年第 1 期。
② 容世诚:《戏曲人类学初探:仪式、剧场与社群》,广西师范大学出版社 2003 年版,第 19页。民间演出都是为一定实用目的而设,或因为春祈秋报,或因为求子、求学、求财,或为了庆祝等,这种目的在演出中一定要有所表现。为了突出这种目的,演员的演出行为有时会从戏里回到现实生活中,有时不惜改变剧目原有内容,这些在城市商业演出中绝不允许的行为,在民间迎神赛社演出中却比比皆是。如上党《过五关》演出中,关羽可以沿途随意与观众谈笑,甚至吃街上小贩的东西,《捉黄鬼》中迎送黄鬼的大鬼、二鬼和跳鬼可以中途到就近人家歇息、喝茶、取暖,对演出活动中出现的这些"纰漏",观众们毫不在意。他们愿意让关羽吃自己的东西,愿意让押黄鬼的鬼卒到家里来,因为在他们眼里,这些演员不只是在演出,他们是在送吉祥、驱邪气,他们的到来就是福祉的到来。
③ 岩城秀夫:《元代审判戏中的包拯的特异性》,转引自《山口大学文学会志·中国戏曲戏剧研究》1958 年版,第 452 页。

不规则的、模糊的边界。① 民众在集体想象中,把傩戏中沟通人神的巫傩角色不自觉地加到判官身上,使得包公成为一位能破解包括梦在内的神秘能量的神灵。

傩祭仪式是具有浓厚宗教色彩的祭祀活动,在喃喃的咒语声中或龙飞凤舞的绘符之际进行。绘符念咒是陕南端公们傩坛法事的主要内容,原始先民相信语言具有魔力。语言对于他们,既是工具,又是实现愿望的主要依靠,是支配自然的"上帝",甚至就是愿望本身。端公们重咒轻符,"咒"历代口口相传,其中"诀"的威力最大,可以说是法师"镇魔压邪"的绝招,如"五官诀""八大金刚诀""开山诀""三元将军诀""土地传城诀""船头艄公诀"等。其次是"诰",如"七令七圣七金刚,八令八圣八天王,手执金鞭降魔鬼,头点火炼五四方,金魁搭在鬼头上,头昏眼花心又慌"等。②

尽管傩戏观赏性不强,但这类戏每次迎神赛社必演,民众注重的是它的仪式性、象征性,心中"对神既敬畏又向往的感情交织",成为一种仪式的焦虑。在人类学视野中,仪式是按计划或者即兴创作的一种表演,通过这种表演使日常生活超凡入圣。通过展演,现实主体的行为和活动达到与宗教信仰一致或融合,并能借助它的力量以达到自身的目的。

在安徽贵池迎神赛社演出时,几乎在所有的舞台或平地演出场所的后方,演员出场后都有两位或一位先生

图 16　朱仙镇年画包拯
"扶正除邪保平安"

①　Maurice Halbwachs, *On Memory Collective*, Edited Translated, and with an Introduction by Lewis A. Coser, Chicago: The University of Chicago Press, 1992, p. 113.
②　王继胜、王明新、王李云:《陕南端公》,陕西科学技术出版社 2009 年版,第76—77 页。

坐场,手捧剧本总稿进行指挥,先生既化妆,也担任台上的检场工作,也负责引戏上场和喊断。有的剧本,如包公故事《陈州放粮》《宋仁宗不认母》演出时,先生要坐在台上高声演唱,唱到哪个角色,哪个角色就出场,根据唱词需要动作一番,其余时间则无动作,形同木偶。

更能体现这种"元语言"驱邪仪式的应该是记录在《礼节传簿》中的供盏队戏(又称"哑队戏")。关公、钟馗、包公、目连和尉迟敬德等的形象,在祭祀的场合中出现,对于参与仪式的观众来说,已构成一种镇压四方妖邪的力量。换句话说,没有宾白语言,只有简单表演动作的哑队戏,是依赖宗教图像的力量来除煞驱魔,这点和在傩戏中表演"关云长耍大刀"的剧目,其背后的仪式意义是相通的。傩戏中仪式性冲突的双方在结构和功能上具有同一性:

| 傩戏的地域 | 仪式性冲突(正方) | 仪式性冲突(反方) |
|---|---|---|
| 山西 | 关公 | 妖(蚩尤) |
| 四川 | 包公 | 城隍 |
| 河北 | 阎王 | 黄鬼 |
| 云南 | 关公 | 周仓(蚩尤) |
| 安徽贵池 | 钟馗(包公)① | 小鬼(刘衙内) |
| 江苏南通 | 包公 | 孤魂 |

在祈福除祟的祭祀场合里所上演的包公戏等,往往就是一种驱邪仪式,仪式就在戏剧里面,戏剧是仪式的实现方式。在这种情况下,戏剧演出里的演员、语言和动作,都可能具有双重身份和意义。在包公戏里饰演包公的演员,在戏剧故事的层面上,一方面扮演着公案故事里铁面判官,例如在《鱼篮记》《包公惩城隍》里神化后的包公,但在同一时间和舞台空间里,在仪式进行的层面上,他却是一个主持驱鬼仪式的祭师,在重演傩仪里方

---

① 如安徽贵池的《钟馗捉小鬼》,钟馗戴青黑色面具,驼背鸡胸,手拿宝剑,身挂"彩钱",小鬼则戴鬼面具,舞蹈以锣鼓为节。先是钟馗用宝剑指向小鬼,小鬼不断作揖求饶,钟馗恃威自傲,小鬼卑躬屈膝,二者形成鲜明对比。不久小鬼伺机夺过钟馗手中的剑,钟馗反而向小鬼求饶。最后,钟馗急中生智,夺回宝剑,将小鬼斩杀。尽管其中注入世情因素,但表演的基本情节还是杀鬼。再如赛戏中"除十祟"演出真武爷降服群鬼的故事。

相氏的角色,其弥漫性传播的意义是有着深厚的民间信仰做支撑的。

基于这一原因,剧中角色在台上的语言行为,也包含了两重意义。首先,他们用合乎语句文法、地区语音,以及戏曲文类惯例的话语,在运用语言的过程中,表现了人物的内心世界,交代了故事的情节发展,也塑造出一个模拟的戏剧世界,在戏剧演出的层次上,完成了指涉的功能。其次,在赛祭的宗教演剧场合下,在驱鬼除煞的语言环境里,扮演包公角色的演员在戏台上的说话行为,除了上述指涉功能外,本身就是一种驱邪的行为活动。亦即是说,在特定的场合里,台上角色说话或唱曲的时候,并不单是在说话或唱曲,而是在从事一项行为——在进行一项驱邪的仪式。进一步说,戏里面的话语,在驱鬼的场合里,通过驱邪仪式的祭师——包公角色的口中说出,使话语的身份有了改变,使它们变成了镇压邪魔的一种工具,蕴涵着符咒一类的力量,成了赶鬼活动里的另一种凭借。这种基于场合、仪式赋予的符咒能力,是一种民间信仰作用的结果,正是作为信仰的存在,使包公获得年复一年铭记并传播的内在驱动。

# 陕西"血社火"的历史文化新探①

"社火"源于古老的巫术活动和宗教祭祀祈禳仪式,后来这一仪式杂糅了社祭仪式、驱傩仪式、百戏表演等成分,转变为重要的民俗文化事项,在正月祭社、庙会迎神、祈雨时表演。

陕西宝鸡陇县民间社火历史悠久,文化内涵深厚,种类比较齐全,场面声势浩大,受到了学术界的广泛关注,被中国民间文艺家协会授予"中国社火文化艺术之乡"的称号。陇县血社火除具备一般社火的特点以外,以"奇特""恐怖""神秘"而备受关注。由于表演活动一度中断,学术界对血社火这一古老而神秘的民俗事项研究不够。笔者目力所见的学术文章仅有王琼《人牲与血祭——宝鸡血社火的地缘历史文化追溯》和《渎神——血社火的人类学文化溯源》②两篇。鉴于此,2013年2月20日至25日,笔者在"首届中国社火艺术节"期间前往宝鸡陇县做田野调查,根据

---

① 2013年2月20日至2月25日,笔者曾赴宝鸡陇县东南镇闫家庵村做田野调查,走访70岁的闫忠学和62岁的梁有和两位第四代血社火传人,闫春林、梁栓虎、武德田等第六代传人。该文所使用的田野资料,主要来自上述调查活动。

② 王琼:《人牲与血祭——宝鸡血社火的地缘历史文化追溯》,载《宝鸡文理学院学报》(社会科学版)2011年第5期;王琼:《渎神——血社火的人类学文化溯源》,载《宝鸡文理学院学报》(社会科学版)2012年第3期。

掌握的情况,结合有关文献,对一些问题提出了自己的见解,以见教于方家。

## 一、血社火的渊源:丰穰仪式与"七圣刀"幻术

血社火的文化渊源应该追溯到杀牲献祭的丰穰仪式。以活人献祭是远古时代一种世界性宗教仪式,在畏天敬神的祭典上,以人为祭品(简称"人祭",Human Sacrifice)被视为最神圣的仪式。[①]

伊利亚德在《神圣与世俗》中揭示了牺牲、丰收、圣餐和灵魂之间的关系。根据最早的农耕者的神话传说,人类之所以成为今天的人类——终有一死的、有两性关系的和不得不工作的状态,正是因为一种原始谋杀的结果。在开始,大多时候是一位妇女或处女,有时是一个孩子或一个男人,自告奋勇地成为牺牲,以便农作物和果树能够从他/她的身上生长出来。

这样的第一次谋杀从根本上改变了人类生命存在的模式。神圣生命的献祭不仅仅揭示了人类对饮食的需要,而且也预示了人类难以逃脱死亡的厄运。结果,人类只能通过性这种惟一的方式来确保对生命的延续。被献祭者的尸体已经转变成了食物,他的灵魂沉到了地下,并在地下确立了"亡灵的世界"(the Land of the Dead)。[②]

他在"农业与丰产崇拜"一节里重点论述阿兹特克人和孔德人的人祭:

关键是那些所有在场的人,也就是每个村子派去参加仪式的

---

① 参见詹·乔·弗雷泽:《金枝:巫术与宗教之研究》第三节"以活人祭祀谷物",徐育新、汪培基、张泽石译,中国民间文艺出版社1987年版,第624—632页。
② 米尔恰·伊利亚德:《神圣与世俗》,王建光译,华夏出版社2002年版,第53页。

代表都会分到一小块被献祭者的身体。祭司小心地分割身体，然后立刻送达每个村庄并隆重地埋入田野。遗留下来的，特别是首级和骨头都被焚烧，骨灰撒在开耕的田野里，目的依旧是确保一个好收成。后来英国当局禁止这样的人祭，孔德人就用某种动物（一头公羊或者公牛）来替代梅利亚。①

关于中国殷商人为献祭祖先神和自然神的方法，据姚小遂研究统计：杀人牲的方法竟有十一种之多，其中之一是"刉人牲血法"，在祭祀时刺伤人牲，使其出血献祭神灵。记录这种牲法的"𨐈𨑒"字，于省吾认为像血滴形状，表示杀牲取其血以祭祀。

古代墨西哥阿兹特克人经常用儿童敬祭雨神塔洛克。② 早期的婆罗门经典反映古印度也曾以活人献祭。尤其当人类面对各种自然灾害和瘟疫时，为了表达对神灵的崇敬，先民在举行仪式时均使用活人祭祀。印度最古老的歌集《梨俱吠陀》第 10 卷第 90 曲这样写道：

> 众神共祀，以此祭品，奉与牺牲；此一祭礼，最初圣餐。大哉神力，发乎牺牲，扶摇直上，达之天穹，众神诸圣，与彼同在。③

心理学大师荣格议论道，牺牲带来的充沛神力与众神的力量相当。世界的创造来自牺牲，按照《奥义书》的教诲，通过同样的方式也能创造人的新境界，一个可以称之为不朽的境界。④ 维柯在谈到牺牲的起源时说：

① 米尔恰·伊利亚德：《神圣的存在：比较宗教的范型》，晏可佳、姚蓓琴译，广西师范大学出版社 2008 年版，第 326 页。
② 乔治·彼得·穆达克：《我们当代的原始民族》，董恩正译，四川民族出版社 1980 年版，第 252 页。
③ 《〈梨俱吠陀〉神曲选》，巫白慧译解，商务印书馆 2010 年版。
④ 荣格：《转化的象征：精神分裂症的前兆分析》，孙明丽、石小行译，国际文化出版公司 2011 年版，第 431 页。

这些牺牲仪式在最早的粗鲁的野蛮人之中都从许愿和还愿的献礼乃至用活人作牺牲开始，据普劳图斯（Plautus）说，用活人作牺牲，在拉丁人中间俗称"献供农神的牺牲"，在腓尼基人中间叫做献供莫洛克（Moloch）即火神的牺牲，他们使献给那种妖神的儿童们穿过火堆。这类牺牲仪式有些还保留在罗马十二铜版法里[4.1]，这些牺牲使人懂得"首先敬畏世上被创造的神们"那句老话的真正意义……①

延续至今，中国河北武安等地民众在祈雨过程中，为表示虔诚，把尖尖的铁钩，勾在光着的脊背或胸上，铁钩的下面再悬挂上秤砣、香炉、大刀、铁锤等物品，使插在肉里的铁钩处不停地向外淌血。

后世人们宰杀牛、羊等动物作为牺牲，替代人牲来敬献神灵。血社火中的丰穰仪式，以人牲替身的血祭地母，替身和镇魂祭祀中审判后要受到严惩的恶鬼合二为一。以镇魂仪式中所擒杀的"凶鬼"为替身，作为血祭地母仪式中的人牲。② 这从血社火传人的口述可以获知：

> 据老人讲，血社火意在赶走妖魔，那些造型各异的表演者，他们不同的妆容代表不同的妖魔鬼怪，那些利器扎在他们所谓身上竟用就是要镇压住他们，让他们不要出来兴风作浪，祸害人民。③

从古代文献资料来看，在傩戏祭祀活动中，人要装扮为"尸神"。"尸神"的产生条件极为苛刻，一种情况是普通人在大病痊愈或晕厥以后，神灵附体，附体者能传达神谕、传授神技、惠赐恩惠、神人对话等等。我们稍微对第六代血社火传人的口述史做一下梳理，"尸神"师承的真实场景就

① 维柯：《新科学》，朱光潜译，商务印书馆1989年版，第156页。
② 宋代以后，孤魂镇抚祭祀在制度上获得支持，逐渐替代了社祭，并受到民众的高度重视，每年正月春节举行社祭时，伴随着丰穰仪式举行沿门逐疫，祭祀孤魂的"斋醮"，一直沿袭至今。
③ 血社火第六代传人闫春林、梁栓虎的调查录音。

会浮出水面:

> 血社火的来历,传说是很久以前,有一个讨饭的老人,流落到三寺村,贫困交加,身患重病,快要死了,祖上将其接到家里,不仅给其饭吃,还熬中药为他治病,直到他痊愈。老人无以为谢,就把随身带的袋子留下了,并且暗授了机密,说是只有这样,你们村才会永远平安吉祥。这个袋子里的东西,就是扎快活用的道具。①

这段口述史,如果从故事类型看,显然是"搭救报恩型"和"神奇赠物型"的民间故事的杂糅形态。在类型性的故事中,受搭救的往往是下凡"微服私访"的神灵,酬谢赠品往往是能召唤神灵祈福纳吉的法宝。②

查考相关文献,笔者发现,和血社火文化人类学意义上的渊源相对应的,还有血社火技术秘密的来源,即"七圣刀"幻术的真相。"七圣刀"幻术源于波斯祆教。祆教诞生于公元前1100年左右,随着粟特人的东迁,祆教东传入中国境内。③ 血社火的技艺源于魏晋时期从波斯传入的祆教④下神的"七圣刀"或称"七圣法"法事或法术仪式。⑤

《魏书》卷一〇二也有记载:"悦般国在乌孙西北……其风俗言语与高

211

---

① 根据 2013 年 2 月 22 日闫家庵血社火第六代传人闫春林的调查录音整理。

② 弗拉基米尔・雅可夫列维奇・普罗普:《神奇故事的历史根源》,贾放译,中华书局2006 年版,第 248 页。

③ 荣新江:《中古中国与外来文明》,生活・读书・新知三联书店 2001 年版,第 19—36 页。

④ 祆教传入中国的时间先有陈垣先生的"北魏说",继有唐长孺先生、饶宗颐先生的"东晋说"。林梅村、姜伯勤也有论述,最近的研究显示,在东汉晚期,火祆教已秘密传入中国内地。参见荣新江:《祆教初传中国年代考》,见袁行霈主编:《国学研究》(第三卷),北京大学出版社 1995 年版,第 342—343 页。温玉成认为"祆教至迟在东汉桓帝时代(公元二世纪中叶)已秘密传入中国内地"。参见温玉成:《"天神"传入中国内地的最早史料》,见《龟兹学研究》第四辑,新疆大学出版社 2012 年版。另,杜文撰文认为新近发现的宋代陶塑玩具"胡人开膛俑",展示的正是"七圣刀"幻术。参见杜文:《宋代陶塑玩具上所见"七圣刀"幻术》,载《中原文物》2009 年第 3 期。

⑤ 马明达:《七圣刀与祆教》,见马明达:《说剑丛稿》(增订本),中华书局 2007 年版,第233—238 页。

车同,而其人清洁于胡俗。剪发齐眉,以醍醐涂之,昱昱然光泽,日三澡漱,然后饮食。……真君九年,遣使朝献,并送幻人,称能割人喉脉令断,击人头令骨陷,皆血出或数升或盈斗,以草药纳其口中,含嚼咽之,须臾血止,养疮一月复常,又无痕瘢。世祖疑其虚,乃取死罪囚试之,皆验。云中国诸名山皆有此草,乃使人受其术而厚遇之。”悦般国为突厥人,北魏时祆教传入中原,与悦般国所送幻人有关。①

　　传入内地后,祆教广设胡祆祠,发展教民。莫高窟 322 窟据说就是安氏的家族窟,敦煌研究院沙武田先生认为这一龛石窟是武威的安氏家族发心营造的家族功德窟,开凿年代约略始于大凉政权时期,结束于唐高祖、太宗和高宗初期。安氏始祖自中亚东迁自此,自北周以来,在河西历代为商、凉、甘、肃、瓜、沙、伊、西等州及北庭、安西都护府都有他们的足迹,到唐初定居形成自治群落。在这些粟特人聚居地,常常伴随有祆教祠舍,祆教文化在当地非常兴盛。据《隋书·康国》载:“康国者,康居之后也……米国、史国、曹国、安国、小安国、那色波国、乌那易国、穆国皆归附之。有胡律,置于祆祠,将决罚,则取而断之……国立祖庙,以六月祭之,诸国皆助祭。”释慧立、释彦宗撰《大慈恩寺三藏法师传》卷二云:“至飒秣建国(原注:此言康国),王及百姓不信佛法,以事火为道。”祆教可能是由塞人最初传入今新疆一带,后来逐渐向东蔓延。唐懿宗的爱女同昌公主得病时,曾召请术士米賓作“灯法”疗疾,这位粟特术士所谓的“灯法”也应是于祆庙中燃灯祈祷的仪式。又如 S.2241《公主君者者状上北宅夫人》记载:孟冬渐寒,伏惟北宅夫人司空小娘子尊体起居万福。即日君者者,人马平善,与(已)达常乐,不用优(忧)心,即当妙矣。切嘱夫人与君者者沿路作福,祆寺燃灯,倘劫不望。“祆寺燃灯”显然有礼拜圣火的含义。同时,归义军政府还支出一定的灯油用于祆寺燃灯,P.4640《归义军衙内布纸破用历》保留了公元 899 年至 901 年张承奉时期赛祆活动中支出“画纸”的记录,S.1366《归义军使衙内面油破用历》:“十七日,准旧城东祆赛神用神(食)五十七分,灯油一升,秒面二斗,灌肠(面)九升。”S.2474《归义军使衙内油粮破历》记

① 　周菁葆、邱陵:《丝绸之路宗教文化》,新疆人民出版社 1998 年版,第 65 页。

载:"城东祆灯油二升",辛酉年(901)正月到四月间,每月都要举行一次赛祆活动。在粟特胡人的宗教信仰影响之下,沙州一带的祆教信仰非常流行。

祆祠的直接管理者一般都由胡人祭司担任。萨宝也是统领火祆教的宗教领袖,兼理政教。根据向达先生的考证,北齐时就已有此官名,《隋书·百官志》论齐官制,称:"鸿胪寺掌蕃客朝会吉凶吊祭,统典客、典寺、司仪等署令丞,典客署又有京邑萨甫一人。"北朝和隋唐时期,地方政府和中央政府为了更好地控制商胡聚落,将萨宝纳入中国传统的官僚体制当中,萨宝为一级职官,专门授予胡人领袖,并设立萨宝府,下设萨宝府祆正、萨宝府祆祝、萨宝府长史、萨宝府府率等官吏职,管理聚落行政与宗教事务。

初唐至五代时期的河西安氏家族及其祆教信仰,如今已然邈远难考。不过我们在图像材料中还能发现不少这方面的内容。2000年5月至7月,陕西省考古所在西安北郊发掘了北周大象元年(579)粟特人安伽的墓,据《大周大都督同州萨宝安君墓志铭》(简称《安伽墓志》)称:"君讳伽,字大伽,姑臧昌松人,其先黄帝之苗裔……父突建冠军将军,眉州刺史。"安伽生前在今陕西大荔一带为官,任同州萨宝。在墓中出土的围屏石榻上,有多幅贴金浅浮雕图,后屏共刻绘六幅图案,自左向右依次为乐舞图、宴饮狩猎图、居家宴饮图、民族友好交往图、野宴商旅图、居家宴饮舞蹈图,似乎这位显赫的墓主人已将这极尽奢华的良辰美景从阳世带入阴间了。

《册府元龟》载,唐高宗显庆元年(656)正月,帝"御安福门楼观大酺,胡人欲持刀自刺以为幻戏,帝不许之。乃下诏曰:'如闻在外有婆罗门、胡等,每于戏处,乃将剑刺肚,以刀割舌,幻惑百姓,极非道理。宜并发遣还蕃,勿令久住,仍约束边州,若更有此色,并不须遣入朝'。"[1]可见在初唐这种割舌挖眼的幻术就已传入内地。唐长安城曾设置有祆祠五所,每年也表演这类惊世骇俗的西域幻术。

---

① 王钦若:《册府元龟》卷一五九"帝王部革弊一",中华书局1982年版,第1921页。

唐人张鹭《朝野佥载》卷三记载：

陵空观叶道士咒刀，尽力斩病人肚，横桃柳于腹上，桃柳断而肉不伤。后将双刀砍一女子，应手两段，血流遍地，家人大哭。道士取续之，喷水而咒。须臾，平复如故。

河南府立德坊及南市西坊皆有胡祆神庙。每岁商胡祈福，烹猪羊，琵琶鼓笛，酣歌醉舞。酹神之后，募一胡为祆主，看者施钱并与之。其祆主取一横刀，利同霜雪，吹毛不过，以刀刺腹，刃出于背，仍乱扰肠肚流血。食顷，喷水咒之，平腹如故。此盖西域之幻法也。

凉州祆神祠，至祈祷日祆主以铁钉从额上钉之，直洞腮下，即出门，身轻若飞，须臾数百里。至西祆神前舞一曲即却，至旧祆所乃拔钉，无所损。卧十余日，平复如故，莫知其所以然也。[1]

祆教神话思维把"七"视为原型数字，其宗教信仰中有"七天创世说"、"七层天"、"七位一体神"、七曜制（七曜指日、月、火星、水星、木星、金星、土星，合为一个周期，又称星期），粟特纳骨器上装饰有七火舌火坛，等等。祆教教徒在祭祀时非常注意保持火的洁净，只用清洁干燥的木柴香料和供品置于火中，用火烹调时也要十分小心，必须让火保持经久不息，不可让器皿里的食物溢出滴到火里。玄奘在贞观年间行至中亚，曾经目睹粟特聚落的拜火之俗。《大慈恩寺三藏法师传》一书中记载了当时康国的拜火盛景："王及百姓不信佛法，以事火为道。"近数十年来，考古工作者在粟特本土和中国境内的粟特人聚居地发现了若干祆教祠庙遗址，祆祠壁画中多次出现"火坛"的形象。如 1999 年 7 月山西太原出土的粟特人虞弘墓石棺床座上有圣火坛；2000 年 5 月发现的陕西西安粟特人安伽的石棺墓，门额正面刻绘祆教祭祀图案，中部刻有三只站立在覆莲座上的骆驼，背驮圆盘，盘

---

① 张鹭：《朝野佥载》（卷三），中华书局 1979 年版，第 64—65 页。

内置薪火。据笔者推断，以波斯神话数字七为法器件数的下神法术，和疾病救疗相结合，成为风靡世界的放血疗法（在施行手术前要在"圣火"上灭菌），逐渐转化为外科手术，传入中国后逐渐演变为神秘幻术"七圣刀"法。[①]

晚唐写定的敦煌文书《伊州地志残卷》（S367），描写敦煌北面伊州伊吾县祆庙举行的一次震动朝野的"下祆神"仪式：

> 有祆主翟槃陀者，高昌未破以前，槃陀因朝至京，即下祆神，因以利刀刺腹，左右通过，出腹外，截弃其余，以发系其本，手执刀两头，高下绞转，说国家所举百事，皆顺天心神灵助，无不征验。神没之后，僵仆而倒，气息奄七日，即平复如旧。有司奏闻，制授游（去）将军。[②]

与《朝野佥载》印证，我们发现火祆教徒们身怀绝技，祈祭祆神的血祭仪式，常伴随祈福、酒宴、歌舞、幻术等庙会式的狂欢活动，尤其是西域胡人祭祆时神秘莫测的幻术展现的幻象、幻境，给人以神奇、灵异之感，其神秘的宗教内涵"夹裹"在汉族迎神赛社等民俗形式的外壳里。

祆教实行血祭的方式与传统的民间信仰类似，与国家正祀亦不相违背。在这种历史大背景下，祆教最终成为国家祀典所吸纳的对象，逐渐汇入中国的万神殿。[③] 祆祠、祆庙逐渐正式纳入官方的祭祀仪程，隋唐时朝

---

[①] 祆教的下神巫术所涉及的外科技术也是三国时期华佗外科手术的一个技术来源，剑和武士剖腹自杀的历史并非日本特产，而是源于中亚的库尔干。日本江上波夫教授早就将东汉末神医华佗利用麻沸散进行剖腹开膛的外科手术一事，与张骞通西域之后来华的黎轩、大秦等国的幻人联系起来，指出华佗的医术应该是从流寓中国的伊兰系"幻人"处习得。受其启发，我们在此拟对唐代刺心剖腹之俗与祆教法术的关系做一番探讨。雷闻：《割耳劓面与刺心剖腹：从敦煌158窟北壁涅槃变王子举哀图说起》，载《中国典籍与文化》2003年第4期。

[②] 此卷系光启元年（885）的钞本，录文据郑炳林：《敦煌地理文书汇辑校注》，甘肃教育出版社1989年版，第67—68页。

[③] 张小贵：《从血祭看唐宋祆教的华化》，收入荣新江：《唐研究》（第十八卷），北京大学出版社2012年版，第357—374页。

廷设立萨宝府和祀官,纳入朝廷管理序列。唐武宗禁断后,北宋初年又有所恢复,祆祠列于祀典,山西地区之泽州、潞州、河东,俱有宋太祖祭祆记载。北宋之汴京、扬州、镇江、沙州诸地,俱有祆神庙。此时流行风习中,常有人在祆神庙祈求健康、祈求中第、祈求征战胜利,另有由官府礼官主持祭祆祈雨。[①]

董逌《广川画跋》卷四"书常彦辅祆神像"云:

> 元祐八年七月,常君彦辅就开宝寺之文殊院,遇寒热疾,大惧不良。及夜祷于祆神祠,明日良愈。乃祀于庭,又图像归事之。属某书,且使世知神之休也。祆祠世所以奉胡神也。其相希异,即经所摩毓首罗,有大神威,普救一切苦,能摄伏四方以卫佛法。当隋之初,其法始至中夏。立祠颁政坊,常有群胡奉事,聚火诅咒,奇幻变怪,至有出腹决肠,吞火蹈刀。故下里庸人,就以诅誓,取为信重。唐祠令有萨宝府官主司,又有胡祝以赞於礼事,其制甚重。在当时为显祠。[②]

由粟特火祆教徒带入的"刺心剖腹"的"七圣刀"下神仪式,在"华化"过程中"祛魅",转变成汉人的"祆火神"民间信仰[③],其中的幻术表演部分,逐渐与汉族社会的百戏糅合,进入节庆表演节目之中。例如敦煌文书所记录的赛祆民俗,就是由当地胡人与汉人共同参与。[④] 介休曾经的粟特人,在北宋庆历年间建造介休祆神楼,明嘉靖壬辰岁建为"三结义庙",一说"万历年间知县王宗正改建"。[⑤] 北宋东京每年清明节,诸军向皇帝上演的百戏中,就有此节目。"七圣刀"幻术的表演人数也从唐代祆祠的一名祆

① 姜伯勤:《山西介休祆神楼古建筑装饰的图像学考察》,载《文物》1999 年第 1 期。
② 董逌:《广川画跋》,中华书局 1985 年版,第 40 页。
③ 林悟殊:《波斯琐罗亚斯德教与中国古代的祆神崇拜》,见林悟殊:《中古三夷教辨证》,中华书局 2005 年版,第 331 页。
④ 谭蝉雪:《敦煌祈赛风俗》,载《敦煌研究》1993 年第 4 期。
⑤ 孙繁成:《玄神楼和三结义庙》"关于元神庙的传说",见中国人民政治协商会议,山西省介休县委员会文史资料委员会编:《介休文史资料》(第三辑),1991 年版。

主发展为七人,称之"七圣刀"或"七圣法",其中"杜七圣"所演幻术最为著名。

南宋郡州每年迎神活动中也有市民组成的"七圣祆队"。史料显示:北宋东京诸军百戏中有"七圣刀"表演。《东京梦华录》卷七《驾登宝津楼诸军呈百戏》:"又爆仗响,有烟火就涌出,人面不相观,烟中有七人……执真刀,互相格斗击刺,作破面剖心之势,谓之'七圣刀'。"① 南宋《武林旧事》卷六在"诸色伎艺人"里记载有"七圣法:杜七圣"。艺人"杜七圣"的表演在罗贯中《三遂平妖传》第十一回"弹子和尚摄善王钱 杜七圣法术剁孩儿"中有述及。② 明人谢肇淛《五杂俎》卷六也记有大致相同的"杜七圣"斗法故事。③

由于粟特人的传播,琐罗亚斯德教早就扩张成为中亚地区的主流宗教。从文献记载来看,伊斯兰化以前的中亚各国,仍以信仰祆教为主,如慧超《往五天竺国传》云安、曹、史、石骡、米、康,"此六国总事火祆"。《酉阳杂俎》卷十:"俱德建国乌浒河中,滩派(流)中有火祆祠"④。丝绸之路上的长安作为火祆教曾经传播最昌盛、最集中的地区,当时的祆教徒和祆祠最多。⑤ 武宗禁断后,祆教遭受巨大打击,主要在京畿之外传播,前文所举敦煌文书《伊州地志残卷》内容为证。⑥

---

① 孟元老:《东京梦华录笺注》,伊永文笺注,中华书局2006年版,第687页。

② 罗贯中:《三遂平妖传》,张荣起整理,北京大学出版社1983年版。

③ 谢肇淛:《五杂俎》,上海书店2001年版,第112页。

④ 王小甫:《"弓月"名义考》注48,见王小甫:《唐、吐蕃、大食政治关系史》,北京大学出版社1992年版,第239页。

⑤ 葛承雍:《唐韵胡音与外来文明》,中华书局2006年版,第260页。

⑥ 马明达先生认为,南宋的七圣法活动主要在临安以外的地区,特别是比较偏远的地区。洪迈所讲到的两个与七圣法有关的故事,一个发生在广东的韶州,即今广东韶关;一个发生在江西饶州,即今江西上饶。饶州人朱三"臂股胸背皆刺文绣",与东京的七圣刀"皆披发文身"也相同。又,"每岁郡人迎诸神,必攘袂于七圣祆队为上首"。所谓"上首",很可能就是东京的七圣刀中"内一人金花小帽,执白旗"者,应是七人中的指挥。饶州每年的迎神活动中,有"七圣祆队",可证明祆教在当地的传播和地位。总之,从这些材料中,我们看到祆教在南宋民间的社会生活中依旧存在,其活跃程度很可能还超过了北宋。马明达:《七圣刀与祆教》,见马明达:《说剑丛稿》(增订本),中华书局2007年版,第236页。

在陇县、蒲城等地保存至今的血社火是祆神民间信仰的重要文化遗存之一。① 至少血社火的"技术"部分是源于粟特人带入的祆教"七圣刀"法术。结合田野调查资料,略陈原因如下。

第一,据血社火第六代传人闫春林口述:

> 过去血社火也表演"开膛破肚"和"万箭穿心"技艺,但是这几年没有表演。一个是过于逼真恐怖,怕把孩子们吓着;二是现在血社火表演大多在正月天,又在室外,北方天气寒冷,表演人容易感冒患病。②

可见前述"七圣刀"仪式中的"刺心剖腹"(开膛破肚)和"万箭穿心"技艺被一代代传承了下来,只是由于环境的限制,不再表演。另外从有关血社火文献记载看,血社火曾经表演与佛教地狱教义有关的剧目有《十八层地狱》《耿娘杀仇》《刺辽》《小鬼推磨》《锯裂分身》《王佐断臂》《阎王换头》等等。其中都有象征死而复生的仪式。弗雷泽列举斐济群岛上接受成年礼的青年人演出的死亡与复活的仪式剧:在一个神圣的围场里陈列着一排死人或似乎要死的人,他们躺在地上,肚腹剖开,内脏外流,浸在血泊里。大祭司一声断喝,那些假死的人都一跃而起跑向河边洗净身上的鲜血和借用的猪内脏,然后精神抖擞地走回神圣围场,真像获得新生似的洁净无瑕、生气勃勃,佩戴着花环,按着庄严的音乐节拍晃动着身躯,来到受礼者面前站住。

第二,血社火也留有"七圣刀"名称的痕迹。从宋代以来,七圣刀法逐渐形成以菜刀、剪刀、斧头、锄头、镰刀、锥子、铡刀这七件刀具为道具的表演程式。这一点在田野调查中得到证实,传人闫春林说:"血社火的核心秘密在于菜刀、剪刀、斧头、锄头、镰刀、锥子、铡刀这七件子"。

第三,血社火的关键环节至今还是"绝密"。这从一个角度也证明其

---

① 每年农历正月二十三,蒲城都要敬火神,最重要的仪式是要施放"杆火",也叫"吊花傀儡"或"耍傀儡",据传是存世唯一的低空焰火造型艺术,用以祈福禳灾。

② 据 2013 年 2 月 23 日田野考察笔录整理。

曾经的"幻术"身份。古代文献中的"幻术"就是今天的魔术。无论是传统断绳复原还是断头台上斩掉人头、腾空悬浮等,魔术最大的行规就是绝对"永不公开魔术的秘密"。而血社火在陕西蒲城、宝鸡赤沙镇、陇县东南镇都有零星保留,但血社火几代传人,宁可让血社火不进入非物质文化遗产名录,也从没有公开其中的奥妙,这也从一个侧面证明其曾经的魔术身世。

笔者田野调查得知,血社火幻术(魔术)的性质,最关键的机关在庙里完成,要绝对保密,而且几秒钟即成,天机不可泄露。

据说还要念咒语的,神乎其神呢。一般很难破解其中奥妙。就是装身子的人,据说也懵懵懂懂,自己也说不出个所以然来。难以理解的是,明明知道那些道具是假的,但就是把这假的作得这么逼真也是很有难度的。一个一尺来长的锥子,没有真的扎进脑袋,但要把它固定在头上,谈何容易? 一个小方凳,只有一个角的接触点,却要牢固地斜竖在脑门上,谈何容易? 平衡怎样去掌握? 难度不小呢。其神秘色彩可见一斑。①

第四,陇州社火协会编撰的、总字数达 75 万字的《陇州社火大典》(简称《大典》)没有收录血社火。按照前言所述,《大典》是陇县社火的集成之作,编写人员在两年时间里"翻山越岭,夜以继日,深入民间,拜群众为师,搜集资料,家访座谈,寻根问底,一丝不苟,笔记录音,拍照录像,反复琢磨,相互切磋,精心编写,九易其稿"②,真可谓呕尽心血。《大典》中收录了步

---

① 根据 2013 年 2 月 23 日在宝鸡陇县东南镇闫家庵参访 50 岁村民闫春林的录音整理。由于担心技艺外泄等问题,赤沙社火没有申报非物质文化遗产项目。闫春林说,尽管化装主要靠他,但"快活"属于村里组织的活动,村里凡是参加过演出的都知道其中的技巧。尽管如此,仍没有人泄密。许多人想知道其中的奥妙,均被婉言拒绝,包括中央电视台想拍化装过程,都未被准许。这背后的原因笔者认为绝非思想保守,而是潜意识包着着对技艺神圣性的尊崇。血社火的装扮过程和道具,是血社火的核心秘密,不对外人展示,而那些被用来"刺入"演员身体的刀、斧、剪刀等"七大凶器"更是核心中的核心。

② 阎铁太:《陇州社火大典》,陕西出版传媒集团 2013 年版,前言第 3 页。

社火、马社火和高芯社火并详尽介绍了制作工艺，但是，要按照社火要素——脸谱、曲谱、鼓谱分门别类，血社火注定不能归入传统的社火类型，编委会因之没有收录血社火。

## 二、血社火的演变：替身与目连文化

如果血社火仅仅是一种幻术，很难具备民俗意义上的群众基础。宋代以后，七圣刀法术及其仪式就自觉地融入汉族庙会，搬演《黑虎搬三霄》《三打祝家庄》《血溅狮子楼》等文学故事，演变成一个和汉族社火迥然有别的一种社火类型。在长期节庆表演中，血社火为汉族民俗活动所接纳，搬演《十八层地狱》《铡美案》《耿娘杀仇》《刺辽》《小鬼推磨》《锯裂分身》《王佐断臂》《阎王换头》《关公保皇嫂》，这个我们从今天的名称"血社火"便可得知。

一般社火中，镇魂祭祀、杀恶鬼除祟的宗教信仰活动和惩处恶鬼禳灾驱疫的傩仪合二为一。处死恶鬼完全以象征性的"替身"进行，处死后祭祀祖宗或神灵的凶鬼，其血肉成为贡品，分享这些贡品可以获得神的庇护，接受天赐福禄，不仅可保五谷丰登，也佑人万寿无疆。与一般社火不同的是，血社火中人们分享的是供神祭品牛和羊（其内脏作为道具，用来渲染血社火中内脏外翻的血腥残酷场景）。

为什么祭祀活动除了敬献牛、羊和鸡以外，还要以人来作为凶鬼的替身，象征性地剪除掉？笔者认为，除了以人为牺牲的原始祭祀仪式的文化孑遗之外，后世在发展过程中，血社火的表演除祆教信仰观念以外，还受到了丝绸之路沿线曾经流行的目连文化的影响。

祆教曾是中东最有影响的宗教，是古代波斯帝国的国教。流行于中古波斯和中亚粟特等地的"祆教"①奉《波斯古经》为教义经典。该教认为世界上有两种对立的本原，一种是善，其最高神是阿胡拉·玛兹达，即智慧或主宰之神；一种是恶，其最高神是安格拉·曼纽，即凶神。人死后，阿胡拉·玛兹达将根据其生时之言行，进行末日审判，通过"裁判之桥"送上天堂或投入地狱。② 祆教祭司是至上善神阿胡拉·玛兹达和祆教信徒之间唯一的媒介，整个祭司阶层在祆教传播和发展的过程中成了阿胡拉·玛兹达和琐罗亚斯德教的代言人。

　　另一方面，吐蕃占领敦煌后，粟特百姓纷纷皈依佛门，即姜伯勤先生所解释的"将佛似祆"的现象。③ 位于丝绸之路北线的陇县血社火也受佛教影响，把阿鼻地狱中的六道轮回之苦展示出来。根据调查的材料，血社火所在地都无一例外有寺庙，且香火很盛。陇县东南镇闫家庵和宝鸡赤沙镇三寺村都有寺庙，其中赤沙镇有"九寺三庵"且香火旺盛：

---

① 祆教曾是中东最有影响的宗教，是古代波斯帝国的国教。中国与波斯自古就有相互交往的传统，古老的丝绸之路打开了中国和波斯等地交往的大门，但随着陆地上丝绸之路的逐渐消亡和海上丝绸之路的兴盛，那些显示曾经相互交往和具有波斯宗教风格的遗迹就随着年代的久远逐渐湮没在历史的长河之中。但在远离中原地区的介休，却保留下来祆神楼这样一个遗迹，和万荣县的飞荣楼、秋风楼被称为三晋三大名楼。据姜伯勤先生考证，十六国石赵时期在山西出现的"胡天"祠，即是祆教之祆祠，山西是中土最早流传祆教的地方，亦是十六国石勒据有的地区，石勒及其羯胡来自中亚，石氏应为粟特人巨姓。从清版《介休县志》得知，石姓在介休时为大姓，而史姓则更有堡寨，石氏、史氏俱属粟特人之昭武九姓。从而证明在介休这块土地上至今仍有粟特人后裔，为介休祆神楼于宋庆历年的建造提供了可能。此外，今日所见的"祆神楼"虽为清康熙十三年所重修，但其木雕中有可能保存宋代初建祆神庙时的图像原型，因为这些木雕神兽像一般不见于其他寺庙，或亦反映了中亚粟特祆教崇拜动物的信仰。另考证介休祆神楼琉璃脊饰，其图像与山西明代及明清之际祠庙建筑的脊饰大体相同，但是，山西琉璃装饰工艺从总体上说，有抹不掉的西域因素。北魏向山西传来琉璃技术的是"大月氏人"和隋代负责琉璃技术的何稠是粟特人后裔，都是来自祆教流行地区的外来民族裔民。从介休祆神楼脊顶之畏兽型天神和胡服骑瑞兽琉璃塑像以及祆神楼琉璃饰件中常见的莨苕纹样来看，都有着浓郁的西亚波斯风格。姜伯勤：《山西介休示天神楼古建筑装饰的图像学考察》，载《文物》1999 年第 1 期。笔者有幸于 2013 年 8 月 8 日到介休祆神楼考察，该建筑群正在大规模规划修整。
② 班玛更珠：《比较宗教学视野中的本教、祆教与萨满教的宗教观念》，载《西北民族大学学报》2008 年第 1 期。
③ 陆庆夫：《唐宋间敦煌粟特人之汉化》，载《历史研究》1996 年第 6 期。

陈仓区赤沙镇三寺村是距离赤沙镇上4.5公里的一个行政村,四五个自然村。全村不到千口人。三四条山沟把不大的村子割裂得有些支离破碎。整个村子坐落在地势稍微平坦的半山坡上。山坡如一个硕大的手掌,掌跟是山地,五指是缓坡,指缝是沟渠。散乱在其中的农舍遍掩映在青山里,显得幽静。三寺村人以吴、任、付三大姓氏居多。吴姓算是一大血脉。因为自清代据说有三个寺院而闻名,所以叫三寺。这三寺与赤沙的另外六寺以及三庵合称为"赤沙九寺三庵",是香火旺盛的祭祀场所。

在民间,最为神秘恐怖的佛教地狱审判说对血社火的影响显而易见。敦煌讲唱《大目乾连冥间救母变文》(S. 2614)中,目连以善因证得阿罗汉果,他借佛力上天堂见到了父亲,但不见母亲。佛告目连:"汝母已落阿鼻,现受诸苦。"目连于是遍历地狱,亲睹其间惨状。目连来到奈河桥边,只见无数罪人,脱衣挂在树上,大哭数声,抱头啼哭,凄凄惶惶。牛头狱卒岸边厉声催促。至五道将军坐所,只见金甲明晶,剑光交错,千军万众簇拥的五道将军有雷霆之威,令人生畏。此处群鬼或有劈腹开心,或有面皮生剥。地狱之中,锋剑相向,血流成河。只见刀山白骨乱纵横,剑树人头千万颗。① 在民间说唱文学中,游地狱几乎成了实现伦理教化的最常见的善书母题。

张岱《陶庵梦忆》"目连戏"条,记录了明末目连戏的演出形态:

余蕴叔演武场搭一大台,选徽州旌阳戏子,剽轻精悍、能相扑跌打者三四十人,搬演目莲,凡三日三夜。四围女台百什座,戏子献技台上,如度索舞、翻桌翻梯、助斗蜻蜓、蹬坛蹬臼、跳索跳圈,窜火窜剑之类,大非情理。凡天神地祇、牛头马面、兔母丧门、夜叉罗刹、锯磨鼎镬、刀山寒冰、剑树森罗、铁城血懒,一似吴道子

---

① 钟海波:《敦煌讲唱文学叙事研究》,陕西人民出版社 2008 年版,第 128 页。

《地狱变相》，为之费纸札者万钱，人心惴惴，灯下面皆鬼色。①

明末江南徽班表演的目连戏中，"游地狱"一场"锯磨鼎镬、刀山寒冰、剑树森罗、铁城血懈"等诸般酷刑，与变文、变相描述一致，也和今天我们看到的秦腔《唐王游地狱》相似。

佛教和祆教的地狱观念中都有审判仪式，在血社火传统中，这一审判仪式转化为格斗、擒凶的搏杀场面。其目的在于通过杀死恶鬼祭奠、超度冤魂，镇抚被冤屈的亡灵。这种镇抚冤魂的祭祀成为驱疫禳灾的重要仪式。同时也把地狱判官砍杀"替身"（扮演被杀的凶鬼）的场面搬到了现世。② 在具体的展示上，演员的脸都被画成惨白，脸上布满了血痕，猩红的嘴唇像在流血。最恐怖的莫过于这些演员额头、身上被插上了剪刀、斧子、锥子，有的整个额头被菜刀劈开，血红的肉外翻，露出森森白骨，还不断地流血。裸露的伤痕，满眼望去都是血肉横飞的场面，让人不寒而栗。

血社火的降妖除祟仪式更具有视觉冲击力。其中"武松斗杀西门庆"武戏有两个阶段。第一个阶段武松赤手空拳，而打手们一个个手握家伙，有刀、剑、锥、铡刀、木屐、剪刀、榔头、镢头、镰刀、铁锨、斧头，龇牙咧嘴，凶神恶煞，大有把武松碎尸万段之势。

第二个阶段，武松最终一个个治服了打手，血刃西门庆，高举潘金莲，准备把潘金莲摔入酒缸。整个过程，仪式地再现了武松威武不屈，为大哥报仇雪恨的决心和气概。西门庆的家丁，一个个面如死灰，鲜血淋漓，所有的家伙全都砸在了自己的脑袋或肚子上，刀、矛更是真的。石秀、张青、扈三娘等人打败了祝家庄头领庄丁，败下阵来的人进入之前围好的简易化妆间，很快人就出来了，额头、眼睛、腹部被"扎"入了剪刀、斧子、菜刀、锥子、铡刀等凶器，惨不忍睹。

宝鸡陇县闫家庵和赤沙镇的"扎快活"通过血腥残忍的视觉冲击，直观地展示了镇压邪魔和鬼祟的主题。经过审判，揪出凶鬼，"残酷"地镇压

① 张岱：《陶庵梦忆·西湖梦寻》，马光荣点校，中华书局 2007 年版，第 72 页。
② 宝鸡赤沙镇三寺村血社火有"狮子楼""十八层地狱"。

了为非作歹的凶鬼后,祈福纳吉、禳灾除祟,来年风调雨顺的好年景才有盼头。

### 三、血社火的历史：血社火曾经广泛分布

可以这样说,社火和仪式戏剧都源于"擒妖"的原始宗教信仰,继而发展为降妖伏魔的仪式。[①]血社火较为完整、全面地保存了社火除祟娱神的民俗特点,虽然和今天祛魅及意义翻转后娱人的春节气氛不相协调,但是和其他社火一样,血社火的宗教祭祀渊源注定了它的内涵在于禳灾除祟的驱傩仪式,因之具有先天的民间性和群众基础。许多群众都直言不讳地表达了自己参与血社火以求取"一年顺境"的心理愿景:

农村人有讲究,装了社火一年就顺境。咱这村子的人都想叫娃娃伙装社火哩。[②]

装上一回社火,娃娃全年就无害无灾,不害病、不感冒。[③]

有种说法是说,娃们家装过社火后一年就顺利。我两个娃都没有装过。想去装哩,人多得很,争不上。

该村社火会成员李广才也讲到,群众认为在社火中参与表演会"倒殃运",即驱除霉运,带来好运。[④]

记得有年正月十五,我的堂妹也摩拳擦掌,跃跃欲试,一心想过把社火瘾,自然我也有此想法。于是,她拉上我去村委会装社火。堂妹长得俊俏可人,天生活泼大方、快人快语。她叽叽喳喳地对社火总管说:"大叔,我要装皇帝!"想不到,总管大叔定睛看

① 山西队戏《关公战蚩尤》、莆仙傀儡偏北斗戏潮剧《鲤鱼跳龙门》、粤剧例戏《祭白虎》、弋腔破台戏《煞神灵官捉女鬼》、"目连戏"《刘氏逃棚》都呈现同一个母题"擒妖"。参见容世诚:《戏曲人类学初探:仪式、剧场与社群》,广西师范大学出版社2003年版。
② 根据2013年2月22日采访录音整理。吴改妙,女,3组,47岁。
③ 根据2013年2月22日采访录音整理。吴德田,男,1组,53岁。
④ 根据2013年2月22日采访录音整理。吴启翠,女,2组,出嫁到闫家庵。

了看她,"扑哧"一笑说:"你是雀儿撒——戴不了王帽!"…… 装社火没有分文报酬,都是自愿的,但是就为争抢一个满意的社火角色,像堂妹这样的铁杆社火迷,倒是煞费了苦心,图的就是个热闹劲。如今,已远嫁到省城的堂妹每年如约都要回家看社火,我知道,社火里深藏着我们童年诸多美好的记忆。①

血社火在近古曾经分布广泛,据村民讲:

> 那些老上年的人都知道,我爷爷说他碎碎(小时候)还见过各道四处都有血社火,大家也不觉得有啥稀奇,今个还真稀有得很。②

由于祭祀活动经历由远古娱神到近代娱人的祛魅和世俗变迁,在全国范围内,只有安徽贵池农村在春节、元宵节的祭祀中,在祭神同时还保留了孤魂祭祀"新年斋"。

在过去,杀人祭鬼不是什么稀奇事,在《左传》中常有用人血、人耳祭神的"衅鼓"和"衅钟"记载。并且这种祭祀在唐代以前还普遍流行,到了宋代还残存着,在北宋到南宋几百年的时间里,可以看到包括川、陕、湖、广甚至江浙,都有关于杀人祭鬼的报告。

一种方法是埋伏在草里等过路人,最好是等到知识分子,抓去杀掉。第二种方法是从外地抓小孩或妇女。第三种方法是把人的四肢和耳朵割下来卖给别人拿去祭祀。《宋会要辑稿》中的《刑法二》中有很多例子。因为《宋会要辑稿》是散佚重辑的东西,并不一定很全,而且这是在政府发布禁令之后,可见,在没有发布禁令时这种现象会更多。在这之外,还有一种情况,是把杀了的人埋到土里"沉埋";还有的为了自己能成为神,杀过人后自杀,叫作"起伤"。当地人还要给这些人修起伤之庙。而这些现象居

---

① 阎铁太:《陇州社火大典》,陕西出版传媒集团 2013 年版,第 577 页。
② 根据 2013 年 2 月 24 日在宝鸡赤沙镇参访 78 岁村民冯德胜的参访录音整理。

然会发生在文化教育很发达的浙江。到明清两代,官方法令里仍有禁止采生折割、杀人祭鬼的内容,但在史料里面很少看到真正杀人祭鬼的行为了。①

以血献祭的丰穰仪式为文化根基,以"七圣刀"幻术为表现技艺的血社火,由于历史的际遇和文化的融合,发展演变成一种独具宗教文化传统的社火类型,因为仪式的祛魅和禁忌的世俗化演变,至今仅保留在宝鸡陇县东南镇闫家庵村、宝鸡赤沙镇,渭南蒲城县、合阳县、大荔县溢渡村、兴平汤坊乡等偏远的地区。

226

---

① 葛兆光:《思想史研究课堂讲录:视野、角度与方法》,生活·读书·新知三联书店 2005 年版,第 216 页。

下编

文学人类学与物叙述

# 论纪念碑性玉器的文化编码

## 引　言

　　正像 20 世纪 60 年代的原子弹、氢弹和航空母舰,七八十年代的航天飞机和空军预警机,今天的隐形无人战略轰炸机一样,一个时代必然有集新观念、新材料、新规范为一身的象征性资产,它在大传统的文化编码中具有原初特点,我们把它称之为"纪念碑性编码"。作为"纪念碑性"编码的这些"物"都是人类历史上的象征性资产。远古时代这些象征性资产的所有者,在祭祀仪式上获得与祖先、天地沟通的身份。所以政权对资源的有效控制意味着特殊身份的确立和对政治权力的垄断。①

　　文献记载,在华夏早期,大禹和他的儿子启铸造九鼎,象征正统王朝权力更替。公元前 605 年,楚王挥师至东周都城洛阳附近,周王派大臣王孙满前去劳师,而楚王则张口就问"鼎之大小、轻重"。这一看似漫不经心的

---

① 这中间的分化有一个过程,原始部落借助祭祀与巫术,沟通天地,以求消灾辟邪。其后人群分出等级,沟通天的权力被垄断在少数人手里,天地交通断绝。就是说,此时唯有控制法器的人,才能施行有效统治。巫或者是宫廷要员,或者就是帝王自己。参见张光直:《美术、神话与祭祀》,郭净译,生活·读书·新知三联书店 2013 年版,第 55、75 页。

提问引发了王孙满一段非常著名的回答。《左传·宣公三年》这样写道：

> 在德不在鼎。昔夏之方有德也，远方图物，贡金九牧，铸鼎象物，百物而为之备，使民之知神、奸。故民入川泽山林，不逢不若。螭魅罔两，莫能逢之，用能协于上下，以承天休。桀有昏德，鼎迁于商，载祀六百。商纣暴虐，鼎迁于周。德之休明，虽小，重也。其奸回昏乱，虽大，轻也。天祚明德，有所底止。成王定鼎于郏鄏，卜世三十，卜年七百，天所命也。周德虽衰，天命未改，鼎之轻重，未可问也。[1]

方国时期如此，在酋邦时代已经如此。张光直认为，古代中国的连续性文明，其演进是建立在对一项或几项战略性资源及其空间的控制基础上的，以此为契机集聚纪念碑性无形资产和象征性装备，获得认同性凝聚，"以集聚手段的方式来达到占有手段的目的"。[2] 秦始皇统一中国后，曾令玉工雕琢过一枚皇帝玉玺，称之为"天子玺"。据史书记载，此玺用陕西蓝田白玉雕琢而成，螭虎钮，一说龙鱼凤鸟钮玉玺，上刻文是丞相李斯以大篆书写的"受命于天，既寿永昌"八字。传国玺自问世后，就开始了富有传奇色彩的经历。传说公元前219年，秦始皇南巡行至洞庭湖时，风浪骤起，所乘之舟行将覆没。始皇抛传国玉玺于湖中，祀神镇浪，方得平安过湖。8年后，当他出行至华阴平舒道时，有人持玉玺站在道中，对始皇侍从说："请将此玺还给祖龙（秦始皇）。"言毕不见踪影。传国玉玺复归于秦。秦末战乱，刘邦率兵先入咸阳。秦亡国之君子婴将"天子玺"献给刘邦。刘邦建汉登基，佩此传国玉玺，号称"汉传国玺"。此后玉玺珍藏在长乐宫，

---

① 《墨子·耕柱篇》也记载了九鼎故事：昔者夏后开使蜚廉折金于山川，而陶铸之于昆吾；是使翁难雉乙卜于白若之龟，曰："鼎成三足而方，不炊而自烹，不举而自臧，不迁而自行。以祭于昆吾之虚，上乡！"乙又言兆之由曰："飨矣！逢逢白云，一南一北，一西一东，九鼎既成，迁于三国。"夏后氏失之，殷人受之；殷人失之，周人受之。夏后殷商之相受也，数百岁矣。使圣人聚其良臣，与其桀相而谋，岂能智数百岁之后哉？而鬼神智之。

② 张光直：《美术、神话与祭祀》，郭净译，生活·读书·新知三联书店2013年版，第131、89页。

成为皇权象征。西汉末王莽篡权,皇帝刘婴年仅两岁,玉玺由孝元太后掌管。王莽命安阳侯王舜逼太后交出玉玺,遭太后怒斥。太后怒中掷玉玺于地时,玉玺被摔掉一角,后以金补之,从此留下瑕痕。王莽败后,玉玺几经转手,最终落到汉光武帝刘秀手里,并传于东汉诸帝。东汉末,十常侍作乱,少帝仓皇出逃,来不及带走玉玺,返宫后发现玉玺失踪。旋"十八路诸侯讨董卓",孙坚部下在洛阳城南甄宫井中打捞出一宫女尸体,从她颈下锦囊中发现"传国玉玺",孙坚私自收起玉玺,并未拿出。不料孙坚军中有人将此事告知袁绍,袁绍闻之,立即扣押孙坚之妻,逼孙坚交出玉玺。后来袁绍兄弟败死,"传国玉玺"复归汉献帝。一般来说,后唐李从珂之后,传国玉玺就已经失踪,之后的都是伪造的。

从二里头开始,对神圣青铜礼器的生产和分配权力的掌控诞生出了以鼎为象征的对王权的象征性编码——九鼎。九鼎至此不仅仅标志某一特殊政治权力,同时也是神话政治权力的象征。传说中九鼎的拥有正好与三代的更替相吻合,因此九鼎的迁徙成为天命历史演进的象征性事件。①

理性时代,国家为了能够形成族群认同,必须动用族徽等象征物来凝聚人民,通过保护本族群英雄的史迹、文物遗产、战争的战场、名人故居等纪念碑性遗产让民众耳濡目染,认同其精神和生活方式。美国学者杰克逊说,对于国家的象征性,有纪念碑意义的东西可以是高耸矗立的建筑,"它可以是一块未加工的粗糙石头,可以是诸如耶路撒冷断墙的残块,可以是一棵树,或是一个十字架"②。

## 一、纪念碑性玉器的编码想象

是信仰的力量,让四千年来这条横贯东西的人类文明大通道风雨无

---

① 巫鸿:《九鼎传说与中国古代的"纪念碑性"》,载《美术史研究》2002 年第 5 期。收入巫鸿:《中国古代艺术与建筑中的"纪念碑性"》,李清泉、郑岩译,上海人民出版社 2008 年版。

② J. B. Jackson, *The Necessity for Ruins and Other Topics*, Amherst: The University of Massachusetts Press, 1980, pp. 91,93.

阻。在信仰的世界里,青金石、田玉石、黄金曾经被东西不同文明视为"圣物"。但直到新石器时代,美玉才真正从美石中脱颖而出,成为东亚大陆先民的珍宝与圣物。据不完全统计,中国版图内已发现新石器时代文化遗址7000余处,辽河流域(兴隆洼、查海—赵宝沟—红山—小河沿—夏家店下层等),黄河下游(后李—北辛—大汶口—龙山等)、黄河中上游(仰韶—庙底沟二期—豫陕晋龙山文化,甘青马家窑—齐家文化),江淮地区(北阴阳营—薛家岗—凌家滩)、长江下游(河姆渡—马家浜—崧泽—良渚)、长江中游(大溪—屈家岭—石家河文化)、珠江流域(石峡文化),皆发现或多或少玉器。而中原文明核心文化区玉礼器体系与玉德观,实为东方系(含南方系)玉教信仰和技术与西北玉料共同铸就的。

有神话信仰的支撑,对这些战略资源加工、生产技术和原料产地的垄断和控制,极易造就一个政教合一的统治性族群。该族群的"族徽"往往就镌刻在用垄断技术生产的战略性产品上。从这个意义上讲,良渚玉琮上的"族徽"不仅展示了一种神圣观念,更是垄断性加工技术和神圣材料的三位一体。

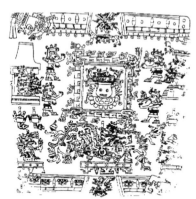

图17　良渚文明的图徽

各式各样的饕餮纹样及以它为主体的整个青铜器其他纹饰和造型,特征都在突出这种指向一种无限深渊的原始力量,突出在这种神秘威吓面前的畏怖、恐惧、残酷和凶狠……它们之所以具有威吓神秘的力量,不在于这些怪异动物形象本身有如何的威

力,而在于以这些怪异形象为象征符号,指向了某种似乎是超世间的权威神力的观念……①

图 18　古代镇鬼面具(漳州年画)

　　玉器作为连续性中国文明大传统的原型编码,它的形成经过了漫长的文化认同和迁转过程。欧洲早期的伊比利亚半岛遗址就可以看到硬玉和黑曜石的身影,当时只不过和黄金、象牙、绿松石等一样被看作是尊贵和等级的象征。②也许是石头能让死者的灵魂寄居并抗拒死亡的神话信仰,欧洲早有墓地使用巨石和巨石纪念碑的传统。③北欧 13 世纪的《沃尔松格传奇》和同时期的日耳曼诗作《尼伯龙根之歌》,19 世纪冰岛瓦格纳指环系列歌剧《尼伯龙根的指环》中,都把珠宝和武器等金属物品看作是神奇法力的代表,它的制作需要熔炼、铸造、锻制等特殊技巧。人们认为,金工匠师拥有随意让物质变化外形的能力,也像洛奇和欧特一样,有能力改变自己的外形。当统治者将佩剑或戒指赠送给某位下属时,这些东西被视为意义重大的礼物。拥有这类物品的人暗自相信它们具有的力量,这些力量能

①　李泽厚:《美的历程》,文物出版社 1981 年版,第 36—37 页。
②　戈登·柴尔德:《欧洲文明的曙光》,陈淳等译,上海三联书店 2008 年版,第 110、116 页。
③　米尔恰·伊利亚德:《神圣的存在:比较宗教的范型》,晏可佳、姚蓓琴译,广西师范大学出版社 2008 年版,第208 页。

增加他们的勇气、力量与坚忍的耐力,而这些特质都是战争中重要的制胜要素。在冶金时代,古埃及人用黄金加青金石这些最匮乏的材料来铸造图坦卡蒙法老像,其表达的宗教信条即是如此。

不是人种血统或生产方式,而是文化观念维系了古老的华夏传统。在世界四大文明体系之中,几大文明古国都曾以"美丽石头"如黑曜石、青金石、绿松石、玉石为神圣象征物。詹·乔·弗雷泽认为,"神或其他威力无比的神灵寄居在石头之中,这种观念并非古代希伯来人独有,许多地方的许多民族都有这种观念。古代阿拉伯人就崇拜石头,甚至在伊斯兰教的影响下,麦加的黑色石继续在其宗教的中心圣地的祈祷中占据重要地位"[①]。对这些未经雕琢的巨大石头的崇拜,人们可以在一些人工建造的史前墓石牌坊和环形列石上找到解释。世界上没有哪种迷信比它更为长久。我们发现,公元前452年的亚尔会议,声讨那些"崇拜树木、井以及石头的人",查理曼大帝(Charlemagne,742—814)也同样开展过这种声讨活动。[②] 如通常理解的那样,先知以赛亚或后来以他的名义行世的著作,都指责喜欢偶像崇拜的希伯来人,因为他们崇拜干燥的石沟里被水侵蚀过的平滑砾石,在上面泼上奠酒并献上牺牲物。

随着文明的步伐,其他几大古文明如古埃及、古巴比伦、古印度和古希腊都转而以黄金为至高价值符号象征物和意识形态基础,唯有中国这一连续性文明,在形成玉石崇拜之后,以玉石为至高价值象征物和意识形态基础的思维延续至今。具体地说,信仰时代的中国,从公元前8000年开始,随着玉神观的跨文化认同的形成,对这种自然矿物质的跋险涉难的追寻和群落间的争夺,便演变成对社会控制力和意识形态掌控权的争夺。华夏神话之根是玉石神话及由此而形成的玉教信仰,于是在广袤的地理空间均出土了大量的类型相似、材质相近的玉器。这在世界文明史上也是非常独特的现象。叶舒宪教授在新著的《金枝玉叶》中这样写道:

① 詹·乔·弗雷泽:《〈旧约〉中的民间传说:宗教、神话和律法的比较研究》,叶舒宪、户晓辉译,陕西师范大学出版总社有限公司2012年版,第247页。
② 托马斯·威廉·黑曾·罗尔斯顿:《凯尔特神话传说》,西安外国语大学神话学翻译小组译,黄悦、王倩校译,陕西师范大学出版总社有限公司2013年版,第36—37页。

玉石神话所铸就的意识形态,包括以玉为神、以玉为天体象征、以玉为生命永生的象征等概念要素,以玉祭祀神明和祖灵的巫教仪式行为;崇玉礼玉的传说故事;由玉石引申出的人格理想(玉德说)和教育学习范式(切磋琢磨);以佩玉为尚的社会规则(君子必佩玉)……以上方方面面通过文化传播和互动的作用,不仅建构成中原王权国家的生活现实,而且也成为中原以外诸多方国和族群的认同标的……①

　　国内目前最大的史前遗址,石峁遗址被认为是西玉东输的重要中转站,遗址出土了大量形制多样、色彩绚丽的玉器,有黑、青黄、红、深绿、碧绿、紫、灰、白诸色,玉质温润缜密,光泽灿然,晶莹可爱。石峁玉器器形大、种类多、工艺精、形制规范、边缘整齐、制作水平高,学者认为,显示了高水平的"开料"技术。② 可以毫不夸张地说,四千三百年前,中国人对这种象征性资产和编码符号的玉器的精微加工工艺,绝不亚于埃及金字塔建筑工程难度。

## 二、大传统编码中的纪念碑性玉器的三种类型

　　张光直、孙作云等著名学者不约而同地认为,中国古代文明是所谓萨满式的文明,该信仰曾经遍布亚洲北部和中部乃至欧洲北部、北美、南美和非洲,是最主要的世界性信仰。这也是中国古代文明最主要的一个特征,其表现特征如下:

　　(1)信仰万物有灵的观念。

　　(2)把世界分为天地人神等层级。

　　(3)在古史发展的不同阶段,沟通神祇要巫觋依靠三种灵媒来完成:

---

① 叶舒宪:《金枝玉叶——比较神话学的中国视角》,复旦大学出版社2012年版,第29页。

② 也许长期的冶金冶玉的技术都积淀在"金科玉律"四个字之中了。

一是动植物及神山(高山、树木、龟策、各种动物);二是人造物,如通天塔、鼎、玉璧、玉琮等礼器;三是图画、文字等。[1]

一般认为,复杂社会的政治经济体系被划分为两个基本类型:以控制财富为主的财政结构和以控制基本物品生产为主的财政结构。前者指贵族控制贵重物品的开发和生产,用其交换日用品,并将其作为等级象征物进行再分配这样的经济体系,目的在于加强不同集团领导之间的联盟,吸引并建立和众多弱小集团领导之间的个人依附关系。后者则指控制一般经济生产的剩余产品的流动,以便供养贵族集团。[2]

中国史前文明中出土的人造物——"玉器"是史前巫教的杠杆和巫术的物化,均属于"巫玉神器"。作为象征性资产,玉器是萨满通神活动的媒介,其制作流程是邦国王权掌控的"绝密档案",早期复杂社会通过控制战略资产的原料开采和加工工艺,使之构成文化大传统的核心编码,它影响了中华民族的精神气质和价值观念。《竹书纪年》卷上也讲到夏启举行礼仪活动的一个特殊场所是玉石装饰的高台:"帝启,元年癸亥,帝即位于夏邑。……大飨诸侯于璿台。""璿台"亦作"璇台"或"琁台"。不论是"璿"字,还是"璇"字,本义皆为美玉。《文选》王元长《曲水诗序》云:"至如夏后二龙,载驱璿台之上。"李善注引《易·归藏》曰:"昔者夏后启筮享神于晋之墟,作为璿台于水之阳。"[3]

经过反复分析,笔者大胆设想,从大、小传统划分,巫玉信仰造就的玉

① 张光直:《美术、神话与祭祀》,郭净译,生活·读书·新知三联书店 2013 年版,第 132—135 页。

② 刘莉:《中国新石器时代:迈向早期国家之路》,陈星灿、乔玉、马萧林等译,文物出版社 2007 年版,第 227 页。

③ 《今本竹书纪年疏证》(卷上),见《古本竹书纪年辑证》(修订本),方诗铭、王修龄校注,上海古籍出版社 2005 年版,第 213 页。

石之路上的纪念碑性玉器的象征物①,其编码大致经过了前仰韶时代以玉璜(玉玦)为代表,仰韶时代以玉钺、玉璧为代表,龙山时代玉琮(玉璋、玉圭)为代表的三个阶段、三种核心类型。②

玉璜是玉教信仰中通天虹桥、天桥的象征物。玉璜,其祖型或许源自兴隆洼文化的玉弯条形器(勾玉)。浙江萧山跨湖桥遗址第三期文化遗存(距今约七千年至七千两百年)出上迄今最早的南方玉璜,余姚河姆渡文化遗址(距今约五千三百年至七千年)出土较多的玉璜,其中第一、二期数量最多。③ 此后的两千五百余年里,长江下游三角洲区域始终是玉璜出土数量最多、分布范围最集中和形制最多样的区域。其中南京北阴阳营遗址(距今约五千五百至六千年)、含山凌家滩遗址(距今约五千二百至五千三百年)、余姚良渚遗址(距今约四千三百至五千三百年)又是其中三大极盛之地。

参照《山海经·大荒西经》的叙事,可知玉环、玉璜皆为沟通天人之际的神圣媒介物,与龙的功能类似。甲骨卜辞中也有"虹饮于河"的记录。甲骨学家于省吾进一步指出:虹与古玉璜形亦相似。④ 在于省吾做出虹、龙、璜三者相似的判断时,其主要的实物依据是考古关于中国文明诞生以前的文物图录。此后的考古发现表明,玉璜制作和使用的历史悠久,绝非仅限于商周时代。

《山海经·海外西经》云:"大乐之野,夏后启于此儛九代,乘两龙,云

---

① 古方参照考古资料与和田玉矿分布,修正了杨伯达的路线,他重构的"玉石之路"路线为:和田向东,沿塔里木盆地南缘和东南缘到达今敦煌玉门关,再沿祁连山至甘肃中部向东经宁夏、内蒙古南部、陕西北部进入山西。沿途的起中转作用的是自西而东依次衔接的齐家文化(距今约4200—3800 年)、新华文化(距今约4150—3900 年)和陶寺文化(距今约4600—4000 年)。雁门关是从公元前20 世纪前后至战国时期,玉石之路的必经之地,而陶寺是进入中原的第一站,夏王权的建立是和田玉进入中原的动力。古方:《对玉石之路形成时间和路线的一些认识》,载《考古与文物》2004 年增刊。

② 笔者认为玉璧和后代出现的玉璜等玉佩形器都是人佩戴的辟邪和比德玉器,故作此分类。

③ 浙江省文物考古研究所:《河姆渡——新石器时代遗址考古报告》,文物出版社 2003 年版。

④ 于省吾:《甲骨文字释林》,中华书局 1979 年版,第5—6 页。

盖三层。左手操翳,右手操环,佩玉璜(郭璞注:半璧曰璜)。在大运山北。一曰大遗之野。"①从八千年的玉文化大传统看,玉璜出现最早。2007年在安徽含山县凌家滩发掘出土的第23号墓(M23),呈现了五千三百年前一位部落领袖佩玉实况:左右手各10个玉镯,身体上有大量玉璜,共计300多件玉器。四千年前玉环玉璜皆为邦国首领沟通天人之际的神圣媒介,与龙的功能类似。《尚书·周书·金縢》一篇讲到周公用玉礼器祭告祖神的情形,可作为当时的仪礼素描图看:

> 既克商二年,王有疾,弗豫。二公曰:"我其为王穆卜。"周公曰:"未可以戚我先王。"公乃自以为功,为三坛同墠。为坛于南方、北面,周公立焉。执璧秉圭,乃告太王、王季、文王。史乃册,祝曰:"惟尔元孙某,遘厉虐疾。若尔三王,是有丕子责于天,以旦代某之身。予仁若考,能多材多艺,能事鬼神。乃元孙不若旦多材多艺,不能事鬼神。乃命于帝庭,敷佑四方,用能定尔子孙于下地,四方之民罔不祗畏。呜呼!无坠天之降宝命,我先王亦永有依归。今我即命于元龟。尔之许我,我其以璧与珪,归俟尔命;尔不许我,我乃屏璧与珪。"乃卜三龟,一习吉。启籥见书,乃并是吉。②

三千年后的人们还能从中看到姜太公从天赐玉璜中得知天意与天命的淡定和从容。

国之大事,在祀在戎,玉钺是酋邦武装力量的替代物。人类精神文化的生产是以暴力和边缘控制为支撑的,从历时性上,和玉琮、玉璧相比,玉钺在行政权力的有效性方面,价值更具根本性。玉钺来自石斧,并很快从武器演变为礼器,成为权力和威严的替代物,因之成为早期武装力量的编

---

① 袁珂:《山海经校注》,上海古籍出版社1980年版,第209页。
② 阮元:《十三经注疏》,中华书局1980年版,第196页。

码象征物（见图19）。① 大约在距今约五千五百至六千年间，西辽河流域、黄河中下游、长江下游地区出现制作精细的玉石钺。距今四五千年间，黄河中游、长江中游、东南地区相继出现精细玉石钺。尤以长江下游地区良渚文化遗址出土数量多而精，黄河下游

图19　河南荥阳王村乡苌村东汉墓壁画

次之，黄河中游地区主要集中于陶寺、石峁、灵宝西坡等少数遗址，但却量多质优。②

　　董仲舒在《春秋繁露》中认为"王"的古义就是参通天地的"圣者"："古之造文者，三画而连其中，谓之王。三画者，天地与人也，而连其中者，通其道也。取天地与人之中以为贯而参通之，非王者孰能当是？"③ "王"字的甲骨文本义意见颇杂，或认为"王"字意为"盛""大"，或认为"王"为"往"文，或认为"王"字像男性生殖器之形，或认为"王"字像冠之形，或认为"王"字端坐之形，或认为"王"字像斧钺之形。④ "王"字像斧钺之形之说有更多的考古遗存做支持。藏于上海博物馆的一件二里头青铜钺用绿松石了两个同心圆，外圈布列的十二枚绿松石象征十二个月，内圈六枚绿松石有阴阳历月之意。⑤ 这件青铜钺象征王者垄断天文历法，垄断地天之通，这也是王者的权力之源。

　　那些手握大权的氏族显贵们将钺等某些器形神化，他们持豪华玉钺做"权杖"，显示自己的权势。或许他们就是部落联盟的酋长，这些特权者往

①　高蒙河：《史前玉器中所见祭坛状遗存》，见杨建芳师生古玉研究会编著：《玉文化论丛3》，文物出版社2009年版，第169页。

②　杨晶：《中国史前玉器的考古学探索》，社会科学文献出版社2011年版，第185—192页。

③　苏舆：《春秋繁露义证》，钟哲点校，中华书局1992年版，第328—329页。

④　朱彦民：《从甲骨文"王"字看帝王观念的起源》，载《中国社会科学院院报》2008年1月31日第3版。

⑤　冯时：《〈尧典〉历法体系的考古学研究》，载《文物世界》1999年第4期。

往集军、政、巫权于一身,每逢部落或是方国之间有外事活动,玉钺便被用来做仪杖的礼器,在祭祀祖先或进行某项重大活动时,以示庄重威严或其神秘性,并以此来降神、驱邪、赐福。在讲述特洛伊遗址二期的青铜文化层时,柴尔德提到与铜器同时出土的有精致的石器和玉器:最精致的石制武器是产自珍宝L期的磨制与装饰精美的绿玉斧。斧柄末端装有水晶球。它们一定是权威的象征。[①]

玉璧是"六器"中逐渐统一的礼天标准器,又是国家之于社会的人格德操的象征物。四千多年以前的墓葬中大量陪葬玉璧,在浙江余杭的良渚文化遗址中,环形玉璧已经成为最有代表性的玉器形制。[②] 仅反山墓地的11座墓葬中就出土了玉璧125件。而反山第23号墓,或许是埋葬着当时的部落领袖,堆放着54件玉璧。如此集中地使用玉璧,已经超出了任何文献的记载。其所用的玉材以青玉居多,有少量黄玉。一般十余件堆放成一叠,分布在墓主的头或脚边上。

从四川巫山、简阳等地出土的石棺可了解玉璧的祭祀功能。在这些出土的石棺与铜牌上,刻着祥云瑞雾环绕的双阙,阙的正中赫然刻着一个玉璧,在玉璧的上方刻着汉隶"天门"二字。天门之中端坐着西王母,天门双阙的四周,环绕着苍龙、白虎、朱雀等瑞兽,其形制、排场与温庭筠《元日》诗所谓"威风跄瑶簾,升龙护璧门"的意境相同。甲骨卜辞"王乍(作)邑,帝若(诺)? 王乍(作)邑,帝弗若(诺)?"记录了殷商王朝修筑宫殿前的祭祀仪式上的占辞,而殷墟商王建筑——安阳小屯宫殿基础下瘗埋的玉璧说明,动工前的祭仪上,确有"植璧秉圭"一类的祭祀程序。祭祀完毕,卜著为吉,即确定了上帝的允诺。此后,殷人即把玉璧一类礼器献给天帝——埋在了选中的王宫基址之下。

《周礼·春宫·大宗伯》说:"玉作六器以礼天地四方。以苍璧礼天,以黄琮礼地,以青圭礼东方,以赤璋礼南方,以白琥礼西方,以玄璜礼北

① 戈登·柴尔德:《欧洲文明的曙光》,陈淳、陈洪波译,上海三联书店2008年版,第52页。
② 周膺、吴晶:《中国5000年文明第一证:良渚文化与良渚古国》,浙江大学出版社2004年版。

方。"①可见璧是与天神对话的瑞信之首。《尚书·周书·金滕》记载,周公与天通话的媒介主要有二:一是璧,二是圭,叫作"植璧秉圭"。也就是把璧树立在祭坛上,手执着上圆下方的玉圭与天神对话。在祝辞结尾前周公说:"尔之许我,我其以璧与珪,归俟尔命;尔不许我,我乃屏璧与珪。"②

中国古文献明确记载,天门与玉璧之间有象征性对应关系。《楚辞·九歌·大司命》中大司命居于天门之中:"广开兮天门,纷吾乘兮玄云。"天帝的宫廷常被称为"紫微宫",天门则为"紫微宫门",如高诱注《淮南子·原道训》:"天门,上帝所居紫微宫门也"。古籍中"天门"可与"璧门"互相置换,可见其已成为天门之象征。这就是玉璧在祭祀中如此神圣的文化观念基础。当人们在祭坛上树起玉璧的时候,在观念上即已把它视为天门的象征。在追求升仙的古人眼中,穿过玉璧高悬的璧门,才算达到天国的境界,这就是古墓葬中随葬玉璧的真正目的之所在(见图20③)。

图20　重庆巫山县出土东汉鎏金铜牌饰
标本 A3 门阙中央玉璧上书"天门"二字

列维－斯特劳斯认为,文化象征来源于极古老的文化传统,远古的巫术、神话、宗教、民俗、信仰,往往是文化象征的源头。古代生活在一个活的宇宙中的人,是活的仪式宇宙的一部分,人与宇宙是一体的,不是分裂的、分化的和异化的,世界的结构就是一个巨大的象征体,是有生命的、有神性的存在物。上古祭祀时立璧于坛是一种象征,旨在以此为媒介,建立与天的联系。祭祀之后,玉璧既是对天的贡物,同时,又是天与天意的神话象征

---

① 李学勤:《十三经注疏·周礼注疏》,北京大学出版社 1999 年版,第 478 页。
② 王云五:《尚书今注今译》,屈万里注译,台湾"商务印书馆"1969 年版,第 85 页。清华简《金滕》作:尔之许我,我则以璧与珪。尔不我许,我乃以璧与珪归。(5 号)
③ 重庆巫山县文物管理所、中国社会科学院考古研究所三峡工作队:《重庆巫山县东汉鎏金铜牌饰的发现与研究》,载《考古》1998 年 12 期。

物,代表天的意志。殷商人以之为天的允诺,埋之于宫殿下以作对天的回报,等等。这些都说明,玉璧通天、象天的意义在三代民俗中是显见的。联系到红山文化、良渚文化等原始文化在墓葬中大量随葬玉璧,其风俗作为观念、寄托的意义与汉以后一脉相承(见图21)。

玉琮和九鼎一样是早期王权意识支配下祭祀用象征性法器①,《周礼》有"以苍璧礼天,以黄琮礼地"的记载。玉琮可以说是华夏王权"六器"中最神秘难解的玉器,它最早出现在距今五千三百年左右的长江下游地区,集中见于良渚文化遗存中。大体而言,玉琮自长江下游发源,向东溯江而上至长江中游的两湖平原和长江上游的成都平原;向北穿越黄淮一带,逆黄河而上至中原和西北的齐家文化。其中晋南的清凉寺、陶寺与陕北石峁充当着重要的中转站作用。就玉文化西渐的最远端齐家文化玉器体系而言,有学者认为存在着重璧轻琮的取向。

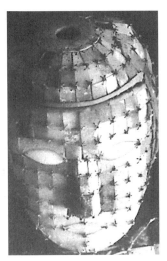

图21　河北定州中山王刘焉墓玉衣(头顶为玉璧)

从器形上看,玉琮兼具天圆(玉琮的内孔)和地方(玉琮的外截面)两种特点,应该理解为是继玉斧之后的又一个时代的元编码。而这种编码背后是早期王权的政治控制意识,通过对集财富、资源和技术三位一体的纪念碑性器物及其制作工艺的控制,从而控制整个意识形态话语权力。玉琮和玉璧、玉圭、玉璋、玉璜、玉琥合称为"六器",在良渚文化、陶寺文化、石峁文化、齐家文化中形制虽异,但都不可或缺,是统治阶级祭祀苍茫大地的礼器,也是巫师通神的法器。良渚文化大墓出土的玉琮、玉璧,主要存在于反山墓地、瑶山墓地和寺墩墓地。反山墓地共出土玉琮21件,其中M12出土最多,达6件。死者生前双手秉握玉琮进行奉祭,说明玉琮具有祈祷

---

① 笔者认为,九鼎神话的产生是周代用鼎制度形成后建构出来的,这时候玉石神话的意识形态垄断地位已经被青铜器及其冶炼技艺所动摇。

神灵保佑的功能,应是一种法器。而死者入葬时仍作双手秉握玉琮进行虔诚奉祭的姿势,这在"灵魂不死"的史前时代,显然也是在祈求神灵保佑,具有禳灾祈福、镇墓压胜的功能。后来逐渐转化成"权力与财富占有者象征性编码"。①

## 三、纪念碑性玉器编码及其空间象征

玉教信仰认为玉石中蕴藏着神秘的灵力,可达起到辟邪、禳敌的功能,这是其作为象征性资产的观念基础。陕北石峁遗址的发现,在一定程度上进一步坐实了有别于希腊的中国文明起源的纪念碑性编码,即包括文字,象征性器物及法器的艺术品;土地、食物、劳动力;城市三部分。② 更为重要的是,在古人的宇宙观念中,作为象征性资产的玉器又和部族政治空间相表里。结合公元前2000年各地古城、古国大面积崛起的背景,玉兵器和玉礼器相当于一种空间象征的神话性功能可浮出水面。

世界上不同民族信仰存在许多相似之处,这并非都来自于交往和继承,而源于人类的心理结构。在史前人的观念中,天圆地方,中心是一个神圣的区域,不少民族都宣称自己的圣城为"居下之中"。考古学已经证明,墓穴是一个微缩的宇宙空间,它形象地再现了先民信仰中的"天圆地方"宇宙模式。回溯至遥远的古代,新石器时代红山文化的圜丘与方丘,良渚文化的玉琮,安徽含山凌家滩出土的公元前3000年新石器时代的洛书玉版,都是天圆地方的象征。对于中世纪的教会来说,各各他(Golgotha)是天下之中;对于希伯来人来说,耶路撒冷圣殿是天下之中;对于穆斯林来说,麦加是天下之中。世界之中可以认为是天地之轴,上下天庭之梯,占据天下之中即离神圣距离最近,离上帝最近。因为这样,我们有了一系列宗教思想和宇宙生成论的"世界体系"。③

① 段渝:《良渚文化玉琮的功能和象征系统》,载《考古》2007年第12期。
② 张光直:《论"中国文明的起源"》,载《文物》2004第1期。
③ 米尔恰·伊利亚德:《神圣与世俗》,王建光译,华夏出版社2002年版,第12页。

在欧洲早期,石柱就是世界的中心,就像麦加的克尔白和西奈山,又像一切祝圣仪式中的神庙、王宫和"中心"。它成为一架连接天地的梯子,乃是起源于那个地方所发生的一次神显:神向枕在石头上的雅各显现自己,也表示神可以在那个地方降临到大地,进而无所不在。……"世界的中心"可以通过仪式在地球上的无数地方得以祝圣,不需要以一个地方的真实性而排斥其余的地方。①

中国早期城市、象征性资产等都是神话宇宙观的反映。在实物证据方面,商代的礼器玉琮和玉璧可以作为天地之轴早期神话主题出现的证据,而良渚文化的墓葬壁刻、濮阳西水坡的蚌塑青龙白虎、凌家滩的玉版都证明了中国宇宙观的基本特征;商代青铜器的龙纹主题,淮式青铜器和长江流域木器上的龙蛇文饰与中国神话中描写有鳞、一足或蛇身的神或神话人物同时存在,并行发展。②

宗教学家伊利亚德研究后认为,从神话的地理空间观念可以知道,对未知土地的宇宙化总是一种圣化行为,对一个地方的组织化即是对诸神的范式性工作的重复。

> 纳巴库拉神用一个橡胶树的树干,做成一个叫考瓦奥瓦(kauwa-auwa)的神圣木杆,并涂之以血,沿着它爬上去,然后消失于蓝天之中。这个木杆代表着宇宙的轴心,因为这根神圣木杆的周围,土地成了可居住的,因此这块土地就被转换成了一个世界。……这根神奇的木杆使他们在不断的迁移过程中,总能在"自己的世界"中漫游。同时借助于这个木杆,他们也能与那纳巴库拉神消失其中的冥冥苍穹保持着联系。③

---

① 米尔恰·伊利亚德:《神圣的存在:比较宗教的范型》,晏可佳、姚蓓琴译,广西师范大学出版社 2008 年,第 219 页。
② 马绛:《神话、宇宙观与中国科学的起源》,见艾兰、汪涛、范毓周主编:《中国古代的思维模式与阴阳五行说探源》,江苏古籍出版社 1998 年版,第 101 页。
③ 米尔恰·伊利亚德:《神圣与世俗》,王建光译,华夏出版社 2002 年版,第 9 页。

在天圆地方、中心是一个神圣区域的观念的推动下，象征性资产沿着丝绸之路——这条日后日渐显赫的通道，千里迢迢，从边缘输送到中心。商朝占卜的甲骨约一半为牛和水牛的肩胛骨，另一半为产自华南的龟腹甲，为了弄到龟腹甲，商王动员人力物力将其源源不断地运送到殷墟。使用前甲骨还要经过刮削平整、浸泡风干等细致处理。① 中亚阿富汗出产的青金石，经过土耳其的特洛伊传入迈锡尼和希腊，运往消费地苏美尔、埃及、巴比伦、中国新疆等最早的文明城市，运送青金石的数千公里路线乃是欧亚大陆最早出现的玉石之路。② 柴尔德讨论世界最早的城市文明之发生——"美索不达米亚的城市革命"，注意到早期城市兴起以神庙建筑的奢侈品为中心形象。还特别提到建造神庙所用的珍贵材料及所需的大量劳动力：

> 矗立纪念性神庙和人工塔山、生产砖块和高脚杯状陶钉、（从叙利亚或伊朗山区）进口松木，以及用天青石③、银、铅和铜装饰神龛，表明存在可观的劳动力——巨大的人口。就其规模而言，社群已经从村落扩大为城市。同时，它也变得越来越富裕。④

和欧洲早期的城市不同，中国城市并非仅仅是商贸中心，同时也是国家的政权和信仰空间。张光直先生认为夏商周三代，都有圣都与俗都。三代虽都在立国前后屡次迁都，但圣都不变，一直保持着祭仪上的崇高地位。圣都是先祖宗庙的永恒基地，而俗都虽也是举行日常祭仪之所在，却主要是王的政治、经济、军队的领导中心。它们迁徙不定，因地制宜，一来出于战争需要，二来也为追随战略性资源铜锡矿床。如果把那最早的都城比作

---

① 张光直：《美术、神话与祭祀》，郭净译，生活·读书·新知三联书店 2013 年版，第 43—45 页。

② 叶舒宪：《苏美尔青金石神话研究：文明探源的神话学视野》，载《中南民族大学学报》（人文社会科学版）2011 年第 4 期；叶舒宪：《金枝玉叶：比较神话学的中国视角》，复旦大学出版社 2012 年版，第 164—182 页。

③ 天青石：青金石。——译者注

④ 戈登·柴尔德：《历史发生了什么》，李宁利译，上海三联书店 2008 年版，第 77—78 页。

恒星太阳,那么后来迁徙往来的都城便好像是行星或卫星那样围绕着恒星运行。①

迄今为止,国内发现的规模最大的龙山至夏阶段城址为石峁遗址。陕西考古研究院孙周勇称,此次调查发现的城墙越沟现象将石峁城址基本闭合,形成一个相对封闭的独立空间。"皇城台"位于内城偏西的中心部位,为一座四面包砌护坡石墙的台城,大致呈方形,石墙转角处为圆形,台顶面积8万余平方米。内城将"皇城台"包围其中,依山势而建,形状大致呈东北—西南向的椭圆。另外,在"皇城台"和内、外两城城墙上均发现城门,内、外城城墙上发现了形似墩台的方形石砌建筑,外城城墙上还发现疑似"马面"的建筑,似乎有圣都与俗都之分。②

如前文所述,中国上古宇宙观是萨满式世界观,当天盖与地舆分离,天地之间的联系则靠巫觋样萨满通过"宇宙树"来完成。③ 在《国语·楚语下》和《山海经》等古籍中有群巫通天的事,这是古代中国空间观念最主要的一个特征。人死后的世界是人生前宇宙的模拟,人的灵魂借灵物而升天,生前靠通天权的独享而获得政治地位的人,死后也需住在宇宙的中央。中国自商周以来即有"制器尚象"的传统。所谓"制器尚象",就是依照天地的形象来制造各种器具或建筑物,体现"一种宇宙象征主义"的文化观念。

古代礼制中的神圣空间"明堂","享上帝、礼鬼神""顺四时、行月令,祀先王、祭五帝",它的形状是"上圆下方",仿照宇宙的样子设计,是宇宙

① 张光直:《考古学专题六讲》(增订本),生活·读书·新知三联书店2010年版,第107—123页。
② 《2012年神木石峁遗址考古工作主要收获》,http://www. wenwu. gov. cn/sitefiles/serv-ices/cms/page. aspx? s=1&n=519&c=26672。石峁遗址的发现为研究中国文明起源形成的多元性和发展过程提供了全新的研究资料,对进一步理解"古文化、古城、古国"框架下的中国早期文明格局具有重要意义。参考2013年6月14—16日"中国玉石之路与玉兵文化研讨会"上孙周勇的发言。
③ 张光直:《考古学专题六讲》(增订本),生活·读书·新知三联书店2010年版,第6—12页。

象征型仪式性建筑的典型。①《周礼·地官·大司徒》对国都的选址要求是"地中":"日至之景尺有五寸,谓之地中:天地之所合也,四时之所交也,风雨之所会也,阴阳之所和也。然则百物阜安,乃建王国焉。"②中原龙山文化城址主要有陶寺城址、后岗城址、王城岗等七座。中原龙山文化城址已明显脱离了西山仰韶城址继承的聚落环壕特征,平面已不再呈圆形,或为方形或为长方形,比较规整。龙山文化伊洛区聚落、临汾区聚落、颍河区聚落、弘涧区聚落四处聚落群已存在"向心式"布局。二里头城址被认为是夏文化的城址,二里头都邑规划的特点包括:择中立宫、工城居前、坛坫在后、显贵拱卫、居址墓葬混杂,而"择中立宫"还可见于偃师商城、垣曲商城、垣北商城、安阳殷墟等遗址。值得一提的是,杜金鹏认为二里头城址的4号宫殿可能是"明堂"。在二里头城址中还可发现两经两纬四条干道的交通网络,形成"八门",虽然无法断定这是否含有"象天法地""以象八风"的寓意,但显然有某种特殊政治、宗教含义。偃师二里头城址处洛阳平原,自然位置适中。在人文地理上,二里头处在华夏文化共同体中心。杜金鹏认为二里头夏都体现的是"王者必居天下之中"思想。

在漫长的历史演进中,玉器作为一种象征性资产,其纪念碑性成为文化大传统的符号编码中的元编码之一③,其加工技术和长途采集、运输,在华夏民族的族群认同和道德观念的形成中有着无可比拟的地位。在历时性的演进中,战略性资产玉器在历史性上大致可以分为玉璜、玉钺－玉璧、玉琮三种类型、三个阶段,它们既是世俗财富的象征性资产,又是仪式性的

---

① 明堂是"享上帝、礼鬼神""顺四时、行月令,祀先王、祭五帝"的神圣空间,形状"上圆下方"。它是仿照宇宙的样子设计的,是神圣空间的典型代表。汉代李尤《明堂铭》云:"布政之室,上圆下方。体则天地,在国正阳。窗闼四设,流水洋洋,顺节行化,各居其房。春恤幼孤,夏进贤良,秋厉武人,冬谨关梁。"《大戴礼记》:"明堂者古有之也。凡九室,一室而有四户八牖,三十六户,七十二牖。以茅盖屋,上圆下方。明堂者,所以明诸侯尊卑。外水曰辟雍。"《淮南子·主术训》:"明堂之制,有盖而无四方,风雨不能袭,寒暑不能伤。迁延而入之,养民以公。"

② 郑玄注,贾公彦疏:《周礼注疏》,北京大学出版社1999年版,第252—253页。

③ 叶舒宪等:《文化符号学:大小传统新视野》,陕西师范大学出版总社有限公司2013年版,第302页。

纪念碑性玉器,同时也是先民在俗都祭祀时,圣都神圣地理空间的替代物。① 典籍记载了"河出昆仑"、"玉出昆冈"、尧舜班瑞神话、夏禹玄圭神话、商纣王天智玉神话、姜太公钓玉璜神话、周穆王昆仑访玉神话、楚王得和氏璧神话、秦昭王求和氏璧神话、秦始皇传国玉玺历史神话叙事,包含了"玉石之路"战略性资产转变为纪念碑性玉器、拜玉教信仰的扩散和神圣地理空间之间的互动关系。

---

① 在古代中国,财富的攫取主要凭借政治权力,而财富又是获得和保持这种权力的条件。统治者首先树立政治权威,而后才能行使政治权力。张光直:《美术、神话与祭祀》,郭净译,生活·读书·新知三联书店 2013 年版,第 118 页。

# 一个禳灾祭祀的神话文本：臊子面文化传统论

　　史学家们常说起 15 世纪末,欧洲人抵达美洲后发生的动植物之"哥伦布交流"。旧大陆的作物、杂草、家畜和病菌在短短几十年时间里,对美洲人口不啻是一场浩劫。最让人类记忆深刻的是旧大陆的细菌,它给毫无免疫力"装备"的美洲土著带去了灭顶之灾。发现新大陆之后的数年里,新大陆的胡椒、番茄、土豆、玉米和烟草,给旧大陆也产生了重大影响:中国的人口和经济规模从 16 世纪到 18 世纪翻了一番,部分原因就是来自新大陆的玉米和白薯,为农民提供了廉价的替代热量。① 在公元前 2000 年之前,小麦和大麦就已经从中亚沿着丝绸之路往东传播,人类对小麦的食用加工技术则花样翻新、面目繁多。当然最常见的加工和食用方式是制作面条,面条加工技术在中国成熟完善,并开始了"征服"的旅程。

## 一、小麦的食用传统与"臊子面"

　　臊子面是丝绸之路沿线周原一带流行的文化内涵极为丰富的面食,和全国其他地方的面食相比,臊子面制作及食用有几处与众不同:第一,只有

---

① 米华健:《丝绸之路》,马睿译,译林出版社 2017 年版,第 42 页。

周人的发祥地周原周边的人食用臊子面,第一碗臊子面先不上席,由小字辈端出门外泼两次汤,剩下的汤称为"福把子",要端回家中祭祀主家祖灵牌位,而后众宾客才开席(俗称"泼撒")。第二,臊子面的传统吃法是,只吃面不喝汤,臊子剩汤回锅循环使用。第三,臊子面的做法是臊子单独制作,长期保存,然后添加进做好的面食中。

为什么传统习俗,只有周原周边人食用臊子面,第一碗面不上席,而由小字辈端出门外泼两次汤?为什么臊子面传统吃法是只吃面不喝汤,汤回锅后要循环使用?为什么臊子要单独炸制,长期保存,加入面食中食用?

按照《岐山县志》,臊子面起源何时"史志无载"。民间关于臊子面得名,概括起来有"长寿面""嫂子面""文王斩蛟龙制作臊子面""竣余"仪式四种。笔者从文献和田野两个方面的考察认为,臊子面起源于周代,前两种说法属后人讹传。"斩蛟龙""竣余"仪式两种说法分别揭示了臊子面真相的一个方面。"竣余"仪式只解释了食用臊子面的民俗礼仪,没有解释食用臊子意味着什么。"斩蛟龙制作臊子"说出了臊子面的核心——臊子来源背后的秘密。《岐山县志》载,周原一带人把臊子面叫"蛟(浇)汤面"。在县志中其内容记录在"蛟龙面"条目中,原文如下:

臊子面又叫"蛟(浇)汤面",吃法是只吃面,不喝汤。吃完把汤倒回锅里,吃第二碗又将原汤浇在碗里。

传说在西周初年,周部族在岐山定居。有一次,周文王带领族人出外狩猎,行至渭河畔,见一条蛟龙从水中腾空而起,张牙舞爪,遮天蔽日。原来这条蛟龙经常兴妖作怪,残害庶民。有时,卷起阵阵狂风,吹得飞沙走石,墙倒房塌,吹得牛羊杳无踪影;有时,掀起漫天乌云,大雨倾盆,河水泛滥,淹没良田和村舍,夺去许多人的性命。周文王和族人们早对这条吃人的大蛟恨之入骨,今天又见它出来兴风作浪,不禁怒起心头,一个个剑拔弩张。只见蛟龙在空中翻滚三圈,张开血盆大口,正要发威,这时,周文王一声令下,大伙儿一齐张弓放箭,霎时空中响起"锵锵"的箭鸣声。大蛟的两眼被射瞎,咽喉被射穿,挣扎一会,就从空中跌落下来。周文王走近一看，见这条大蛟足有五丈多长，几千斤重。族人们高兴地围住蛟龙唱起来："蛟龙作恶兮，伤害庶民；渭河泛滥兮，不得安宁；文王积德兮，为民除害；普天同庆兮，其乐无穷！"

据说蛟肉味道鲜美，人们吃了可以驱恶除邪，延年益寿。周文王命部下把蛟龙抬回去，剁成很小的肉块，做成臊子，放在几十口大锅里调成蛟肉汤。部族中所有的人都将面条捞在碗里，周文王亲自掌勺舀汤。人们吃完面，又将汤倒回锅里。这样，万余人都尝到了蛟龙肉。从此，周部族在岐山繁衍生息，力量越来越强盛。①

由于民间传说和神话表述在深层意识结构上具有同一性，所以，这一传说揭示了"杀龙"神话与共享仪式之间的"食物"联系。由于书写者的缺位、扭曲和层累性遮掩，神话历史已经面目漫漶，今人往往难解其中堂奥。笔者不揣谫陋，借助文化人类学的比较视野，结合田野调查，解析作为"神话文本"的臊子面文化与远古孑遗的"杀龙"祭祀禳灾的文化传统之间的关联。

很多人对文王斩杀蛟龙的民间口述传统不以为然。殊不知，这一口述叙事背后隐含着早期英雄圣王的历史信息。在世界范围内，英雄屠龙是流传最广、影响最深远的母题之一。从最早出现的神话到后代流传的民间传说，英雄的标志行为往往就是杀死"蛟龙""黑龙""巨龙"。《淮南子·览冥篇》讲述的女娲"炼五色石以补苍天，断鳌足以立四极，杀黑龙以济冀州，积芦灰以止淫水"的伟大功绩。② 佛教高僧也不自觉地通过"斩龙""咒龙"等行为，展示神秘莫测的佛教法力。在云南白族、彝族人中盛传高僧阿吒力制服滇池蛟怪的事迹。

丁乃通《中国民间故事类型索引》专门有"屠龙者"一项，给出二十五

---

① 岐山县志编委会：《岐山县志》"蛟龙面"，陕西人民出版社1992年版，第585页。
② 何宁：《淮南子集释》（上），中华书局1998年版，第479—480页。

例世界各国的"屠龙"故事。[①] 在《世界民间故事类型索引》的 AT 分类体系中,"屠龙者"的编号类型为 300。据不完全统计,如今屠龙者的已知的例子达到一千一百个左右,还有些新的例子在不断汇集。[②]

早在公元前 3000 年,屠龙就是苏美尔神话的重要母题。水神兼智慧神的恩基、战神宁努尔塔、丰饶与爱情女神印南娜三位英雄都有杀死巨龙的壮举。宁努尔塔屠龙故事收在创世史诗《宁努尔塔的功绩与英雄伟业》中,面对"饥馑遍地,寸草不生。小河之水不再洁净,污染之水无法取用。田地中无水可以浇灌,除了杂草之外,土地上不生长任何庄稼"的困境,为阻止地下恶水继续流出,宁努尔塔用石块堆积在被杀死的巨龙库尔身上,形成一堵阻挡恶水的巨大长城,切断了泛滥之源头。战神宁努

图22　苏美尔诸神屠龙[③]

尔塔杀死巨龙并处理尸体,田地重新得到净水浇灌,五谷丰登,果实累累。[④] 这意味着生命和世界秩序重新恢复,诸神也欢欣鼓舞。从中可见,苏美尔诸英雄屠龙的母题发生在灾难与禳灾的矛盾情境中。

① 丁乃通:《中国民间故事类型索引》,郑建威、李倞、高孟可译,华中师范大学出版社 2008 年版,第 41—42 页。

② 斯蒂·汤普森:《世界民间故事分类学》,郑海、郑凡、刘薇林等译,上海文艺出版社 1991 年版,第 27 页。

③ 克拉莫尔:《苏美尔神话》,叶舒宪、金立江译,陕西师范大学出版总社有限公司 2013 年版,第 100 页。

④ 克拉莫尔:《苏美尔神话》,叶舒宪、金立江译,陕西师范大学出版总社有限公司 2013 年版,第 102—103 页。

屠龙母题并不限于美索不达米亚神话,美国神话学家克拉莫尔断言:世界上几乎所有民族在不同时代都有着他们的龙的故事。尤其在古希腊,斩杀蛟龙的诸神与英雄不胜枚举:"赫拉克勒斯与珀修斯可能是最著名的屠龙者,几乎没有一位古希腊英雄不杀掉龙。随着基督教的兴起,英雄的功绩转向了圣徒;圣乔治与龙的故事即为明证,还有无数而又无处不在的变体。"①

世界范围内,神话与民间故事广泛流传的英雄屠龙母题叙事的信仰背景是什么?"龙"到底是什么动物?它在这一叙述中到底承担了什么样的角色?

毋庸赘言,生存问题几乎是所有神话、民俗、仪式活动的出发点和归宿。面临极度干旱、地震、瘟疫等令人恐惧的自然灾害;陷入疾病、贫困、意外创伤的特殊困境;经历恐怖、暴力等意外伤害;深陷阴谋、诈骗、诅咒、构陷等境地,这些都像躲在边远(边缘)地区的盗猎者那样,从陌生阈域发出的现实的或想象的威胁和恐惧,使人类从远古以来就形成受迫害的集体想象和深层焦虑,它孕育了通过仪式、禁忌、禳灾、献祭等一系列仪式活动及潜意识等象征性编码体系。

擅长分析人类意识深层欲望的法国人类学家吉拉尔,分析了特欧体瓦坎神话、阿兹神话、克里特神话、提坦神话、《约伯记》等以后给出了答案:"这些文本中存在的集体迫害现象"。当一个社群遭遇"瘟疫"或者其他灾祸打击之时,替罪羊机制就会启动,责成献祭牺牲。人们往往会在内部寻找那些被"污染"了的存在,或者搜索外部邪恶势力的代理人,驱逐它们,或至少从分类上使之边缘化,由此维系社区或体系内部的"净化"状态。②简而言之,面对社会重大灾害(瘟疫、战争)等,一个无辜者总会被找出来作为全部灾难的承担者,民众普遍认为对他的处决能够平复灾难本身,而这个受害者的共同点则是无辜、与众不同,比如跛足、弃儿、外来者等等。

---

① 克拉莫尔:《苏美尔神话》,叶舒宪、金立江译,陕西师范大学出版总社有限公司2013年版,第97页。

② 穆尔:《人类学家的文化见解》,欧阳敏、邹乔、王晶晶译,商务印书馆2009年版,第300页。

当然,替罪羊无法真正地解决诸如瘟疫、干旱和水灾之类的大型灾难。这是因为,"每一个危机的主要方面,是影响人际关系的方式"。①

在人类早期,存在以临时国王、王子或寻找其他动物作为"替罪羊"献祭牺牲的风俗。郑振铎在《汤祷篇》中说,世界早期的替罪羊就是祭司王或酋长自己或长子。"昔者,汤克夏而正天下,天大旱,五年不收,汤乃以身祷於桑林……用祈福於上帝,民乃甚说,雨乃大至。"②弗雷泽《金枝》中专门有"以王子献祭"部分:大饥荒发生后,禳灾祭祀信仰使国王或他孩子成为牺牲献祭。在原始信仰中,国王要对气候或年成负责,他理所当然地要为天气失调和庄稼歉收而付出生命。亚洲西部的闪米特人,国王在国家危难的时候,有时让自己的儿子为全体人民献祭而死去。比布勒斯的菲罗在他关于犹太人的著作中说道:"有一个古老的习俗,在大难临头时,一座城池或一个国家的统治者得把他心爱的儿子交出来献祭给报仇的魔鬼,为全民赎身。这个献出的孩子在神秘的仪式中被杀死。如克罗纳斯(腓尼基人称之为以色列)是腓尼基的国王,只有一个独生儿子叫做杰乌德(在腓尼基语言中,杰乌德意为'独生')。在一次战争中,国家受到了敌人极大危害,人们给他穿上王袍,把他献上祭坛。"③在尼日尔河的奥尼沙城,为了消除当地的罪过,过去每年总是献出两个活人来祭祀。这两个人牲是大家出钱购买的。凡在过去一年中犯过纵火、盗窃、奸淫、巫蛊等大罪的人都要捐献二十八恩古卡,即两英镑略多一点。把收集起来的这些钱拿到本国内地购置两个有病的人来献祭,"承担所有这些可怕的罪行——一个承担陆地上的罪行,一个承担水上的罪行"。由一个从附近镇上雇来的人将他

254

① 勒内·吉拉尔:《替罪羊》,冯寿农译,东方出版社2002年版,第55页。
② 许维遹:《吕氏春秋集释》(上),梁连华整理,中华书局2009年版,第200—201页。
③ 詹·乔·弗雷泽:《金枝:巫术与宗教之研究》,徐育新、汪培基、张泽石译,中国民间文艺出版社1987年版,第428—429页。

们处死。① 这种集体迫害的范式能以最小的代价获得群体最大的整合。②

　　动物常常被用作带走或转移灾祸的替罪羊。在南非的卡福人中，当别的疗法无效时，土人有时就采用这种习惯做法：牵一只山羊到病人面前，把屋里的罪过都向羊忏悔，有时让病人的血滴几滴在羊头上，把羊赶到草原上没有人住的地方。人们认为这样就把病转到羊身上，丢弃在荒野里。在阿拉伯，遇到瘟疫盛行的时候，人们有的牵一只骆驼，走遍城里各个地区，使骆驼把瘟疫驮在自己身上，然后，他们在一个圣地把它勒死。认为他们此举去掉了骆驼，也去掉了瘟疫。在世界各地的诸多神话及仪式中，要么是瘟疫受害者全体死亡，要么仅仅是几个甚至只是一个选中的受害者（替罪羊）死亡。③ 吉拉尔引用了原始文化中的仪式为例证，列举尼罗河上游流域丁卡人的动物献祭仪式、非洲部落国王的王权仪式以及巴西西北部印第安人的食人仪式，认为这些在禳解仪式中的替罪羊，是"和平、力量和繁殖力之源"，吃了他们的肉会获得神力。④

　　早期民间故事、神话中，人类"受迫害的想象"把各种危害自身生存的动物形象，汇聚为一种想象的怪物"龙"，并作为禳解各种灾异的"公共的替罪羊"（Public Tophet）⑤。由于想象的替罪的牺牲，挽救了整个社会危机，按照吉拉尔的说法，受害者和加害者的角色就会翻转，实际上被动地位的受害者，成为集体中的民族的圣人。⑥ 回到华夏民族，"替罪之龙"被当作具有咒灵的动物，成为沟通神人的祖先神。

　　汉字编码中龙有被置于神庙中的形象，如"宠""庞"和双手捧着的形

① 《圣经·旧约·利未记》，中国基督教协会出版 2009 年版，第 109 页；詹·乔·弗雷泽：《金枝：巫术与宗教之研究》，徐育新、汪培基、张泽石译，中国民间文艺出版社 1987 年版，第 812 页。

② 勒内·吉拉尔：《替罪羊》，冯寿农译，东方出版社 2002 年版，第 16—55 页。

③ 詹·乔·弗雷泽：《金枝：巫术与宗教之研究》，徐育新、汪培基、张泽石译，中国民间文艺出版社 1987 年版，第 773、426 页。

④ René Girard, *Violence and Acred*. London：The John Hopkins University Press, 1979, p. 276.

⑤ René Girard, *Job：The Victim of His People*, Stanford：Stanford University Press, 1987, pp. 70-143.

⑥ 勒内·吉拉尔：《替罪羊》，冯寿农译，东方出版社 2002 年版，第 55 页。

象"龚"（见图23）。① 从这个意义上说，"龙"可以被理解为史前人类对危害自身生存和农业丰产的各种水生动物的"祭坛想象集合体"。圣王或者英雄杀死这些动物，按照巫术的接触律，英雄的灵力就会转化到这些动物身上，食用这些

图23　甲文中的宠、庞、龚

动物就会获得圣王的神力护佑。在狩猎时代的初民心中，一切动物都是神灵，为了生存，捕杀和吃食这些神灵成为无可奈何的行为。通过集体分享食用，可以共同承担罪过。为了缓解人类食用神灵的罪过，人类的普遍做法是把这些为人类生存而"牺牲"的动物奉为图腾，猎杀后举行隆重仪式来祭祀，沟通神灵，请求它们饶恕自己。正如 R. 斯密斯所说的，祭坛的祭祀活动，最初是由氏族杀死并吃掉其图腾动物，并把图腾动物看作是氏族的庇护神，因而在平时是严格禁止伤害的。

　　宙斯之子英雄赫拉克勒斯一生中共有十二项辉煌业绩，其中之一便是斩杀九头巨龙许德拉。在中国历代的叙事中，斩杀蛟龙的周文王可以说是民间话语中多子多福的生殖英雄："西伯侯有四乳，二十四妃，生九十九子，长曰伯邑考，次子姬发即武王，天子也。"更有意思的是，他又在前往殷

---

① 　龙非世间所有，胡人崇祀的龙神究竟指什么值得深究。《周礼·夏官·瘦人》记载："仍祭马祖，祭闲之，先牧，及执驹散马耳。马八尺以上为龙，七尺以上为睐，六尺以上为马。"《论衡·龙虚篇》曰："世俗画龙之象（像），马首蛇尾。由是言之，马、蛇之类也。"《礼记·月令》又载："天子居青阳左个，乘鸾路，驾苍龙。""八尺以上"大概指马背至地表的高度。《周礼》成书于战国时期，战国时的一尺相当于 23.1 厘米，八尺则是 1.85 米。这种 1.85 米以上的马显然不是矮小的蒙古马，必指来自中亚的高头大马。中原新石器遗址中普遍不见家马骨骼出土。八尺以上的高头大马可能是月氏人最先驯养出来的，所以这个民族有"龙部落"之称。那么原始汉藏语"龙"的读音完全可能借自吐火罗语 nāge（龙）或 näkte（神），实为月氏人对马或神的称谓。大月氏西迁不单是民族的迁移，还带走了"豢龙术"。由于龙在中原销声匿迹，中原人士不知龙为何物，于是将古史传说中的龙神化为神灵。参见白川静：《中国古代民俗》，何乃英译，陕西人民美术出版社 1988 年版，第 138 页；林梅村：《汉唐西域与中国文明》，文物出版社 1998 年版，第 81 页。

商都城朝歌的途中,收养雷公所赐的最后一子"雷震子",正好"百子"。①
当然作为酉邦圣王,他最伟大的壮举是即位之后,伐犬戎,伐密须,姬、姜联
盟,"三分天下有其二"等。在神话叙事中文王斩杀了罪责的替身"蛟龙",
从而禳除自然灾异。世界范围内,"屠龙禳灾"神话传说和民间故事广泛
存在并相互影响。周人首领文王屠杀"蛟龙",用"蛟龙"肉制作臊子祭祀
神灵,神民分享的民间叙述,也成为这一禳灾祈福仪式链条上不可或缺的
一环。

## 二、祭祀仪式与小麦食用传统的确立:以臊子面为例

　　文献记载,周人先民面临着巨大的生存压力。《诗经·大雅·云汉》
云:"天降丧乱,饥馑荐臻。……周余黎民,靡有孑遗。"②《诗经·大雅·召
旻》亦云:"旻天疾威,天笃降丧。瘨我饥馑,民卒流亡。我居圉卒荒。"③
《诗经·小雅·雨无正》有:"浩浩昊天,不骏其德。降丧饥馑,斩伐四
国。"④据邓云特先生统计,两周八百二十五年间,"最显著之灾害,凡八十
九次。其中频数最多者,为旱灾,达三十次;次为水灾,凡十六次;再次为蝗
螟蝝蟓之灾,凡十三次。此外书地震者九;书大歉致饥者八;书霜雪者七;
书雹者五;书疫者一",其中西周灾情严重,"有极度凶险者","迨平王东迁
之后,灾害犹复层见辄出,特灾情不如前此之惨重耳"。⑤
　　为了弭灾求福,人们便向鬼神祈祷,接续远古多种禳灾活动。远古以
来世界各地,人们敬献给神灵的祭品种类很多,有可以获取超自然法力的
非食用物质,如中国供奉的"六器"(璧、琮、圭、璋、琥、璜),币帛纸钱;印加
人供奉的金块银锭、金银神像;埃及人供奉的未加工的金属和半宝石;等
等。然而在所有祭品中,食物类的祭品往往占有很重要的地位。神祇特别

---

①　许仲琳:《封神演义》第十回"姬伯燕山收雷震",陕西人民出版社1995年版,第78页。
②　朱熹:《诗经集传》,上海古籍出版社1987年版,第143页。
③　朱熹:《诗经集传》,上海古籍出版社1987年版,第150页。
④　朱熹:《诗经集传》,上海古籍出版社1987年版,第91页。
⑤　邓云特:《中国救荒史》,商务印书馆1993年版,第9—11页。

依赖人类供给食物,献祭供奉补偿了埃及神祇在创造和维持宇宙中消耗的能量。收到的供奉越多,神的法力将变得越强。因此,埃及神祇最为关心的是供物的分配。逝者被尊为神,因此食物供奉也是维持其生命力的关键。① 神一旦食用了人的祭品,不仅会增强法力还会帮助人们达成愿望,赐福于人,助人长寿。正如《诗经·小雅·楚茨》中所说的"苾芬孝祀,神嗜饮食。卜尔百福,如几如式""神嗜饮食,使君寿考"。② 据周代青铜铭文等先秦文献,当时的祭祀落实为祭社和祭祖两大内容。不像美索不达米亚、埃及、印度等供养一个庞大的沟通神人的祭祀阶层,中国本土宗教属于一种分散性宗教,其神学、祭祀与人事的运作系统,无论在精神内核还是形式化仪轨上,均与世俗制度和社会秩序有机地整合在一起,这意味着"作为一个整体的社会环境充满了神圣气氛"。③ 民间故事和神话中的屠龙禳灾叙事及其背后的禳解信仰,在后世完全融入到华夏本土社会的物质和精神生活之中,表现为周天子和诸侯在重大祭祀"脤膰祭"仪式结束之后,向大臣赏赐脤膰,并建章立制。④《周礼·春官·大宗伯》载:

> 大宗伯之职,掌建邦之天神、人鬼、地示之礼,以佐王建保邦国。以吉礼事邦国之鬼神示,以禋祀祀昊天上帝,以实柴祀日、月、星、辰,以槱祀司中、司命、飌师、雨师,以血祭祭社稷、五祀、五岳,以貍沈祭山林川泽,以疈辜祭四方百物。……以脤膰之礼,亲兄弟之国。⑤

执膰与受脤是交通鬼神的重要祭祀仪式。贾公彦疏云:"兄弟之国,谓同姓诸侯,若鲁、卫、晋、郑之等,凡受祭肉者,受鬼神之佑助,故以脤膰赐

① 布鲁斯·G.崔格尔:《理解早期文明:比较研究》,徐坚译,北京大学出版社 2014 年版,第 338 页。
② 朱熹:《诗经集传》,上海古籍出版社 1987 年版,第 104 页。
③ 杨庆堃:《中国社会中的宗教:宗教的现代社会功能及其历史因》,世纪出版集团、上海人民出版社 2007 年版,导言、第十二章。
④ 景红艳:《先秦脤膰礼源流考辨》,载《文艺评论》2010 年第 5 期。
⑤ 李学勤:《十三经注疏·周礼注疏》,北京大学出版社 1999 年版,第 455—456 页。

之,是亲之同福禄也。""脤膰"就是祭祀仪式中的供神肉,"脤"(生肉)为祭社而设,"膰"(熟肉)为祭祖而设。祭祀结束,主祭者要将"脤""膰"分别赏赐给臣工,这就是脤膰礼。得到赏赐意味着得到神灵的庇护。"脤膰"在文献中又被笼统地称作"胙",《说文》:"胙,祭福肉也。"脤膰礼在先秦又称赐胙礼,它是先秦礼乐制度的重要内容之一。

赐胙礼起初仅限于王室贵族,后来逐渐推广到异姓贵族以及殷商王朝的遗民。在战前的祭社仪式上,参战的主将也可得到赏赐的祭肉。接受脤肉之后,将领与战士一起分享并尽情狂欢。在脤肉的赏赐仪式上,有专门掌管脤肉分发赏赐的职官。翻开《左传》我们发现,对脤膰礼的不重视后果严重:晋厉公三年(前578)三月,刘康公、成肃公作为周天子代表参与晋国主导的诸侯伐秦,结果发生了成肃公"受脤于社,不敬"①的错误。

后世分享祭肉的社会阶层不断下移至民间,甚至有"太公分猪肉——人人有份",称为"分胙"。民间非常珍惜这种难得的祭肉,为了尽可能多的人分享珍贵的祭肉,人们设法把胙肉尽可能切碎:"王举,则共醢六十瓮,以五齐、七醢、七菹、三臡实之。宾客之礼,共醢五十瓮。凡事,共醢。"真所谓"脍不厌细"。② 为了能享受神灵的赐福,精心烹饪保存祭肉成为夏商以来一项重大技术,在长期的实践探索中,使用油(荤油)炸切碎的胙肉,逐渐成为成熟的制作"臊子"的方法。

周人祭祀的祭肉是怎么来的? 我们从历史文献中隐约可以读出:像文王畋猎斩杀蛟龙一样,祭肉源于畋猎获取的动物。加拿大考古学人类学教授布鲁斯·G.崔格尔认为,商和西周时期的中国人祭祀自然神祇和去世祖先的灵魂,神祇依赖于供物维持体力。提供丰厚的祭物既是上层阶级的主要职责之一,又是战争和畋猎的主要理由。畋猎的主要目的就是为祭祀提供牺牲。③ 甲骨卜辞里多次提到畋猎,而王室和贵族的游猎行为不是一般意义上的生产,商周时代已经处于相当高度的农耕文明,猎获动物主要

---

① 杨伯峻:《春秋左传注》,中华书局1981年版,第860页。
② 李学勤:《十三经注疏·周礼注疏》"醢人",北京大学出版社1999年版,第141页。
③ 布鲁斯·G.崔格尔:《理解早期文明:比较研究》,徐坚译,北京大学出版社2014年版,第341页。

是要献给祖先神,并特意刻辞记录其旨。这些献给祖先神的牺牲扮演着沟通王和神灵的角色。[①]

从人类学的视野看,上古的祭享仪式中,最尊贵的祭物是人牲。在饥荒、瘟疫、军事失利或者国王染病等公共危机之时都会以人牲献神。弗雷泽也指出,在古巴比伦,撒卡亚的节日里死刑犯会顶替国王五天,五天一满,就剥去他的皇袍,鞭笞他,后吊死或刺死。[②] 关于中国殷商人献祭祖先神和自然神的方法,据姚孝遂研究统计:杀人牲的方法竟有十一种之多,其中"刉人牲血法",在祭祀时刺伤人牲,使其出血献祭神灵。记录这种牲法的"㸆"字,于省吾认为像血滴形状,表示杀牲取其血以祭祀。[③] "作册般黿"铭文中有"人方无敖",即在俎板上被切成肉块或醢酱置于俎上祭祀鬼神的记载。[④] 近年在陕西神木高家堡镇石峁村的石峁遗址中已经发现奠基活动或祭祀活动的人头骨多达 48 个。[⑤]

遗憾的是这种以人为祭的古老文化大传统,在后世多次被误读、扭曲和利用。中国古文献中多次提到商纣曾脯醢侯伯、鬼侯、鄂侯、梅伯、伯邑考等多人。后世这一祭祀传统被曲解为周人讨伐商纣残暴无道、丧失天命的主要罪状之一。王晖教授从出土的殷墟卜辞的考证,真正还原了远古以来的文化大传统:"商纣俎醢诸侯绝非商纣个人的劣迹败行,而是一种文化传统及礼俗观念的反映。""周武王克商之后,就袭用过殷礼,以人为牲祭祀先王百神。"[⑥]

① 白川静:《中国古代民俗》,何乃英译,陕西人民美术出版社 1988 年版,第 162 页。
② 詹·乔·弗雷泽:《金枝:巫术与宗教之研究》,徐育新、汪培基、张泽石译,中国民间文艺出版社 1987 年版,第 413 页。
③ 姚孝遂:《商代的俘虏》,见吉林大学古文字研究室编:《古文字研究》(第 1 辑),中华书局 1979 年版,第 339 页。
④ 罗振玉:《三代吉金文存》(上册),中华书局 1983 年版,第 495 页。
⑤ 孙周勇、邵晶:《石峁遗址的考古新发现及有关石峁玉器的几个问题》,见叶舒宪、古方编:《玉成中国:玉石之路与玉兵文化探源》,中华书局 2015 年版,第 61 页。
⑥ 王晖:《商纣俎醢侯伯新证》,载《史学月刊》2004 年第 2 期。

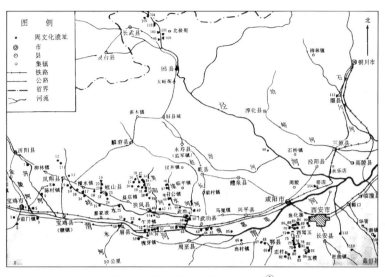

图24　关中周文化遗址分布图①

　　臊子面传统形成于周原凤翔、岐山、扶风一带,这一地区是岐周文化的核心地带。据《诗经·大雅·緜》:文王祖父古公亶父"来朝走马,率西水浒,至于岐下,爰及姜女,聿来胥宇"②。从后稷到文王,周人在泾渭水之间迁徙前后达1200年之久。先周文化遗址遍及陕西境内泾渭流域宝鸡、凤翔、岐山、扶风、郿县、武功、兴平、鄠屋、鄠县、长安、彬县、长武、麟游、乾县、泾阳、咸阳等各处(见图24)。公刘迁豳的长武一带至今还保存着臊子面的变异形态"血条臊子面"。岐周是周人作为一方诸侯时期的政治中心,是周族发迹的都城,在文献上有"岐下""岐阳""岐邑""周"(西周铜器铭文)等不同名称。《史记·周本纪》载:

　　　　(古公亶父)乃与私属遂去豳,度漆沮,逾梁山,止于岐下。豳人举国扶老携弱,尽复归古公于岐下。及他旁国闻古公仁,亦多归之。于是古公乃贬戎狄之俗,而营筑城郭室屋,而邑别居之。作五官有司。③

261

---

①　许倬云:《西周史》(增订本),生活·读书·新知三联书店1993年版,第38页。
②　朱熹:《诗经集传》,上海古籍出版社1987年版,第122页。
③　司马迁:《史记》,中华书局1997年版,第114页。

可见,岐周城初建时已经有了朝寝、宗庙、社稷之类大型建筑,都城规制是非常完备的。古公亶父又"作五官有司",建立了政治机构,形成了初具规模的国家祭祀制度。岐周是周人立国及其走向强盛的圣都,也是西周时期重要的祭祀中心。张光直先生认为作为"圣都"的岐周在西周一直保持着祭仪上的崇高地位,"圣都是先祖宗庙的永恒基地","如果把那最早的都城比喻做恒星太阳,则后来迁徙往来的都城便好像是行星或卫星那样围绕着恒星运行"。①

仔细揣摩文王屠龙的神话及神话的文化意义,我们发现神话背后隐藏着社会结构和族群记忆。关于神话对某一特定文化所具有的原型意义,弗莱认为,植根于某一特定社会的神话体系及时地留下了该社会成员所共有的幻想和语言经验的遗产,因而,神话系统有助于形成一种文化史。② 可以这样说,在周人的宗教思想和宇宙生成论的"世界体系"中,岐周是"世界中心",是天地之轴,上下天庭之梯,离神圣距离最近,离神最近。③ 后世在祭祀活动中这样颂赞先祖文王:"文王在上,于昭于天。周虽旧邦,其命维新。有周不显,帝命不时。文王陟降,在帝左右。……上天之载,无声无臭。仪刑文王,万邦作孚。"④

商周宗族神话以祖先崇拜为突出特征,宗族成员将祖先之灵想象为存在于另一世界的人格化的主体,认为他们具有佑护宗族后裔之功能。神话是历史的"史前史",它通常包含或者涉及共同体历史中的关键问题,诸如共同体的祖先和边界的问题⑤,构建了超自然神祇和王室之间的神秘联系,为祖先披上神圣的外衣。在中国宗族神话中,祖宗英灵虽然地位不及上帝或天神,却同属于某种神话想象世界中的超自然存在。

周人是以农立族、以农立国的民族。从始祖后稷弃开始播谷于邰

① 张光直:《考古学专题六讲》(增订本),生活·读书·新知三联书店 2010 年版,第107—123 页。

② 叶舒宪:《神话–原型批评》,陕西师范大学出版总社有限公司 2011 年版,第 332 页。

③ 米尔恰·伊利亚德:《神圣与世俗》,王建光译,华夏出版社 2002 年版,第 12 页。

④ 朱熹:《诗经集传》,上海古籍出版社 1987 年版,第 119—120 页。

⑤ Joseph Mali, *Mythistory: The Making of a Modern Historiography*, Chicago: The University of Chicago Press, 2003, p. 4.

（邰，今陕西武功、杨凌一带），就以农耕出名，被尧封为农师，又被舜封为后稷，专管农业。但到了不窋，"去稷不务"而"奔戎狄之间"，即迁徙到今旬邑、彬县、长武等地，与北方的戎狄为伍，渐失农业，变为游牧族群。到了公刘"复修后稷之业，务耕种"。但庆节以后的八九代，又渐失农业。而只有古公亶父率领族民进入周原后，又吸收姜炎文化和商文化中先进的农耕文化，再加上优越的地理环境，农业才得以很快地恢复和发展。以农为主的出现，是周人开始建立国家，进入文明过程中一个里程碑。①

周文王为牧野之战的展开、"翦商"大业的完成，奠定了坚实的基础。在政治上他积极修德行善，裕民富国，广罗人才，发展生产，造成"耕者九一，仕者世禄，关市讥而不征，泽梁无禁，罪人不孥"的清明政治局面。他的"笃仁、敬老、慈少、礼下贤"政策，赢得了人们的广泛拥护，巩固了内部的团结。在修明内政的同时，他向商纣发起了积极的政治、外交攻势：请求商纣"去炮烙之刑"，争取与国，最大限度孤立商纣。文王曾公平地处理了虞、芮两国的领土纠纷，还颁布"有亡荒阅"（搜索逃亡奴隶）的法令，保护奴隶主们的既得利益。通过这些措施，文王扩大了政治影响，瓦解了商朝的附庸，取得了"伐交"斗争的重大胜利。

中国宗族神话阐释了宗族成员所信赖的史实，具有整合宗族情感、建构文化身份的功能。在具体的祭祀体系中，后稷和文王分别代表两个阶段的英雄圣王。前者是以培植为食的象征，后者是以狩猎为食的象征。由先周地域的"泼撒"（祭祀自然神为主）到岐周的"奠"（祭祀祖先为主），由食用狩猎的"蛟龙"肉到"臊子肉"，再到食用小麦及"小麦－臊子"合二为一的臊子面，其文化文本背后侧漏出周先祖到岐周由培植作物，到不窋"弃稷不务""自窜于戎狄之间"②，农耕畜牧交替及祭社到祭祖等祭祀传统形成的历史（见表8）。

---

① 石兴邦：《西周文化与文明形成的考古学探讨》，见宋振豪、郭引强主编：《西周文明论集》，朝华出版社2004年版，第52页。

② 邬国义：《国语注译》，上海古籍出版社1994年版，第1页。

表 8  "蛟汤面"神话文本的结构神话学视角

| 臊子面 | 臊子 | 面 |
|---|---|---|
| 英雄圣王 | 周朝开创者 文王 | 周民族始祖 后稷 |
| 结构 | 国家 王朝 | 民族 始祖 |
| 生存方式 | 畜牧 | 种植 |
| 饮食人类学 | "蛟龙"肉 | 大、小麦 |
| | 胙肉(臊子肉) | 大小麦(面条) |
| 祭祀方式 | 泼撒 | 奠 |
| 祭祀对象 | 祭天为主 | 祭祖为主 |
| 对立统一 | 合二为一(天人合一) | |

　　远古以来,祭祀都有建立、维持和恢复人与神圣秩序恰当关系而将物品奉献给神灵的宗教仪式。布鲁斯·G.崔格尔在著作中罗列了几位学者有关祭祀的观点:威廉·罗伯森·史密斯提出,食用神祇图腾或者其俗世化身构成了社会的圣餐形式之一。詹姆斯·弗雷泽将祭祀视为令神祇返老还童和维持宇宙延续的技术。献祭者的目的千差万别。他们的目标包括取悦神祇,平息其怒气,为行为不当或者打破禁忌而祈求净化,建立与特定神灵的沟通,感谢神所赐予的福祉,强化赐福祈求,寻求神的保护免受敌人和恶魔的侵扰,遏止瘟疫,避免战乱和饥馑,祈求大地丰收等目的。①

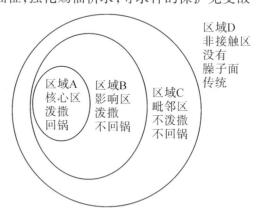

图 25　臊子面食用传统以周原为中心衰减

　　西周末叶,大难来临,"国步蔑资,天不我将;靡所止疑,云祖何往","自西徂东,靡所定处",西周贵族不得不窖藏重器,仓皇逃离岐周宗庙。由于集体记忆的代际延续、衰减与人口迁徙,

---

①　布鲁斯·G.崔格尔:《理解早期文明:比较研究》,徐坚译,北京大学出版社 2014 年版,第 335 页。

笔者在田野调查中以是否存在"泼撒"和"回锅"两个传统仪式作参照,发现一个现象:武威以东,武功以西,长武以南,周至、户县以北的民众,在传统礼仪中,臊子面食用上还保留着祭祀祖先灵位的仪式。距离周原越近,这一仪式保存越完整,以岐周为中心呈同心圆式衰减。而甘肃武威以西,临潼以东未发现有这一习俗,这和近年考古发现的先周文化的分布范围大体吻合(见图25)。

### 三、圣餐仪式与岐周臊子面祭祖传统,兼论中西饮食传统的分野

前文已经述及,只有岐周一代传统礼仪中,吃臊子面有第三个特别之处:吃面不喝汤,要把汤重新倒回锅里循环往复。今人站在健康卫生的角度,斥之为"危险"的习俗,政府站在旅游形象的角度,讳莫如深,希望能尽快取缔。明清县志对此也只字不提。为什么这样一个今天看来不"洁净"的饮食习惯会成为一种传统呢?

从文化渊源来讲,远古以来斩杀恶龙禳灾的神圣英雄叙事,逐渐世俗化为国王田猎获取动物的祭祀活动。通天祭祀在周代置换成由周天子和诸侯举行的重大宗教祭祀"脤膰祭"。由享食神明吃过的祭品传统,置换形成周天子的脤膰礼和先秦社会的"食馂礼"传统。在先秦,大型的宗庙祭祀即将结束之时,主祭者要举行隆重的食馂礼,它是整个祭祀祖先过程中的最后一个环节,也是体现祭义的关键环节,没有举行食馂仪式的祭礼不是完整的祭祖礼。

什么叫"馂"?古人解释说:"食之余曰馂",或者"食人之余曰馂",或者"祭毕食神之余曰馂"。所谓食馂礼,《礼记·祭统》有载:

> 夫祭有馂。馂者,祭之末也,不可不知也。是故古之人有言曰:"善终者如始。"馂其是已。是故古之君子曰:"尸亦馂鬼神之余也,惠术也,可以观政矣。"是故尸谡,君与卿四人馂。君起,大夫六人馂,臣馂君之余也。大夫起,士八人馂,贱馂贵之余也。士起,各执其具以出,陈于堂下,百官进,彻之,下馂上之余也。凡馂

之道,每变以众,所以别贵贱之等而兴施惠之象也。[1]

"馂"就是在祭祀祖先的仪式上,首先由假扮成受祭祖先的"尸"享用,然后由在祭祀活动中享有特权的国君及卿先行享用尸之馂,再往后是卿以下的等级,如顺次按大夫、士、百官等食馂。通过这种方式,上级通过层层赐馂来表示他们牵挂,不忘使下属共享神之布施与恩泽。以祭品的形式供给神灵的粮食,在神灵(祖先)食用后,每个黎民分享,保证了每个人都会得到护佑或者再生。今天,食馂礼的遗俗在周原一带长期存在,不论谁家办红白喜事,第一碗臊子面先不上席,而由小字辈端出门外泼两次汤,象征祭祀天神地神,剩下的汤称"福把子",泼向正堂的祖灵牌位,然后才上席,并按辈数和身份次序上饭。

通俗地讲,食馂礼就是"吃鬼神剩下的祭品"。随着"馂"食的下赐,分享的人数也越来越多,分享者的地位也越来越低贱。即所谓"凡馂之道,每变以众,所以别贵贱之等而兴施惠之象也"。"馂"的最终完成,意味着整个祭祖仪式的圆满结束,通过此仪式性分享共餐,"献祭者和神之间就建立了最密切的共享(communion)与交流"[2],人和神巩固了神话传说中的关系,也意味着人没有忘记神的救命之恩以及许下的承诺,按时来向神进行献祭,通过这种献祭,神继续履行对人的庇佑,促成作物丰产、人丁兴旺。

通过人类学研究成果的梳理,我们发现有三种情形的享食都属于"圣餐"式共享:一种是新王杀死老王或者老王甘愿牺牲,"让临死的神做替罪羊"[3],让新王或臣服国民分享其血肉,获得神力;第二种是分享被圣王杀死,濡染圣王马纳的祭品;第三种是人们把谷物(小麦、大麦优先)作为献给神的祭品,吃掉被神灵食用过的谷物。远古人将神吃掉的原因其实很简单,在他们看来吃动物的肉,除了可以获得该动物或人的特性外,还可以将其道德和智力的特性据为己有,所以一旦质朴的原始人认定某种生物的灵

---

① 李学勤:《十三经注疏·礼记正义》"祭统",北京大学出版社 1999 年版,第 1352 页。
② 马利亚苏塞·达瓦马尼:《宗教现象学》,高秉江译,人民出版社 2006 年版,第 218 页。
③ 詹·乔·弗雷泽:《金枝:巫术与宗教之研究》,徐育新、汪培基、张泽石译,中国民间文艺出版社 1987 年版,第 629 页。

性,必然会希望把它的体质特性和灵性的一部分吸收过来。

人类早期的狩猎活动和农业本身都是信仰活动,耕作源于祈祷丰穰仪式,作物的种子被认为是神灵盗取,生长被看作上天的馈赠("天所来")。由于原始思维中的接触巫术信仰,祭祀中被神吃过的祭品可以使人获得神的庇护,接受天的福禄。分享被神灵享用过的祭品,就会获得神力,得到神灵的庇护,而这种分享本身,从人类学意义上就是吃圣餐。弗雷泽在《金枝》中是这样描写阿兹特克人的圣餐习俗的:

> 这种仪式和祝福(有了祝福他们也算是神的肉和骨头)完毕后,他们把这些面团也当神一样地尊重。……全城人都来看这大好的场面,整个地区的人都遵守一条严格的戒令:在维兹里朴茨里特神像节的这一天,谁也不许吃别的肉,只能吃这做偶像的带蜜的面团。必须在这天的一定的时候吃,中午以前不许喝水或别的饮料,否则就不吉利,甚至是渎神的。……他们如果不是非常细心严格地遵守戒规,他们就会死亡。仪式、跳舞和献祭完毕后,他们脱下衣服,庙里的祭司和高级僧侣取出面团偶像,毁掉它所有的装饰品,碎成许多块。对偶像如此,对他们奉献的短面棒也是如此,然后他们把它们交给人们作为圣餐,从年纪最大的人开始,挨次给所有男女和小孩,他们接受它,又是流泪,又是敬畏,好像得了一件可羡慕的东西,他们说他们是吃神的肉和骨头,因此他们悲伤。家里有病人的人也为病人要一块,毕恭毕敬地带回家去。[1]

祭祀之后享用祭餐是团结人们的有效方式之一,使人的精神与信仰能够更好地归并到一起,正如法国社会学家涂尔干在《宗教生活的基本形式》中指出:"这全部仪典的唯一目的,就是要唤醒某些观念和情感,把现

---

[1] 詹·乔·弗雷泽:《金枝:巫术与宗教之研究》,徐育新、汪培基、张泽石译,中国民间文艺出版社 1987 年版,第704—705 页。

在归为过去,把个体归为群体。"①马林诺夫斯基指出:"人类生活上的每一重要危机,都含有情绪上的扰乱、精神上的冲突以及可能的人格解组……宗教信仰在于将精神上的冲突的积极方面变为传统的标准化。所以,宗教信仰满足了一种固定的个人需要……另一方面,宗教信仰及仪式……增强了人类团结中的维系力。"②

由此,当代人类学家把中国饮食传统的基本特征归结为"共食会食"与"聚饮共杯"背后的宗教祭祀大传统,而这个祭祀仪式本身就是交往、沟通、融合的过程。西方学者安德生认为,中国是世界上最擅长通过宴饮来进行人际沟通的民族。在中国文化中,食物作为社会地位、礼仪地位、特殊场合及其他社会事务的标志,"已不全是营养资源,而更是一种交流手段"③。

认真梳理,中国饮食传统背后,包含了"分享禳灾""致中和""好热闹"的审美价值观念。先秦文献《左传·昭公二十年》里写道:

> 齐侯至自田,晏子侍于遄台。子犹驰而造焉。公曰:"唯据与我和夫。"晏子对曰:"据亦同也,焉得为和?"公曰:"和与同异乎?"对曰:"异。和如羹焉,水火醯醢盐梅以烹鱼肉,燀之以薪。宰夫和之,齐之以味,济其不及,以泄其过。君子食之,以平其心。君臣亦然。君所谓可而有否焉,臣献其否以成其可。君所谓否而有可焉,臣献其可以去其否。是以政平而不干,民无争心。故《诗》曰:'亦有和羹,既戒既平。鬷嘏无言,时靡有争。'先王之济五味,和五声也,以平其心,成其政也。声亦如味,一气,二体,三类,四物,五声,六律,七音,八风,九歌,以相成也。清浊,小大,短长,疾徐,哀乐,刚柔,迟速,高下,出入,周疏,以相济也。君子听

---

①　爱弥尔·涂尔干:《宗教生活的基本形式》,渠东、汲喆译,上海人民出版社1999年版,第498页。

②　马林诺夫斯基:《文化论》,费孝通译,华夏出版社2001年版,第85页。

③　安德森:《中国食物》,马孆、刘东译,江苏人民出版社2002年版。

之,以平其心。心平,德和。故《诗》曰:'德音不瑕。'"①

　　从这个意义上去理解,流传在关中西部周原一带的剩汤回锅习俗,一方面,它源自远古的宗教祭祀仪式;另一方面,它包含了周人的审美价值和道德规范。人们吃臊子面,吃下去的不仅仅是粮食,还有它的象征意义。把神当圣餐吃,或者吃代表神的人或者动物,或者吃人形或动物形的面包,吃了濡染神力的血和肉,通过肉食媒介,人们就不仅获得了该动物或该人的体质特性,还获得种种道德和智力特性,分得神的特性和权力。信徒吃了象征神力的面包,喝了葡萄酒,就是吃了神的真正的血肉。所以在狄奥尼索斯这样的葡萄酒神的仪式上喝葡萄酒并不是欢闹的行为,那是一顿庄严的圣餐。② 它背后潜藏的是享食神食"死而复生"的仪式性原型。只是在中国民间社会,更多的圣餐仪式被民众想象成"帮吃"。③ 直到今天周原一带,上饭是有仪式性的,首先是喝酒,其次是小碗臊子面,最后没有吃饱再用大碗吃干面。

　　通过这种象征性的人神共餐仪式,让"绝天地通"之前"人－神"之间的和谐关系得以接续。同时,共餐还使参加的族群之间建立了一种稳定、和谐的关系。大家同吃一锅饭,供奉同一位神,祭祀同一个祖先,有共同的血缘关系,形成了一个稳定的结构,建立更稳定的认同关系。中国宗教虽然"缺乏显著性结构",但在社会生活中却广泛渗透于民众日常生活中,通过天命信仰,使宗教与道德伦理结合在一起。④ 孔子因为鲁定公没有向他赏赐膰肉,黯然伤神,愤然离去,这其中的滋味只有身处这种传统中的个体

① 左丘明:《左传》,蒋冀骋点校,岳麓书社 2006 年版,第 228—289 页。
② 詹·乔·弗雷泽:《金枝:巫术与宗教之研究》,徐育新、汪培基、张泽石译,中国民间文艺出版社 1987 年版,第 711、717 页。
③ "帮吃"是一种基于中国乡村知识体系的想象,人们想象自己陪伴神一同吃掉献祭,这一民俗至今同样保存在巫医主持,由家户承办的驱邪治病的民间仪式之中。参见马丹丹:《迷狂的家户经验——王屋山巫医仪式的一项考察》,载《北方民族大学学报》(哲学社会科学版)2009 年第 5 期。
④ 杨庆堃:《中国社会中的宗教:宗教的现代社会功能及其历史因素之研究》,范丽珠译,上海人民出版社 2006 年版,第 4 页。

才能体味被传统"排除"的感受。

在周原核心区的乡土社会，没有现代医学意义上的"卫生"的观念。传统农村一个孩子的成长过程要"吃百家饭"。普通百姓经常吃"涎水面"（臊子面的俗称），坐"流水席"，穿每家每户赏赐花布边角料斗起来的"百衲衣"。这些日常生活行为背后包含的是人类学意义上的"分享"观念。如果单就饮食传统来讲，西方的分食和中国的共食方式实际上都是贴近各自文化传统的饮食风俗，并无高下之别。然而在清末民初"中国传统的负面整体化"过程中，民众了解到"肺痨"与"细菌"、人的体液与疾病传染之间的关联性，大家开始出现排斥"人我津液交融"的情感生活，这使得以"共食"为标志的中餐成为所谓开明之士的诟病对象。客观地说，饮食传统背后是文化观念，中国的共食传统，其取食过程是一个"作为民间宗教仪式的分享"过程，"分享神圣，禳灾祈福"，与祭祀仪式后的"分胙"很类似。因此，"共食"也可视为一种人际关系亲密的隐喻性行为，与基督教团契在共同的认信基础上"每一位个别的信徒通过福音的宣讲和圣礼与耶稣基督建立了关系"一样，在结构性不明显的中国，共餐制体现了中国人重视同一个村落熟人社会之间彼此合作、默契、亲近和气，相互认同、重视"整体"的情感氛围。史密斯认为，祭礼宴的目的首先是一种食用圣餐的活动。[1]

在古希腊，人与神共食最早的形式便是所谓的公餐制度。公餐制度作为宗教仪式，神人共食共享，公民同桌共餐，实现了神与人、神与物、人与人、人与物的种种结合。这种与神共享祭品的公餐会，表达了人们希图与"他者"（others）——那不可知的神圣相结合的内在渴望。[2] 而活动中的神人共餐共享，则体现了古希腊宗教神人同形、同性的特征。

在古代雅典人的泛雅典娜节，上百头的牛、羊被宰杀，作为牺牲献给雅典娜。大祭完毕，人们便开始分享祭祀后剩下来的牛、羊肉，忘情于节日的

---

① 爱弥尔·涂尔干:《宗教生活的基本形式》，渠东、汲喆译，上海人民出版社 2006 年版，第 358 页。
② 解光云:《古代希腊的公餐制度述论》，载《历史教学》2003 年第 3 期。

欢乐气氛中……在这样的公宴中,全体参加者不分贫富,都能与神同乐,享受神的祭品。① 在基督教传统中,圣餐礼成为典型的基督徒团契合一的标记。圣餐仪式至今在"礼拜日"的活动中得以延续:"无处不在的是,信徒与耶稣基督的团契和在基督里彼此之间的团契却是通过圣餐礼的典仪(the celebration of the Eucharist)被表现出来的。"②未发酵的饼代表主的身体,葡萄汁代表主的宝血。所有基督徒都是这个身体的一员,通过信心和洗礼,并且在领受主的晚餐,在每一场礼仪中,耶稣基督都真实地临在其中;但尤其特别的是,在每一个圣餐礼的典仪当中,所有的基督教会都是临在其中,而教会的整体共融正是每一个地方教会的合一。这种合一可能体现在主教制度统一有序的保证当中,但更为重要的是,在早期教会关于普世共融的观念中,却没有强调主教等级制度,而是更强调教会领袖们在基督里的互相承认。地方教会的团契体现在一个主内的合一,而这特别体现在了圣餐礼的典仪当中。这也就是说,各地方教会在基督里的团契合一,不是赖于自上而下的严密的主教制度,而是在平等和互相尊重的前提下,共同参与体现基督临在的圣餐礼,在此基础上达到真正的团契合一。③

今天,在华夏中心一带,制度性的圣餐仪式已经面目漫漶。在华夏周边的彝族和苗族还保留着祭祀共餐的宗教仪式。

云南东南部红河哈尼彝族自治州弥勒市西一镇的彝族支系阿细人给我们进一步了解提供了样本。阿细人每年都会举行"密祭摩"的仪式。在这两天的仪式中,有一个很重要的活动就是仪式共餐。在毕摩祭司的主持下,白天,他们在村口的稻场上立起祭坛,毕摩念一段"火神祭祀经"之后,大家开始杀鸡宰羊祭祀火神。当晚,大家要在一起吃祭餐,到夜幕降临时,真正的祭火神仪式才算开始。在仪式共餐中,包括"神-人"和"人-人"的共餐。④ 羌族和彝族的"分食"都带有一种美好的愿景。不仅在少数民

①　吴晓群:《古代希腊仪式文化研究》,上海社会科学院出版社 2000 年版,第 36 页。
②　Pannenberg, *Faith and Reality*, Translated by John Maxwell, London:Search Press, 1977, pp. 92,102.
③　高晴:《浅谈潘能博格的圣餐论》,载《金陵神学志》2007 年第 2 期。
④　路芳:《火的祭礼:阿细人密祭摩仪式的人类学研究》,北京大学出版社 2012 年版。

族中有遗存,汉族食用祭餐的习俗也很多。在苏北地区,很多地方有一个习俗,那就是在家里老人死后的第六个七天(也就是第四十二天,之所以是在第四十二天,是因为死者在今天才会知道自己已经死去、尸体也已火化的事实)会举行相应的仪式告慰亡灵,如请和尚念经、专门的手艺人"扎纸房""唱戏"等,其中有一项由女儿(倘若没有女儿便由孙女代替)为其买各种各样的食物进贡给死者,品种多达二十多种,其中包括荤菜如鱼肉、鸡鸭、甲鱼等,素菜如平菇、香菇、西兰花等,水果如苹果、香蕉、橘子等。这就是俗称的"换饭"。在第四十二天的时候,女儿准备好上述饭菜,到第四十三天,家人享用这些菜肴(米饭不能食用,会提前送至死者坟墓那儿),这些饭菜能够带来福气。

西南苗族文化中至今保存一种"吃牯脏"的祭祀传统。"吃牯脏"一词是流行的汉语音译,即"杀牯牛献祭祖先",设宴摆席,与客共享的意思。20世纪30年代初期的《湘西苗族调查报告》中称该"食俗"为'椎牛',称其为"苗中最大祀典"。"吃牯脏"反映的文化意义有二:一是"祖先崇拜",二是"祭品功能"。主要特征是聚众宴请、饮酒唱歌。

苗胞也同其他民族民众一样珍视牛,认为牛与他们祖先有密切关系,是祭祖时必用的牲物……买牛时虽出重价在所不惜,买来后又异常宝贵,专人喂养肥大,吃山上挑选来的嫩草,草中还掺些糯米饭,喂养的地方比较清洁。

按《礼记·祭义》云:"古者天子诸侯,必有养兽之官,及岁时,斋戒沐浴而恭礼之,牺牲祭牲,必于是取之,敬之至也。"又云:"君召牛纳而视之,搜其毛团卜之,吉然后养之……"足见古人对于祭祖特别养牯牛,今日苗胞同一地喂肥祭祖的牛,实犹存古意。

以往有关苗族"吃牯脏"的记载,大多提到其场面的盛大和程序的久长。还有一篇关于湘西同类习俗的报告指出:"椎牛,俗称'吃牛'。苗谓'弄业'(nongx niex)。亦是吃牛之意。古有'椎牛而祭'之俗,本题特定为'椎牛',是仿古时之意义。吃牛为苗族最大祭典,历时四天三夜。"[1]徐新

---

[1]  石启贵:《湘西苗族实地调查报告》,湖南人民出版社1986年版,第462页。

建教授调查了月亮山地区的吃牯脏仪式，竟持续长达十三天。[①]

| 性质 | 时间 | 内容 |
|---|---|---|
| 准备阶段 | 头一天(阳历12月12日；阴历十一月初二、申日、鸡天) | 接客、起鼓；牯脏头家杀猪 |
| 沟通各方 | 第一天至第三天(同上，照推) | 接客、收礼；牯脏头家杀猪。铜鼓敲响，芦笙队绕寨，牯脏师到各敲牛户念辞，分发"簸箕饭"和米酒，少女盛装，绕场起舞，白天饮酒结伴，夜晚对歌、"滚坡" |
| 杀牛祭祖 | 第四天至第五天凌晨 | 牵牛转塘，吹笙鸣炮；七头一组，展示祭物；凌晨敲牛，天亮后剖 |
| 分肉送客 | 第六天 | 根据礼尚往来关系将牛肉一一分送亲友 |
| 停鼓封寨 | 第七天至第十二天 | 各方客人全部走完，将寨上青年男女"轰出"本寨三天，木鼓停止敲响，不再举行"牛打架"，封闭寨上的所有通道，无论何人，准出不准进，封闭寨上水井，扫寨、赶鬼…… |
|  | 第十三天后 | 牯脏节结束，一切恢复正常 |

由此可见，这里的"吃"和"饮"，不是一餐一顿、一人一桌，或一家一户、一日一时，而是整村整寨、主客交融、热闹分享，从早到晚、夜以继日。其间以酒助兴，歌舞相伴：与祖先共享，和天地同醉，而歌则唱给先辈、献给牯牛、敬给宾客等等。在月亮山加两村的牯脏节里，"杀牛祭祖"之前不仅有"斗牛""请鼓"等多项活动，并且安排了一组场面盛大的"共食仪式"，即当地俗称的"吃簸箕饭"。其间，全村长幼、远近亲友，一齐集中在村口田坝里，在寨老与"牯脏头"的召集带领下，集体分享早已准备好的米饭肉食，然后开坛同饮，绕场欢歌，而其中的"牵牛转堂"仪式，庄严肃穆、笙鼓

---

① 徐新建：《多民族国家的文学与文化》，人民出版社 2016 年版，第 150—165 页。

绵延……①

　　随着周王室政治影响的日渐衰微,曾经盛极一时的周原中心地带的脤膰祭分享仪式逐渐湮灭,仅存于周边,但把炸制的胙肉拌入面食祭祖等传统却长期保留了下来。在田野调查中了解到:20世纪六七十年代经济极为困难的时候,岐周一代人没有肉食可以做臊子,农民把红萝卜和辣子放在一起翻炒成糊状,称之为"臊子"。当时有一句流行俗语:"离了红萝卜还不做臊子了"。红萝卜加辣子做成的"臊子面"后,第一项任务就是要"泼撒"。② 换句话说,人们为了祭祀,必须有臊子。在祭肉极为匮乏的年代,红萝卜就担当了脤膰祭肉的功能。这从另一个角度让我们体会到,"岐山臊子面"的称呼背后强大的文化大传统的支配力。

　　在汉代丝绸之路开通之前的两三千年里,这里曾经是小麦等作物传播的路线,也是民族迁徙之路、玉石之路、面条之路、医药之路、陶瓷之路、香料之路。这一区域同时也是历史上古文明起源集中的文明圈,它是联结中国、古巴比伦、印度、希腊、古埃及、波斯等古代文明的纽带。

　　周人以蕞尔小邦崛起于陇东。先周时代,周人采撷了农耕文化及北面草原文化的长处,兼容并蓄,与姜姓部族结为奥援,稳扎稳打建立了政治的权威和至高天神的权威,并身体力行,天下归仁。周人的政治权力,拧铸了一个文化的共同体,奠定了"华夏"三千年来历史文化的主旨。"岐山臊子面"及其文化传统,就是岐周时代的一个背影。相比之下,一个主轴的政治力量——殷商,却未能开创一个超越政治力量的共同文化。因此殷商的神,始终不脱宗族神、部落神的性格。③

　　中国的正式组织性宗教不够强大,并不意味着在中国文化中宗教功能价值或宗教结构体系的缺乏。在"全息式"地分散渗透的形式中,文化传统代替宗教发挥着多样的功能。参与同一传统仪式的人群间产生的可感可知、齐一、平等与团结的状态,会形成共同体的认同感。历史经验告诉我

---

①　徐新建:《生死之间:月亮山牯脏节》,浙江人民出版社1998年版。
②　据段宗社口述。段宗社,男,岐山人,1966年生,文学博士。
③　许倬云:《西周史》(增订本),生活·读书·新知三联书店1993年版,第315页。

们,由于周文化的巨大涵摄和影响力,包含周文化礼仪传统的臊子面文化在周民族的核心区周边很大的范围里广泛传播,影响迄今。

这给在新世纪的国际化格局中,如何重塑民族文化整体的文化自信、确保民族文化安全和文化身份维系以很大借鉴:一个强国的形成,关键在于"势"。"势"的核心在于文化价值的传播和广泛认同。这种文化力无论以物质的形式被消费,还是作为制度被移植借鉴,还是以宗教信仰的形式被信奉,都将以"软力量"的形式投送潜移默化的影响力[1],达到不战而屈人之兵的效果。这种在潜意识层面左右他人意愿的能力文化,与意识形态以及社会制度等无形力量紧密相关。一个国家文化的全球普及和它主宰国际行为规范而建立有利于自己的准则与制度的能力,都是"势"的体现。

臊子面作为面食传统中较为成熟的一种,蕴藏了几千年来中华文明的非凡智慧。各种证据显示,起源于中国的面条,在庞贝城毁灭的公元1世纪左右的罗马帝国,至马可·波罗出生前的威尼斯共和国,这一千年之间的某个时间,传播到了意大利西西里岛。谁把面条带到了意大利?很有可能是阿拉伯人。公元827年,一支来自北非的穆斯林军队(包括阿拉伯人、柏柏尔人和西班牙人)在西西里岛登陆,到公元965年,穆斯林已经控制和占领了整个西西里。是他们把面条经由丝绸之路或者波斯(那里最典型的面条叫 Reshte)带入了欧洲。这就是为什么西西里人的吃面传统在整个意大利是最强的。也是因为如此,面条在欧洲的传播最终就止步在了南方的意大利,而没有北上延伸到德国、法国、伊比利亚半岛和不列颠。伦敦的第一批意面屋(spaghetti houses),是到了二战后的1955年才出现的。[2]

面条从食用传统、原料演变到制作技艺的历史和传承,就是一部华夏民族文化"软实力"生生不息、融汇交流的大历史。

---

[1] 花建:《文化软实力:全球化背景下的强国之道》,上海人民出版社2013年版,第37—38页。

[2] Christina Hardyment, *Slice of Life*: *The British Way of Eating Since 1945*, BBC Books, 1995, p.90.

# 曹唐游仙诗中的仙洞原型

## ——兼及历史演进中的乌托邦定势

　　人是形而上的动物,面对历史困境,历史理性开始在有限的人之外寻找各种超人的实体或力量,把众神置于历史设计的中心,把人的命运交给非人或超人的力量来执掌,企图通过这种实体或力量的劳作而满足人们达到完善、完满的境界,获得永生的渴望,以保证既定历史目标的实现。

　　正因为此,作为人学的文学起先是占卜的筮辞、巫术的咒语,后来又与宗教纠缠不休,充满着人类追求理想的形而上冲动。

　　晚唐桂林籍著名游仙诗人曹唐,其诗歌创作和宗教发生了潜在的联系。他一生创作了150首游仙诗,程千帆先生称他的游仙诗"最称盛业","虽极尽虚无缥缈灵芳菲,实则把人间天上,人与仙的情感沉瀣一气"。①

　　仔细研读曹唐游仙诗,我们发现诗中常有一个神秘的仙洞,洞里四季如春,天长地久,与人间迥然有别,俨然另外一个世界。如"往往鸡鸣岩下月,时时犬吠洞中春。不知此地归何处,须就桃源问主人"(《刘晨阮肇游天台》);"碧沙洞里乾坤别,红树枝前日月长"(《刘阮洞中遇仙子》);"殷勤相送出天台,仙境那能却再来。花当洞口应长在,水到人间定不回"

---

① 程千帆:《郭景纯、曹尧宾游仙诗辨异》,载《国文月刊》1949 年,第 80 页。

（《仙子送刘阮出洞》）；"洞里有天春寂寂，人间无路月茫茫"（《仙子洞中有怀刘阮》）；"溪头鹤树春常在，洞口人家日易斜"（《皇初平将入金华山》）；"却恐重来路不通，殷勤回首谢春风。白鸡黄犬不将去，且寄桃花深洞中"（《题武陵洞五首》其三）；"洞里烟霞无歇时，洞中天地足金芝"（《小游仙诗》之十八）；"洞里烟深木叶粗，乘风使者降玄都"（《小游仙诗》之三十二）；"去住楼台一任风，十三天洞暗相通"（《小游仙诗》之三十八）"洞里月明琼树风"（《小游仙诗》之八十七）；等。曹唐诗中刘晨、阮肇故事取材于南朝刘义庆撰《幽明录》，但原文只简单叙述两仙子住处"其家简瓦屋，南壁及东壁下各有一大床，皆施绛罗帐，帐角悬铃，金银交错"。曹唐把诗中刘晨、阮肇遇仙的地点描述成一个神秘的仙洞，并对仙洞表现出如痴如醉的憧憬，把这一"有意味的形式"和陶渊明描绘的桃花源武陵洞联系起来，笔者认为曹唐诗中扑朔迷离的仙洞意象实是葫芦原型集体无意识的遗痕，有着古老的原型意义。

## 一、仙洞与葫芦救世创生观

原型批评认为，文学作为一个有机整体，根植于原始文化，最初的文学模式必然要追溯到远古的宗教仪式、神话和民间传说中去。[①] 在我国古代就流传着大量关于洪荒时代一场洪水灾难后兄妹俩躲避在葫芦里逃生后繁衍人类的神话传说。闻一多先生在《神话与诗·伏羲考》中收集了以伏羲、女娲兄妹在葫芦中避过洪水重新繁衍人类的故事 49 则，并从音韵训诂角度论证"伏羲""女娲"系"葫芦"一词的音转现象，从而明确指出这个神话实质包涵着救世工具与造人素材两个方面的内容。[②] 葫芦救世创生观念流传极广。不仅我国西南的瑶族、彝、怒、白、哈尼、纳西等有伏羲女娲兄妹传人种，滇西边境的佤族把一个叫"司冈里"（意为葫芦）的岩洞当作人

---

① 叶舒宪：《神话－原型批评》，陕西师范大学出版社 1987 年版，第 19 页。
② 闻一多：《闻一多全集》（一），生活·读书·新知三联书店 1982 年版，第 56—59 页。

类的发源地,①而且印度史诗《罗摩衍那》第一篇中也有"须摩底呢,虎般的人! 生出来了一个长葫芦,人们把葫芦一打破,六万个儿子从里面跳出"的传说。②

葫芦救世创生观在我国的广泛流传有其深厚的物质基础。我国是世界上最早栽培葫芦的国家之一。1973 年、1977 年我国考古工作队两次在据今七千年前的浙江河姆渡母系氏族公社遗址中发现了葫芦遗存。远古时代广泛种植葫芦,一方面它的叶、茎和果实为先民提供了食物,去瓤晒干又是最好的容器。更重要的是,在没有渡船的时代,葫芦剖开是最理想的浮水工具,谓之"腰舟",《国语·鲁语》称"夫苦匏不材,于人共济而已"。后来葫芦又演化为武器(火药葫芦)、乐器(葫芦笙)、吉祥、辟邪图案等。在以生存为第一要务的原始先民那里,葫芦给他们的帮助无疑攸关生死。所以,时至今日,西南彝族等少数民族还供奉着祖灵葫芦。因此,葫芦在中国文化中被赋有特殊的意义。《诗经·大雅·生民》中"绵绵瓜瓞,民之初生"比喻周民族逐渐壮大,《楚辞》中有"伏羲女娲",汉末应劭《风俗通义》中有神犬"盘瓠",《礼记·昏义》中有"合卺"婚俗,《国语·楚语》中先君庄王建造葫芦形的高台观测国家吉凶,《礼记·郊特牲》也有"陶匏以象天地之性"的说法。葫芦救世、创生、通天的神圣内容也因此不断膨胀融合,葫芦的仙气越来越浓,汉族的盘瓠(盘古)开天辟地的创世神话就受此影响而来。③

葫芦救世创生,葫芦在民间宗教中受到崇拜,葫芦里的世界成为仙境,《列仙传》中就说西王母曾居石室中,其内焕若神宫,状如壶形。④"壶"实质就是葫芦,从音韵角度,"葫芦"古称作"匏""瓠""壶",属同一语源的音转现象。壶作葫芦形,在陶器产生以前,人类最原始的容器就是葫芦。早期的仙话中西王母处壶形仙境中,葫芦的救世创生置换变形为壶具,有保持

① 刘小幸:《母体崇拜——彝族祖灵葫芦溯源》,云南人民出版社 1990 年版,第 5—10 页。
② 蚁垤:《罗摩衍那》(一),季羡林译,人民文学出版社 1980 年版,第 210 页。
③ 萧兵:《楚辞与神话》,江苏古籍出版社 1987 年版,第 368 页。
④ 高文:《四川汉代画像砖》,上海人民出版社 1987 年版,图 96。

生命力的神功。《拾遗记》卷一中,蓬莱三山作壶形,"三壶,则海中三山也;一曰方壶,则方丈也;二曰蓬壶,则蓬莱也;三曰瀛壶,则瀛洲也。形如壶器","壶器"即葫芦。后不光葫芦本身,就连一些类似的器物也置换变形,成为神圣容器,具有了创生功能,如"钵""石室""山洞"等等。我国民间的口头文学正是以神圣容器这一"原型"来作为神化人类始祖或英雄人物的主要途径。进而,神圣容器内外又有了因时空不一致而产生的"时间差"。[1] 原型批评认为神话意象在历史中固定下来,通过文化积淀,在一代代人的心底流淌,并总是不失时机地通过各种形式,在后代文学作品中表现出来。[2]

围绕着壶的原型意象,"壶"的意义不断生成。《后汉书·方术列传·费长房传》中记载一卖药老翁,悬一壶于肆头,集散后便跳入药壶中,壶内别有洞天,"唯见仙宫世界,楼观重门阁道","玉堂严丽,旨酒甘肴盈衍其中"。在这里壶成为通达神仙世界的路径,联系汉代宦官外戚专权、豪强割据称雄、国家黑暗凋敝、民不聊生的社会现实,"悬壶济世"表面结构是以悬壶济世,其本质思想包含着葫芦救世观的集体无意识的结构隐喻形式。

## 二、仙洞与道教"壶天"

救世宗教道教产生后,葫芦原型被吸纳其中,壶是沌混,是道,纳须弥于芥子,宗天地于一壶,小中见大,咫尺万里。民间有八仙铁拐李肩挑葫芦骑龙渡海图,寿星南极仙翁龙头拐杖上挂的也是葫芦。道士壶中有酒、有丹,"壶中别有日月天"(李白《下途归石门旧居士》)。"壶天"成了道士生活的宫观、洞天、园林或仙境的代称,仅华山的道教石洞就有朝元洞、无上洞、莲花洞、迎阳洞、玉皇洞、碧天洞、梅花洞等120多处。在原始道教向理

---

[1] 万建中:《解读禁忌——中国神话、传说和故事中的禁忌主题》,商务印书馆 2001 年版,第 150 页。

[2] 荣格:《心理学与文学》,冯川、苏克译,生活·读书·新知三联书店 1987 年版,第32页。

性化正统道教演变过程中形成的上清派,检阅中国名山,对山中洞室十分重视,将其视为神圣的所在。对此伊莎贝拉·罗宾特这样写道:"隐士们委身于山中洞穴,建立栖身之所,署置福地,在盆状的地方盘绕起迷宫。这些洞穴隐藏起宝贵的生命、秘经和具有保护作用的道符。"① 按照《淮南子·诠言训》的理解,"洞同天地,浑沌为朴,未造而成物,谓之太一。同出于一,所为各异,……稽古太初,人生于无,形于有。有形而制于物,能反其所生。若未有形,谓之真人。真人者,未始分于太一者也"。居于洞穴,就意味着回归母体,就意味着成为真人,由此我们不难理解唐诗中众多的"壶天""仙洞"的来龙去脉。

唐代张乔《题古观》诗云:"洞水流花早,壶天闭雪春。"刘禹锡的《游桃源一百韵》中:"有路在壶中,无人知地脉。"王起《赠毛仙翁》云:"壶中世界青天近,洞里烟霞白日闲。"元稹《幽栖》诗云:"壶中天地乾坤外,梦里身名旦暮间。"大诗人白居易《酬吴七见寄》诗有:"谁知市南地,转作壶中天。"刘望《九嶷山》:"仙家日月蓬壶里,尘世烟花梦寐中。"李中《赠重安寂道者》云:"壶中日月存心近,岛外烟霞入梦清。"钱起《宿里山》云:"海上春应尽,壶中日未歇。"戴叔伦《赠韩道士》"东城南陌频相见,应是壶中别有家。"曹唐《小游仙诗九十八首》之三有:"骑龙重过玉溪头,红叶还春碧水流。省得壶中见天地,壶中天地不曾秋。"张泌《赠韩道》有云:"还似世人生白发,定知仙骨变黄芽。东城南陌频相见,应是壶中别有家。"司空图《丁未岁归王官谷》诗云:"将取一壶闲日月,长歌深入武陵溪。"《西游记》第七回有诗:"葫芦藏蓄万年丹,宝篆名书千纪寿。洞里乾坤任自由,壶中日月随成就。"

"壶天"隐含着葫芦原型意象成为一个与现实社会迥然不同的道教仙境,隐含着道家的出世思想,在这里信徒找到一个理想"净土",象征性地摆脱了社会和本能的枷锁,像一朵轻盈的云彩升腾到一个阳光明媚的世

---

① Isabele Robinet, *Taoism: Grouth of a Religion*, Translated by Phyllis Brooks, Stanford: Stanford University Press, 1997.

界。在这个乐园里既能长寿又能"宴饮壶天",享受着人间一切。

道教中"壶天"是人类历史演进中乌托邦定势的表现形式,它和《山海经·大荒西经》《列子》中的"终北之国""华胥之国"等人间乐园(paradise),《穆天子传》《天问》《九章》中的昆仑、悬圃以及欧洲15世纪前后博斯一张三联画《人间乐园》(Garden of Earthly Delights)一样,指向人内在具有的对永恒、无限和完满的渴望和冲动,它最终把人提高到神的地位,或者使人与神认同,从而终结人之为人的历史。保罗·蒂里希说,要成为人就意味着要乌托邦,因为乌托邦意识根植于人的存在本身。①乌托邦定势一方面包含或体现了人之为人所必不可少的超越维度,体现了人的活动扬弃现存给定性的自由和创造本性;另一方面由于它企图超越人之为人的地位,使人从介乎自然性和神性之间的特定地位跃升为神性的化身,所以这一定势又包含着上升或转换为"乌托邦历史观"或"乌托邦历史设计"的潜在性。②

处在藩镇飞扬跋扈,社会动荡、宦官专权的大唐末世,如前所述,曹唐诗中闪烁"仙洞"这一集体无意识的原型意象,带有明显的象征性和超验性倾向。一方面曹唐在仙洞意象中找到"灵魂之家",同时这一原型意象背后潜藏着这位大和进士内心涌动的救世理想。曹唐不是遁入道门不问世事的道徒,梁超然先生考知,曹唐曾入道后又返俗,在穆宗长庆二年(822)前后应萧革之辟,入邵州刺史幕府任从事三年后,一度于敬宗宝历元年(825)至京师应举。其后又于宝历二年入容管经略使严公素幕府为从事,至文宗大和二年(828)又赴京应举,在京师一段时间。"大中间举进士","平生之志激昂,至是薄宦,颇自郁悒,为《病马》诗以自况"。"唐与罗隐同时,才情不异。唐始起清流,志趣澹然,有凌云之骨,追慕古仙子高情,往往奇遇,而已才思不减,遂作《大游仙诗》五十篇,又《小游仙诗》等,

---

① 保罗·蒂里希:《政治期望》,徐均尧译,四川人民出版社1989年版,第198页。
② 衣俊卿:《历史与乌托邦——历史哲学:走出传统历史设计之误区》,黑龙江教育出版社1995年版,第34页。

纪其悲欢离合之要,大播于时。"①其积极入世而又壮志难酬是显而易见的。

每个不同时代文本生产者都会掩蔽在非理性虚无中自己"心中的太阳",在异化时代理性不得不以非理性的声音,用面具的出场方式,都有他不可体验的一己之痛。诗人在这里潜意识地流露出这一原型意象,包含着一个知识分子在危机四伏的社会中回天无力的叹息。他借游仙诗的外壳几乎再现了历史上所有塑造出来的神仙形象,玉皇、王母、嫦娥、麻姑、董双成、萧史、弄玉、东方朔、安期生、皇初平等等;诗中还再现了大量仙境空间和动植物,九天、三清、太清、丹丘、瑶台、琼池、天坛、月宫、龙、虎、鸾鹤、白鹿、黄龙、赤龙、金芝、琼花等等。李丰楙先生也说:"晚唐社会,国事日非,世路多艰,神仙道教在此一情况下,常成为心灵的遁逃薮。曹唐特别选用奇遇的神话素材,正是此类心境折射的反映,他表现在诗中的'却恐重来路不通,殷勤回首谢春风。白鸡黄犬不将去,且寄桃花深洞中','渡水傍山寻绝壁,白云飞处洞天开。仙人来往无踪迹,石径春风长绿苔'。不管是刘阮之误入仙境,抑或是黄初平之隐居牧羊,常在奇趣中透露出一种向往之情。"②当然,将"仙洞"当作向往的救世理想,深深地打上了道教仙境的烙印,浸染着宗教理想的虚幻色彩。

曹唐诗中仙洞和陶渊明以义熙十三年春夏刘裕率军入关时戴延之等见闻为材料杜撰成的桃花源武陵洞故事,都凝定着民族群体意识和本能情节——"葫芦救世创生观"的残痕。③正如荣格所说,一个用原型意象说话的人,是在同时用千万个人的声音说话,他把我们每个人的命运转变为人类的命运,他在我们身上唤醒所有那些仁慈的力量,正是这些力量,保证了人类能够摆脱危难,度过漫漫长夜。在乌托邦定势的驱使下,"仙洞"意象被设计成一种理想的救世的社会模式。翻开人类历史,人类对自身历史的

①　傅璇琮:《唐才子传校笺》(第三册·卷八),中华书局 1990 年版,第 492—493 页。
②　李丰楙:《曹唐〈大游仙诗〉与道教传说》,见李丰楙:《忧与游:六朝隋唐游仙诗论集》,台湾学生书局 1996 年版,第 172 页。
③　陈寅恪:《金明馆丛稿初编》,生活·读书·新知三联书店 2001 年版,第 199 页。

乌托设计比比皆是。

## 三、仙洞与乌托邦定势中的大同社会

美国社会学家 E. 希尔斯( Edward Shils )在《论传统》一书中说,一个遥远的历史时代能够成为人们憧憬和崇敬的对象,并能够示范和评价当前将会流行的范型……相信人类曾经生活于一个"黄金时代"比人们现在生活更淳朴和单纯是思想史上一个常见的主题。[①] 这种"初始完美"正是乌托邦历史设计的理想。亘古以来人类就梦想长生不死药所在的昆仑山,《山海经·海内北经》中称:"蓬莱山在海中。"郭璞注云:"上有仙人,宫室皆以金玉为之,鸟兽尽白,望之如云,在渤海中也。"《诗经·小雅·鹤鸣》中也有关于这种乐园的描述,"鹤鸣于九皋,声闻于野。鱼潜在渊,或在于渚。乐彼之园,爰有树檀"。《庄子·马蹄篇》中有:"故至德之世,其行填填,其视颠颠。当是时也,山无蹊隧,泽无舟梁。万物群生,连属其乡。禽兽成群,草木遂长。……同与禽兽居,族与万物并……"古代儒家充满着对尧舜及三代圣王的无限憧憬,《礼记·礼运》中的大同社会学说和《孟子》对"王道"的推崇以及王莽"托古改制"都是这种历史设计的产物。大同理想产生的内在动力,即所谓神性,从根本上说是理想化人性的对外投身,是人对永恒与完美的内在渴望和终极关怀的外化,是创造性和目的性的化身,是扬弃了限定性的绝对完满与统一。

西方学者关于这种美好社会的论述有早期空想社会主义者康帕内拉的《太阳城》,托马斯·莫尔的《乌托邦》,他们设想一个未来理想社会,一个与现存制度迥然有别的社会,通过对这一理想社会的眺望,作者或鞭挞、揭露了异化社会,或逃避入心灵的避风港,从而在这一无神殿堂里肯定了自身的存在。

中国文学中的乌托邦定势最初形态在神话提供的人的精神表象世界

① E. 希尔斯:《论传统》,傅铿、吕乐译,上海人民出版社 1991 年版,第 276 页。

中可以找到,如后羿向西王母请不死之药,嫦娥奔月,鲧窃取息壤,昆仑山上万神居住,蓬莱山中有不死药等。《列子·汤问》中有关于仙境终北之国的描绘:"禹之治水土也,迷而失途,谬之一国。滨北海之北,……土气和,亡札厉。人性婉而从物,不竞不争;柔心而弱骨,不骄不忌;长幼侪居,不君不臣;男女杂游,不媒不聘;缘水而居,不耕不稼;土气温适,不织不衣;百年而死,不夭不病。其民孳阜亡数,有喜乐,亡衰老哀苦。其俗好声,相携而迭谣,终日不辍音。"

　　东晋陶渊明在《桃花源记》中也描绘了一幅世外桃源美景,"缘溪行,忘路之远近",其中"土地平旷,屋舍俨然,有良田美池桑竹之属,阡陌交通,鸡犬相闻……"《桃花源记》的出现是颇具建设意义的,它是中国具有宗教意义的乌托邦理想实现"祛魅"而落实为人间理想——世外桃源,为后来的乌托邦设计提供了建构范本。有唐一代王绩、陈子良、杨炯、王维、孟浩然、杜甫、刘长卿、张旭、韩愈、刘禹锡、施肩吾、贯休、吕岩、曹唐等六十多位诗人都曾以桃花源为书写所指。牛僧孺小说集《玄怪录》有《古元之》一篇,其中就有"桃花源"式的社会理想——和神国:"一国之人,皆自相亲,有如亲属,人各惠多与,无市易商贩之事,以不求利故也","虽有君主,而居不自知为君,杂于千官"。这是一个无人怙权、无人倚势,也无人牟利的谦让和谐的社会。

　　除此而外,明清长篇小说中和现实对立的另一极也正是人类历史中乌托邦定势的体现。《水浒传》中梁山泊作为现实世界的对立面,不只是罪犯隐匿、盗寇藏身之所,也不只是英雄出山的暂时栖居地,其"四海之内皆兄弟"、平等、互爱、快乐、生死相托等自我陈述,代表了作者的社会理想。[美国女作家赛珍珠(Pearl Buck)1933年将《水浒传》译为 *All Men Are Brothers*]它与奸权当道的浊世对立,是清明之境的象征,其"替天行道",不怕天不怕地,不烦恼不受气,以及大秤分金银,大碗吃酒肉,完全是一个理想的法外"乌托邦"。20世纪初,甚至有人说《水浒传》是社会主义小说:"生民以来,未有以百八人组织政府,而人人平等者,有之惟《水浒传》。使施耐庵而生于欧、美也,则其人之著作,当与柏拉图、巴古宁、托尔斯泰、迭

盖司诸氏相抗衡,观其平等级,均财产,则社会主义之小说也。"①此足见在
文学创作中潜意识流露着大量的人类对自身的乌托邦历史设计。

乌托邦定势是人类固有的情结,它浓缩了人类理想的价值追求,最终
转化为一种现实的力量。从神话、巫术、宗教到理想的人间乐园再到对
"小康""大同社会"的追求,就是这一定势的不断推演。正是人类历史的
乌托邦定势,中国历史上大同社会理想不断出现。先秦时儒家典籍《礼
记·礼运》中孔子曰:"大道之行也,与三代之英,丘未之逮也,而有志焉。
大道之行也,天下为公,选贤与能,讲信修睦。……故外户而不闭,是谓大
同。"19 世纪中叶太平天国领袖洪秀全所著《原道醒世训》也描述了大同
思想。

维新变法的中心人物康有为在《大同书》中描述"人人极乐""愿求皆
获"的"太平之世"是"天下为公""无有阶段,一切平等"的极乐世界,从客
观上揭露了贫穷、野蛮、愚昧落后、人剥削人的封建社会。康有为以高度工
业化"珠玑金碧""光彩陆离""行则飞屋飞船""舟皆电运"为经济基础的
大同理想世界,虽然蒙蔽了资本主义制度的种种矛盾和罪恶,但这种世界
乐园式的乌托邦社会理想闪耀着人类理性的曙光。

## 余论　乌托邦定势与社会理想

马克思学说强烈地要求我们从先验的、预定的、外在思考方法中解脱
出来,从现实人的活动中认识历史的"现实联系"。他明确指出:"历史什
么事情也没有做,……创造这一切、拥有这一切并为这一切而斗争的,不是
'历史',而正是人,现实的、活生生的人。'历史'并不是把人当做达到自
己目的的工具来利用的某种特殊的人格。历史不过是追求着自己目的的
人的活动而已。"②对社会进行整体设计的努力在某种意义上都是一种"理

---

① 　王仲麟:《中国三大小说家论赞》,载《晚清小说期刊·月月小说》1908 年第 2 期。
② 　马克思、恩格斯:《神圣家庭,或对批判的批判所做的批判》,人民出版社 1958 年版,第
　118 页。

性的自负",借用哈耶克的话,"一个伟大的社会应该是鼓励所有的人在所有可能的方向上充分创新的社会"。

正是对人类历史实践的深刻洞见,马克思的共产主义学说才走出了乌托邦历史设计的误区,它集中体现为人道主义批判意识,它是马克思对人之存在和人之命运的深刻洞见,包含着人之存在深刻的"极限意识"。共产主义学说使人类从宗教到哲学的乌托邦定势,从理性"阴影王国"走出来变成"实践力量",从而实现"哲学的世界化",使哲学从天国降到尘世,成为一种现实的社会力量,其本质是批判的和革命的。

但是早期中国的民主革命的先行者和马克思主义者在探索民族国家的道路上却未能摆脱乌托邦历史设计的窠臼。1905 年,孙中山在布鲁塞尔走访国际社会党执行局主席王德威尔得时说中国"要采用欧洲的生产方式,使用机器,但要避免种种弊端。……(中国要从)中世纪的生产方式将直接过渡到社会主义的生产阶段,而工人不必受资本家剥削的痛苦"。他满怀信心地说:中国人民一定能"生活在最纯正的集体主义制度之中……完善的集体主义制度并不是虚无缥缈的梦想或乌托邦"①。他始终限制私人资本的经营范围,主张一切大实业,如铁路、电器、水道等事物全归国有,不使一私人独享其利。早期的马克思主义者在探索民族国家的道路时向往完善的、纯洁的、平等平均的百分之百的社会主义。同样,如今面对"全球化",我们要清醒地知道,"全球化"不是一种社会"状态",只是社会动态发展的一个环节,绝不是"世界大同",从某种意义上是差异、竞争、冲突、霸权的范围"全球化"了。

这种历史设计的乌托邦定势实质是人对自身的乌托邦设计,由于它企图超越人之为人的地位,使人从介乎自然性和神性之间的特殊定位一跃升为神性的化身,所以这一乌托邦定势意图超越人在宇宙存在链条上的特殊限定而一劳永逸地终止人的这种有限的超越活动和自由的存在方式,以进

① 广东省社会科学院历史研究室、中国社会科学院近代史研究所中华民国史研究室、中山大学历史系孙中山研究室:《孙中山全集》(第一卷),中华书局 1981 年版,第 273—274 页。

入与神齐一的存在境界。将人的历史当作神的历史来通过文学语言设计创造。其结果,历史往往表现为瞩望期待与失望迷惘不断轮回的风景图。但从社会功能上看,乌托邦确立了想象与现实之间的差异甚至对立,形成对现实秩序的稳定性与持久性的威胁。正是从这个意义上说,乌托邦具有社会革命与解放的意义。

乌托邦历史设计是人类的固有情结,作为中国本土的宗教道教也不可避免地成了这固有情结中的一个环节,受道教影响颇深的曹唐游仙诗中自然闪烁着乌托邦历史设计的印痕,它和终北之国、华胥之国、乐土、大同世界、桃源世界、壶中天地一样是乌托邦定势的体现。

# 口头与书写之间：文学传播史的一次大变局
## ——以元代包公故事传播为中心的考察

迄今为止，中国文学的物质载体大体上经历了甲骨、金石、竹帛、纸张、印刷及电子这几个阶段。就人类文化而言，其从一开始就内在地具有传播性，它的产生和发展与媒介如影随形，"即使在远古也只有得到技术支持的文化才能称为文化。因为文化是离不开传承的（无论是由传统、由学校还是由媒体进行），而传承是必须记录的。一个事物是文化的，因为它是被展现的，即是说被记录或'写下的'"①。文化在被记录、展现和传承中存在。因此，它被记录、展现和传承的方式就必然会影响文化的形态和构成。换言之，传播技术必然会对文化进行塑造。历史上每一种文本载体形式的变化，对于各阶段的文学发展均产生了较大的影响。历史上草原异质文化的入侵，杂戏从"俳优以歌舞戏谑为事"到宋元之际的南曲北曲的戏剧形态的演变与分野，造成社会成员的认知、判断、决策和行动的失序。从传播技术角度，反过来它势必会影响媒介组织形态，使得媒介生态架构重组，影响社会文化结构。本文主要以包公

---

① 让－弗朗索瓦·利奥塔：《非人：时间漫谈》，罗国祥译，商务印书馆 2000 年版，第162 页。

故事为例,探讨蒙元贵族入侵中原给文学造成的传播隔阂以及对文学文体演变的潜在影响。

## 一、口头传统复兴与包公为清官的社会文化背景

中国文学史上极具影响的大事,便是用口语"说话"以及记录说话的"话本"在宋代的出现,并自觉成为市井细民言说的一种文体。宋代话本中的说白和作曲相结合,使得口语和书面语相分离的传统进一步弥合,这有利于俗文化的勃兴,为明清以来各种说唱文学的繁荣做了语言上的丰富和锻炼。

话本、戏曲致力于满足市民阶层的兴趣爱好和利益愿望,以其形式的通俗活泼、人物形象的鲜明生动、故事情节的曲折复杂,在公众信息接收方面有过去文艺无法比拟的社会覆盖面与历史穿透力。参考其他研究,笔者认定属于宋元包公断案故事话本的有《红绡密约张生负李氏娘》《合同文字记》《三现身包龙图断冤》《闹樊楼多情周胜仙》《宋四公大闹禁魂张》《金刚感应事迹》第三十六篇等六篇。① 可见,在话本小说繁荣的时代,包公就已经成为言说的角色之一,只是这一切的走向因为蒙元贵族的入侵得到意想不到的强化。

蒙元贵族入侵带来了中国封建帝制的崩毁与传统文化的失范和嬗变,其最值得关注的一点是这一切打破了以往的文化接受格局。人才选拔上重"根脚"而轻"贤能",改变了"学优而仕"和"修齐治平"的文化传统,处于元代文化生态中的汉族知识精英不能不面对自身地位沦落而产生的身份认同危机。② 仕途阻塞难通的事实基本剥夺了知识分子参与政治与上层文化建设的资格,失去立身标志的"读书人"面临精神和物质的双重危机,文化身份认同是和文化接受方式相匹配的,无认同,任何阅读和认知

---

① 李永平:《包公文学及其传播》,中国社会科学出版社 2007 年版,第 71—78 页。
② 萧启庆:《内北国而外中国:蒙元史研究》,中华书局 2007 年版,第 31—32 页。

无所区分，不成秩序。接受方式的转变与文化身份认同内涵的转变需要一个过程。这一生态窘境对文化、文学的影响复杂。元代提供了比以往朝代要宽泛得多的超精英阶层。元初文人"凡所制作，皆足以鸣国家气化之盛，自是北乐府出，一洗东南习俗之陋。大抵雅乐不作，声音之学不传，久矣"①。可知当时文人竞相制作属于俗文化的"北乐府"散曲杂剧，不屑于赋诗填词已成为他们的文化价值观。他们认为，学今之乐府，则不然，儒者每薄之，"迂阔庸腐之资无能也，非薄之也；必若通儒俊才，乃能造其妙也。"②。

自元朝建立以来，多元文化格局并存，元杂剧音乐体制的形成及完善是和女真、蒙古等少数民族音乐与唐宋燕乐的融合密不可分的。元杂剧曲牌联套体所依托的北曲，正是在金元之间相继进入中原地区的夷族音乐与唐宋燕乐、民间谣曲融合而成的新兴俗乐。发祥于北宋瓦舍勾栏间的诸宫调，则是故事讲唱向戏曲表演过渡的重要桥梁。诸宫调是市井商业文化多元融会的结晶，自其草创起，就充分显现出民间文艺的通俗性、娱乐性、包容性和前瞻性等共性特征。尤其是其明快健劲的音乐旋律、质朴浅切的曲辞宾白，更易于破除语言障碍沟通情感。而在音乐与语言两大要素之中，诉诸听觉的音乐则因其先天的优势而成为入主中原的蒙古民族与炎黄民族文化交流的先导。

以蒙古族为首的少数民族的固有文化和审美趣味更偏爱民间"口语"的歌谣和教坊杂戏，这影响了社会总体的文化和审美观。南宋孟珙《蒙鞑备录》"燕聚舞乐"记蒙古时期"国王出师，亦从女乐随行，率十七八美女，极慧黠。多以十四弦等弹《大官乐》等，四拍手为节，甚低，其舞甚异"③。元代的教坊乐部很庞大，明初高启《听教坊旧妓郭芳卿弟子陈氏歌》中写

① 周德清：《中原音韵序》，见中国戏曲研究院编：《中国古典戏曲论著集成》（一），中国戏剧出版社 1959 年版，第 173 页。
② 周德清：《中原音韵序》，见中国戏曲研究院编：《中国古典戏曲论著集成》（一），中国戏剧出版社 1959 年版，第 177 页。
③ 孟珙：《蒙鞑备录》，中华书局 1985 年版，第 8—9 页。

道:"文皇(指元文宗)在御升平日,上苑宸游驾频出。杖中乐部五千人,能唱新声谁第一? 燕国佳人号顺时,姿容歌舞总能奇。"[1]教坊司演出的杂剧改编自民间流行的故事内容,使之适合宫廷搬演。

英尼斯指出,不同媒介以其自身的"偏向"而对社会形态产生不同的影响。[2] "媒介中所固有的独特品质渲染了其所接收的经验的类型"[3],而正是歌谣、杂剧等诸新媒介的时空偏倚与蒙元贵族知识结构和话语权力相表里,改写和垄断了中国知识系统的走向。说唱文学形式因此获得到了官方的认同并得到长足的发展,汉族的诗文书写传统也发生了转向,以书写传播为主的雅文学的话语权威比前代相对衰落。儒士混迹勾栏,参与合乐曲词和说唱文学的创作,推动了市民文化的成熟,宋代以来以"说话"为特征的俗文学因之大放光彩。

元代也是语言发展的一个重要时期。蒙元民族众多,宗教林立,语言文字种类繁多,除了蒙古语文(八思巴文)、汉语文、波斯语文外,还有回鹘语文、察合台语文、阿拉伯语文、古叙利亚语文等。多元文化圈的存在,杂剧的兴盛,极大地摆脱了书面语的束缚,推动了元代乃至前代书面的"文言"传统的口语化,促进了汉语的发展和表达能力的提高。对此臧晋叔《元曲选》云:

> 宇内贵贱妍媸幽明离合之故,奚啻千百其状? 而填词者必须人习其方言,事肖其本色,境无旁溢,语无外假。此则关目紧凑之难。北曲有十七宫调,而南止九宫,已少其半,至于一曲中有实增数十句者,一句中有衬贴数十字者,尤南所绝无而北多以是见才,自非精审于字之阴阳,韵之平仄,鲜不劣调,而况以吴侬强效伧父

① 沈德潜、周准:《明诗别裁集》,上海古籍出版社1979年版,第17页。
② 伊莱休·卡茨、约翰·杜伦·彼得斯、泰玛·利比斯等:《媒介研究经典文本解读》,常江译,北京大学出版社2011年版,第173页。
③ 威廉·麦克高希:《世界文明史:观察世界的新视角》,董建中、王大庆译,新华出版社2003年版,第342页。

喉吻，焉得不至河汉？此则音律谐叶之难。①

　　语言的运用必须接受新的媒介诗学的规范，戏剧在场形式的限制势必对戏剧语言的文学特性带来重大影响，从而导致戏剧文本的美学特质的嬗变。换言之，杂剧为了满足听众"悦耳"的要求，适应内容的需要和曲韵的格律，演出中吸收此前的口语语汇。索绪尔认为，在象形文字系统中，书写的词在我们的心目中代替口说的词的倾向更为强烈。② 而这种替代倾向在元代新的媒介诗学特性下得以部分逆转。王国维在《宋元戏曲史》中也说："元剧实于新文体中自由使用新语言，……然其源远在宋、金二代，不过至元而大成。"③贴近口语的说唱文学的产生，逐渐弥合了长期以来书写文化和口语文化分离的传统。因为，杂剧作为一种包括口语性对话在内的视听性质的综合艺术，是语文思维成熟的产物。在此之前，即使有民间的戏剧活动存在，也不能通过文本将其记录下来。这一点，人类学家对文字书写有着更为深刻的洞察："这种现象，无论如何是从埃及到中国所看到的书写文字一出现以后的典型的发展模式：书写文字似乎是被用来做剥削人类而非启蒙人类的工具。"④和书写传播招致的话语霸权嫌疑相比，口语富有更多的人文启蒙色彩。先秦就已出现"优戏"概念，但在语文思维成熟以前，历悠悠千年之久，却无一被书写保存传世，这绝非偶然。而一向作为元杂剧权威选本的《元曲选》，实际上是元末明初几代文人不断加工修整，"戏取诸杂剧为删抹繁芜，其不合作者，即以己意改之，自谓颇得元人三昧"⑤，到臧懋循定稿的文本再创作成果。语文思维是以生活口语为培养基的，口语思维是基于记忆的、移情作用的、参与共享的、情境化的，这就使得编创者的生活体验能够通过语文思维进行全方位的表达，从根本上改变了书写文化既定的话语强势

① 臧晋叔：《元曲选》，中华书局 1958 年版，前言第 4 页。
② 费尔迪南·德·索绪尔：《普通语言学教程》，高名凯译，商务印书馆 1980 年版，第 51 页。
③ 王国维：《王国维文学论著三种》，商务印书馆 2001 年版，第 165 页。
④ 列维－斯特劳斯：《忧郁的热带》，王志明译，生活·读书·新知三联书店 2000 年版，第 385 页。
⑤ 臧懋循：《寄谢在杭书》，见臧懋循：《负苞堂集》，古典文学出版社 1958 年版，第 92 页。

地位,这在文学发展史上是一个重大的转折。

## 二、元代媒介形态格局变化与清官包公的成因

元杂剧所传播的信息成为官方信息传播缺位的有力补充。从信息的传播格局上看,"新媒介"元杂剧是社会文化格局、审美偏好、语文思维发生改变的结果,同时又是这一切发生改变的原因。

元代统治者入主中原后,中断了两宋确立的中央邸报发布制度。① 作为文化发达标志的原始形态"报纸",在元初曾经残存一段之后也中断了。② 元代有较为发达的驿站制度,《成吉思汗法典》也明确把"收集情报、传递信息"作为驿站的主要职责,但是纵观有元一代的驿站,主要功能还是传递军事情报和物资运输。③ 由于民族关系复杂,儒臣和色目聚敛之臣之间的角色身份及相应的意识形态冲突不断,蒙古族贵族对汉族及其他民族官员心存戒备,有什么朝廷政令或"小道消息",仅仅在蒙古族贵族之间传播。况且,元王朝规定一切诏令奏章均使用蒙文,元朝政府中做官的汉族及其他民族人,普遍不懂当时的汉语,语言文字隔阂明显④。起初蒙古语是成吉思汗时畏吾儿人塔塔统阿创制的畏吾字蒙古语。后来,忽必烈又

---

① 方汉奇:《中国新闻事业通史》(第一卷),中国人民大学出版社 1992 年版,第 113—118 页。

② 黄卓明:《中国古代报纸探源》,人民日报出版社 1983 年版,第 74 页。

③ 内蒙古典章法学与社会学研究所:《〈成吉思汗法典〉及原论》,商务印书馆 2007 年版,第 87—88 页。

④ 元代的官方语言是蒙古字。1271 年后,忽必烈下诏规定"今后不得将蒙古字道作新字"(见《大元圣政国朝典章》卷第三十一"礼部·学校"条)。因而在《元史》等史籍中所称的"蒙古字""国书""国字"等都是指八思巴字。忽必烈创制八思巴字是要以这种文字"译写一切文字",即是说不仅书写蒙古语,还要书写其他民族语。从现有文献可以知道,八思巴字除拼写蒙语外,还记录了汉语、藏语、梵语、回鹘语等语言。八思巴字创制后,忽必烈利用行政手段不遗余力地推行、普及,在大都和各地州、郡设立学校,教蒙古贵族子弟和百姓中的优秀子弟学习,至元八年(1271)在大都设立蒙古国子学,选派蒙古贵族大臣子弟入学。用巴斯巴文书写官方重要文书,汉族官员基本不认识,这也就成就了一批衙门里的翻译官。

命令帝师八思巴以吐蕃字母拼蒙古语而创制八思巴蒙古字,并多次不遗余力地推广。忽必烈曾亲令降元南人将领管如德学习蒙古语:"习成,当为朕言之。"①民族政策已经使那些勉强能在元朝政府中做官的汉族及其他少数民族官员谨小慎微,元政府又一再明令禁止非法传播官报,诸如"讹言惑众""妄言时政""诽谤朝政""诸内外百司有兼设蒙古、回回译史者,每遇行移及勘合文字,标译关防,仍兼用之。诸内外百司公移,尊卑有序,各守定制,惟执政出典外郡,申部公文,书姓不书名。诸人臣口传圣旨行事者,禁之"。② 太宗时期还有"诸公事非当言者而言拳其耳,再犯笞,三犯杖,四犯论死"的禁令,和宋代制度化的传播相比,元代官方以及民间的正式的大众媒介形态几乎阙如。

从现存的文献资料看,由于语言文化的隔膜,蒙古宫廷贵族对汉族人所演之杂戏并不欣赏。据波斯著名史学家拉斯特编著的《史集》中记载:

> 从汉地来了一些戏子,演出了一些奇怪的戏,其中有各族人的形象。在有一出戏中,他们拖出了一个胡须斑白、顶缠头巾,缚于马尾的老人。[合罕]问道:"这是什么人的形象?"他们答道:"是[我们的]敌人木速蛮的形象,战士们就是这样把他们从城中拉出去的。"他命令停演,并且从库中拿出从报达和不花剌运来的一些……珍宝……同时也拿来一些汉地货物……他说道:"很少有大食木速蛮的穷人,不拥有供他驱使的汉人奴隶,但是,没有一个汉人的大官有木速蛮俘虏。……成吉思汗的伟大札撒在实质上也与此相符,它规定一个木速蛮的血的价值为四十个金巴里失,而一个汉人仅值一头驴。明显的证据如此之多,怎么还能以侮辱的形式来表演木速蛮呢?你们应当为此恶行受到惩罚,但

---

① 罗常培、蔡美彪:《八思巴字与元代汉语》(增订本),中国社会科学出版社2004年版,第9—12页。

② 宋濂:《元史》卷一百二"志第五十·刑法一",中华书局1976年版,第2615—2616页。

这次我饶了你们。走开吧，以后不要这样作了'。"①

所录内容资料据赵山林考证，认为这则轶事应当发生在公元 1235—1241 年间②，可见蒙古族宫廷演剧之早。从中反映出蒙古宫廷对汉人所演杂剧相当陌生，没有意识到这种口头传统的危险性，仅仅觉得"奇怪"，对"木速蛮"戏很是反感。③

元代正式的制度化的、功能化的传播形态不能满足民众的信息需求，而宋代中期以后，盛行于勾栏瓦舍的喜闻乐见的传播蔚然成风。在宋代新型城镇勃兴基础上，受市民文学发展沾溉（包括勾栏说唱等）的，以部分仕进无门而又混迹勾栏的儒生直接参与发展壮大的活态的元杂剧成为传播信息的公共空间。元杂剧是原生态的舞台艺术，属典型的口头文学，其中的对白，几乎是当时纯粹的口语。胡适在《吾国历史上的文学革命》一文中说：

> 文学革命，至元代而登峰造极。其时，词也，曲也，剧本也，小说也，皆第一流之文学，而皆以俚语为之。④

元杂剧不是博取功名的文人的案头创作⑤，大量"不屑仕进"的儒雅文士（包括大批官宦）"盖当时台省元臣、郡邑正官及雄要之职，尽其国人为之。中州人每每沉抑下僚，志不得获展"，"屈在簿书、老于布素者，尚多有之。于是以其有用之才，而一寓之乎声歌之末，以舒其怫郁感慨之怀，盖所

---

① 拉施特：《史集》（第二卷），余大钧、周建奇译，商务印书馆 1985 年版，第 87 页。
② 赵山林：《中国戏曲传播接受史》，上海人民出版社 2008 年版，第 113 页。
③ 口语传播是一种流动性强、意义模糊多变、无法进行垄断的传播方式。对于执政者来说，口语传播蕴藏着叛逆颠覆的危险。严格隔离城乡、严格限制民众的流动使历代统治者避免了口语传播的风险。因此德里达才说："为了剥夺这个民族的民众对其语言的支配权从而剥夺他们的自主权，我们必须悬置语言中的口语成分。"雅克·德里达：《论文文字学》，汪家堂译，上海译文出版社 1999 年版，第 472 页。
④ 胡适：《胡适古典文学研究论集》，上海古籍出版社 1988 年版，第 12 页。
⑤ 元杂剧作家创作的作品没有元刊本传世就能说明问题。

谓不得其平而鸣焉者也"。① 正因为戏剧编创并非要藏之名山,而是使抑郁不平之志伸张于现场口语表达之中。所以,从杂剧起源看,撰作底本,流传后世并不是书会活动的起点和中心,为了传承的方便,以关汉卿、马致远等为首才逐渐以手写口,润色编排。即便如此,编创者深谙案头戏剧之局限,又以"书会"的民间撰演活动相号召,同气相求,为传授方便,需合乐歌唱,对文人剧本的曲词,认为"不可作",往往全文背诵。而对说白,则完全不以文人的阅读审美为标准,只要适合表演即可。② 由此总结归纳,分门别类形成一些程式化的套语,到演出时由演员视具体情况选择运用,有时可以在现成的套语上,依靠口头语言的程式,即兴仿效编创、集体编创,演出杂剧数量迅速扩大,根据表演需要形成的版本情况也复杂起来。如供角色个人使用的"掌记"、框架提纲式的"幕表戏"、以"段数""名目"存在的杂剧院本、号称"全本""的本"的整本杂剧、只有唱词的各种"摘艳""乐府"等等。清人梁廷楠在《曲话》中云:"……《生金阁》等剧,皆演宋包待制开封府公案故事,宾白大半从同;而《神奴儿》《生金阁》两种,第四折魂子上场,依样葫芦,略无差别。相传谓扮演者临时添造,信然。""此又作曲者之故尚雷同,而非独扮演者之临时取办也。"③

从倚重书面传统的传播转换为倚重口头传统的说唱,叙事中的媒介转换问题浮出水面。口头文学是动态的文化模式,具有集体性、承传性、变异性等特点,相互"雷同"的情况无可厚非。也正从另一个角度印证了元

---

① 胡侍:《真珠船》卷四"元曲",中华书局 1985 年版,第 35 页。
② 王骥德:《曲律》,见中国戏曲研究院编:《中国古典戏曲论著集成》(四),中国戏剧出版社 1959 年版,第 133 页。
③ 梁廷楠:《曲话》,见中国戏曲研究院编:《中国古典戏曲论著集成》(八),中国戏剧出版社 1959 年版,第 262 页。在宋末元初,在话本、宋杂剧、金院本繁盛的历史时期,书会撰演中占有相当比重的底本,恰恰不是先撰后演的幕表戏,不是文学史上公认的有人物、有故事情节、有上下场规定的完整曲本,而是那些未被发掘的先演后编的庶民戏、路头戏、提纲戏,如《武林旧事》载官本杂剧段数二百八十本、《南村辍耕录》录院本名目六百九十四种等一类数量巨大的存目戏。简言之,在杂剧早期,撰作底本,并不是书会活动的起点和中心,而是黏附要素之一。

杂剧民间口头文学的性质。① 口头传播是偏向时间的传播，虽然戏剧演员的声音不能逾越物理上的障碍在广袤的空间里传播，但说唱所承载的知识往往以隐喻、变异等特点顽强恒久地融入历史文化传统之中，成为英尼斯所称道的偏向时间的典范。②

从种种情况看，元杂剧这种"新媒介"在一定程度上成为当时占人口绝大多数的汉民族文化圈中的"准大众传播媒介"，在一定意义上逆转甚至颠覆了早熟的史官文化影响形成并倚重的书面传统，对元代汉文化圈的社会舆论发挥了"议程设置功能"（The Agenda-Setting Function of Mass Media），改变了社会感知的比率。③ 传播学家麦克卢汉从传播媒介技术的社会功能角度提出的"媒介即讯息"，强调媒介形式远比媒介内容重要，真正影响人类行为、支配历史进程、制约社会变迁的并不是媒介所能传播的实际讯息，而是媒介本身。他指出："任何媒介（即人的任何延伸）对个人和社会的任何影响，都是由于新的尺度产生的……"④我们在考察元杂剧对社会结构的影响时，要认识到它发挥的不仅仅是载体作用，更是由此而产生的对人及其社会的"塑造和控制作用"。这一新媒介的搬演运作过程潜移默化地改变了人和人赖以生存的社会文化结构和组织形式，影响并建构了汉民族市井文化的"小传统"。

从传播媒介的演进上看，在民间，视听传播的杂剧替代书面语言传播的"报状"的功能成为意识形态，支配了大多数人的视听，并且和蒙元游牧文化的审美趣味相契合。正如刘桢所言："马背民族的铁蹄踏破了千年冰封的汉族河山，也踏裂了戏剧喷发的那根神经，于是成熟的戏剧形式杂剧

---

① 元杂剧的民间特点，学者多有论及。参见周华斌：《中国戏剧史新论》，北京广播学院出版社 2003 年版，第 294 页。

② 伊莱休·卡茨、约翰·杜伦·彼得斯、泰玛·利比斯等：《媒介研究经典文本解读》，常江译，北京大学出版社 2011 年版，第 175 页。

③ 麦奎尔和 S.温达尔关于"议程设置功能"假说认为公众对这些"议题"及其重要性的认知和传播媒介对这些"议题"的报道量两者之间存在因果关系。

④ 麦克卢汉：《理解媒介：论人的延伸》，何道宽译，商务印书馆 2000 年版，第 33 页。

诞生了。"①原来处于边缘的杂剧进入了意识形态的中心。

借用哈贝马斯的"公共领域"的概念，准大众传播的出现，诸如小规模的报纸和独立的出版社等，拓展了公共领域，虽然这一领域只限于少数有地位的受过良好教育的知识分子，但它具有重要意义，因为在不同权威和家庭等私人领域的公共领域中，通过理性的讨论和争辩可以形成一种"公共见解"，进而形成一种"公共性原则"。笔者认为，中国在宋元以后，元杂剧和说唱文学尤其是以公平正义声音为诉求的包公戏和水浒戏的演出的公共空间——剧场则类似于这样一个"公共领域"。杂剧在汉文化圈中的搬演以及人与人之间在场的频繁互动，使剧作者对社会公平正义的诉求在民众的批判论争中逐渐获得公开、扩大的机会，并由此上升为"公共见解"，获得了和蒙元统治阶层"对话"的机会，在某种意义上促进了元政权统治后期对儒生政策的调整。蒙元统治阶层对汉民族传统的相对陌生使这一行为有了存在的空间。

种种因素的共同作用使得蒙元的统治在某种意义上全面复活了历史悠久的口头编创传统。② 众所周知，在魏晋以后宋元以前，文学形式主要为诗词散文。口语和书写分离③，语言作为一种听觉符号转瞬即逝，传播

---

① 刘桢:《勾栏人生》，河南人民出版社 2000 年版，第 90—91 页。

② 如果认为口语文化是书面文化的派生、变异、衰减和堕落，这就把两者的关系本末倒置了。从历史渊源来讲，口语文化和书面文化的关系是前后相继的关系，不能颠倒过来，何况口语文化还创造了辉煌的史诗、神话和传说。和口头传统相比较，文字印刷传统的历史很短暂，由于文字印刷传统的偏倚和霸权地位，口头传统的空间被挤压和建构，蒙元与汉民族在语言文字上的隔阂与沟通，重新唤起了口头传统的生命力。

③ 近代"言文一致"的追求包含了中国知识分子对于汉语的全新反思，涉及汉语，也牵涉汉字，形成了日后的汉字改革、国语运动与文学革新的汇流。为了挽救民族危亡、启蒙民众，"觉世之文"在总体上是中国思想文化现代转型的组成部分。黄遵宪认为:"语言文字离，则通文者少;语言文字合，则通文者多。"由此要创造"明白晓畅，务达其意""适用于今，通行于俗"的文体，"令天下农工商贾妇女幼稚，皆能通文字之用"。参见黄遵宪:《日本国志》(卷三十三)"学术志"，上海古籍出版社 2001 年版，第 347 页。梁启超认为古代以文言书写并与口语长期分离，割裂了社会阶层，遮蔽了自由思想，妨碍了自由表达，和近代民主自由的现代精神相背离。认为"言文分离"是中国落后、衰弱的重要原因，"稽古今之所由变，识离合之所由兴审，中外之异，知强弱之原"。参见梁启超:《梁启超全集》(第一册)，北京出版社 1999 年版，第 90 页。

者的驻留性与重复性不够,缺乏传播冗余的书面文言不利于在转瞬即逝的说话、杂剧传播中描摹和讲述生动丰富的人物形象和曲折复杂的动人故事,因而它们较难深入民间社会,特别是深入不识字的细民中间。包拯生活的宋代就大不一样了,城市迅速发展,市民阶层日益壮大,市民文艺崛起并繁荣。宋人孟元老《东京梦华录》提到汴京瓦舍勾栏里名目繁多的表演就有几十种:小唱、嘌唱、杂剧、傀儡、杂手技、讲史、小说、散乐、舞旋、影戏、合生、说诨话、杂扮、叫果子等等。《东京梦华录》(卷六)"元宵"条载:

　　正月十五日元宵。大内前自岁前冬至后,开封府绞缚山棚,立木正对宣德楼,游人已集御街,两廊下奇术异能,歌舞百戏,鳞鳞相切,乐声嘈杂十馀里。……内设乐棚,差衙前乐人作乐杂戏,并左右军百戏在其中。驾坐一时呈拽宣德楼上,皆垂黄缘帘,中一位乃御座。用黄罗设一彩棚,御龙直执黄盖掌扇,列于帘外。两朵楼各挂灯球一枚,约方圆丈余,内燃椽烛,帘内亦作乐。宫嫔嬉笑之声,下闻于外。楼下用枋木垒成露台一所,彩结栏槛。两边皆禁卫排立,锦袍,幞头簪赐花,执骨朵子,面此乐棚。教坊钧容直,露台弟子,更互杂剧。①

## 三、媒介演进选择了口头传统元杂剧,集体记忆选择了公案题材 "包公戏"

　　当然最具变革意义的还是元杂剧的诞生。在蒙元时期,寄托着礼乐治国的政治诉求,宫廷教坊创制的《白翎雀曲》,成为杂剧伴奏的重要曲子,是元代教坊大曲的代表。它的创制应该吸收了当时各民族音乐的特色,最终带来了多民族音乐的交流与融合,从而催生了一种新的以金、宋、蒙古宫廷燕乐为基础的音乐体制——北曲,北曲形成进而发展成联套,为元代北

---

① 孟元老:《东京梦华录》(卷六)"元宵",王永宽注译,中州古籍出版社 2010 年版,第106—107 页。

曲杂剧的形成和繁盛奠定了扎实的音乐基础。而民间说唱文学唱货郎儿、莲花落、道情等，与元杂剧同样关系密切，实际上，这些民间文学同样哺育了元杂剧的成长。

元杂剧名目约有530多种，今存本162种，其中以公案故事作为题材的约占十分之一以上，公案故事中以包公为主角的故事最多，占13种，而存目11种，总计占24种。①

美国媒介环境学派著名的学者沃尔特·翁（Walter J. Ong）精辟地指出："千百年来，从口语到文字、印刷术再到电子技术对语词处理的变迁过程，深刻地影响并基本决定了语言艺术样式的变化，同时也影响决定了人物描写和情节结构的方式。"而西方意义上的小说是印刷术产生后的文学样式，去除了英雄情结，且常常被用于讽刺。② 包公形象的塑造经历了宋代话本、元代杂剧和明清小说三个阶段，是真正的"层累塑造"角色。从早期话本"作为历史符号的清官"到后期阶段"成为故事形象清官"，其中间最重要的阶段是元代剧场演出中"作为舞台角色的清官"。杂剧通过细节改写、塑造新的意义空间。善说前代或改写故事，这是戏曲叙述的一种特殊策略。演员的超凡手眼在这时有着决定性的作用。和西方戏剧不同，中国戏剧为了弥补"在场"的限制，舞台演出性传播要素广泛而复杂，除了文学、动作（舞蹈）、歌唱以外，还包括象征性的"调阵子"、"布景"、行头、脸谱、道具、音乐、戏台等等，并兼有诗和音乐的时间性、听觉性，以及绘画、雕塑、建筑的空间性、视觉性，而且和舞蹈一样，具有以人为媒介的本质传播。③包公的黑色脸谱，象征其性情森严，铁面无私，不苟言笑，令人望而生畏。④ 传播过程常常是移情式的和参与式的，"搬演古今事，出入鬼门道"，在扩大自我世界的时空范围的同时，又跨越了二元对立世界的界限。而且

---

① 李永平：《包公文学及其传播》，中国社会科学出版社2007年版，第83—87页。
② 沃尔特·翁：《口语文化与书面文化：语词的技术化》，何道宽译，北京大学出版社2008年版，第122页。
③ 河竹登志夫：《戏剧概论》，陈秋峰、杨国华译，中国戏剧出版社1983年版，第3页。
④ 齐如山：《中国剧之组织》，北华印刷局1928年版，第80—82页。

由于戏剧形象情景的具体性，未知的世界、悠久的历史，都呈现在面前，栩栩如生。成为他们接触、经验外部世界的主要方式，同时也构成了他们经验中的外部世界，包括古代、异乡与神鬼域。

当政治黑暗，社会动乱，特权不法，奸臣弄权，贪官污吏、土豪劣绅、恶霸、流氓、恶棍胡作非为，公平公正诉求得不到满足时，平民大众心中便渴望出现一个"便是官宦贤达，绰见了包龙图影儿也怕"① "威德无加，神鬼皆惊谔"②的铁面无私的耿介官吏，能够不畏权豪势要，整治制造冤案的异族吏治。这种期盼依赖心理和知识阶层安身立命的"道统"追寻热情相表里，转化为对宋代士大夫政治的向往和对一些清官廉吏的品格的景仰，由此激发了对以包公为主要角色的"说公案"的演绎和建构的热情。因之，宋代以孝肃忠义为立身的清官包公遂成了礼崩乐坏的元代的道德典范和公平正义的人格化身。《盆儿鬼》杂剧中张别古说："俺将这瓦盆儿亲提到南衙内，直告那龙图待制，便不拿的他，下地狱且由他。但的见青天恁时节可也快活杀你！"这种政治背景，成为元杂剧建构包拯超凡力量的社会心理动因。

我们不难想象，在元代，有现实关怀和公平正义诉求的包公戏演出时，剧场内人头攒动，或群情激愤，或欢呼雀跃的炽热场面；不难想象，演出后人们争相议论、奔走呼告的情形。人们在剧场这一"公共领域"的聚会，大大加速了信息的流动，日久天长，由于群体动力学的原因，遵从机制开始发挥作用，百姓逐渐有意无意地形成一种对清官的心理期待，"清官情结"就产生了。

"从本质上说，媒介乃是人类心灵和外界事物交互作用的场所，是为观念的生活世界（life world of ideas）提供给养的技术资源。随着垄断的发生，某种特定的媒介或许会成为社会传播的唯一实在机构，从而也就完全

① 郑廷玉：《包龙图智勘后庭花》，见吴白匋编：《古代包公戏选》，黄山书社1994年版，第219页。
② 无名氏：《玎玎珰珰盆儿鬼》，见吴白匋编：《古代包公戏选》，黄山书社1994年版，第329页。

控制了知识的特性与扩散。这种关乎人类心智的垄断机制不但能够不断加固自身的地位,更可从根本上左右社会关注,为世界赋予某些对自己有利的图景并维护社会权力结构的现状。"①由于媒介的偏好,从而最终控制了文化走向。以说唱为主的元杂剧作为新媒介在官方和民间媒介普遍"缺失"(不同于"失语")的背景下,承担起了准大众传播媒介的部分职能。而且,杂剧不排斥文盲,几乎"聚集"了汉文化圈甚至社会的各个阶层。英尼斯指出,传播媒介是人类文明的本质所在,历史就是由每个时代占主导地位的媒介形式所引领的。媒介决定了某一历史时期所发生的事件以及哪些事件是具有历史意义的。② 正是由于"作为我们感知延伸"的元杂剧对民间意识形态的导引,"改变了我们感知的比率",所以包公戏以其对此前相关说话题材的继承,传播规模的庞大,内容的写实,清官形象的塑造,与匡扶正义的社会心理需要相表里,从而上升为"公共知识",冲上了传播的风口浪尖,获得了广泛的社会认同。它改写了过去包公故事传播的有限规模及和准大众媒介疏离的历史③,掀起了包公故事传播的第一个高潮,对包公故事传播具有划时代的意义。同时,元杂剧作为包公故事传播中的一级传播,其新媒介的参与规模,振聋发聩的声音,产生了足以穿越历史隧道的声响,是包公在明清小说中进一步扩散的基石。

商品意识的自觉,引起了演员、观众和编剧价值取向、审美趣味、思想观念等系列变化,逐渐打破了长期以来"百戏杂陈"的局面。杂剧开始由滑稽说笑为主向搬演完整故事转变,迎来了我国民族戏剧形式的成熟和全面繁荣。这也改变了中国文学的结构,开始动摇以政治教化为主要目的诗文正统文学的地位,弱化了文学以政治教化为主的言说传统。同时,"打腹稿""构思"等和书面文学相联系的一系列创作思想也随之改变。

---

① 伊莱休·卡茨、约翰·杜伦·彼得斯、泰玛·利比斯等:《媒介研究经典文本解读》,常江译,北京大学出版社 2011 年版,第 177 页。

② 斯蒂芬·李特约翰:《人类传播理论》(第 7 版),史安斌译,清华大学出版社 2004 年版,第 354 页。

③ 由于坊市制的崩溃,瓦舍勾栏的兴起,说唱演剧的客观需要使包公的舆论传播具有了文学品质,成为勾栏瓦舍的演出的固定题材——公案。

口头文本的主要意义就在于证实一个民族的存在,阐述和建构一个民族的历史,因此,民族历史、宗教情怀、地域文化等都相应地进入了口头文本之中。在特定时代背景下,通过一定的民族仪式或者特定场域内的文化展演,使一个族群内的全体成员在"集体记忆"的基础上,对自己的历史有着更为清楚地认识,增强民族认同感和归属意识。这就是为什么包公戏和小说把判案的地点永远锁定在以龙图阁直学士身份权知仅仅一年零四个月的开封,"开封有个包青天,铁面无私辨忠奸"成为那个时代对汉族治理的民族集体想象。有意味的是,在这种民族心理语境下,元代水浒戏的主题也因之有了微妙的变化:剧中不正面描写梁山"盗贼草寇"武装和政府军队的对立,相反,元人水浒戏中的梁山泊成了惩恶扬善的法庭,《燕青博鱼》中甚至把梁山与包公的开封府相提并论,在民族矛盾尖锐的蒙元统治下,赵宋汉族统治下的反政府武装都被阐释成一种建构的力量。正是在这种政治、经济和文化背景下,距离政治中心汴京最近的包公故事及其传说和梁山聚义的传闻才得以进入以儒业立身的边缘化的知识阶层的视野。所以,在某种意义上说,"包公戏"和"水浒戏"的兴起是汉民族文化的典型记忆,是一种民族心理的文化依赖。通过对东京故事的回忆,旨在"复原"一个文化场景。其功能是唤起汉民族的"族群认同或民族认同"(ethnic identity),实际上就是基于族群"集体记忆"或"共同记忆"(shared memories)之上的族群中的个体对族群共同体的归属认知和情感依附。所以,在"天摧地塌"的元代前期,儒士处于恐慌和幻灭阶段,包公的传播是处于蒙元统治下的汉族知识分子集体无意识的民族认同和文化心理归属的需要。蒙元后期,统治阶级确立了理学的统治地位,包公的传播抒发和宣泄了儒士对公平正义原则遭遇践踏的怨恨和愤慨心理。

王国维曾经指出:元剧"关目之拙劣,所不问也;思想之卑陋,所不讳也;人物之矛盾,所不顾也;彼但摹写其胸中之感想,与时代之情状,而真挚之理,与秀杰之气,时流露于其间"[①]。元杂剧仅仅是借这些故事的"壳"表

---

① 王国维:《宋元戏曲史》,杨扬校订,华东师范大学出版社 1995 年版,第 120—121 页。

达民间对社会及历史的一种观察,一种集体记忆,一种思想、情感、愿望,它所追求的是情感真实,并不以再现历史真实和营造生动曲折的故事为旨归。

当通俗文学成了平头百姓历史叙事与历史接受的一种有效方式时,包公遂成为俗文学价值建构的宠儿。这一文学样式虽然"掺和"着政治治理与乡野草民的各种理解因素,但是,它的基本性格却是民间性的、通俗性的。文化权力的下移,使原本那种历史话语"单声道"的霸权叙述,成为巴赫金所谓"多声道"的众声喧哗。① 包公及其传闻正因为种种历史和文化的多重因素,恰巧就在这个"节骨眼儿"上,幸运地搭乘上了民间言说建构的这趟"新干线",其他政绩显要的宋代或前代官僚因种种原因就没有获得这种历史机缘。

---

① 有关巴赫金"复调理论"的研究,参见刘康:《对话的喧声:巴赫金的文化转型理论》,中国人民大学出版社 1995 年版;董小英:《再登巴比伦塔:巴赫金与对话理论》,生活·读书·新知三联书店 1994 年版。

# 后　记

晚清民初,由西方引进的文学概念,对多民族中国的文学建构产生了难以估量的影响。和神话一样,作为西学东渐的语词生产,中国文学同样被重构为一个专门群体,在制度性的框架下,进行精神和意识形态生产的活动。从此,中国本土的文学形态,在西学镜像中重构。《文心雕龙》中的很多文体,都按照西方的文学类型重新定位。

今天,借镜比较文学的视域来思考中国文学,我们就会发现,印刷术出现后,西方以书写时代的叙事作品为参照的文学,因为文本中心主义、白色神话等,丧钟不免就会敲响。

谈到如何面对比较文学危机时,乔纳森·卡勒指出,作为跨民族现象的文学研究,其重要功能是"为自己寻找新的身份"。

一千五百年之后的世界秩序中,中国的文化传统被重构了,我们患上了"失语症"。中国文学人类学研究的先行者们,继文学研究的语言学转向之后,把人类学转向看作当代文学研究最重要的学术范式变革。文学人类学以跨文明、跨学科为出发点,国际视野,中国立场,为新世界秩序中的中华民族"寻找自己的文化身份"。像普罗米修斯盗天火到人间一样悲壮,筚路蓝缕的先行者,已经走过了三十多年。他们当中的点火者,当年还是血气方刚的青年,如今已是花甲之年。经过以萧兵、叶舒宪为旗手的本土学者三十多年的接力探索、实践与积累,打通"文史哲",打通古代与现代,破除传统人文学研究的固有樊篱,文学人类学在中国已成为一种具有深度解释能力和影响力的学术新话语,承担起扩展文学视野、重述中国文化的学科愿景;文学人类学因而成为我国当代最具代表性的前沿学科,也成为具有国际视野、国际话语权的领先学科之一。

从 20 世纪 90 年代中期接触文学人类学开始,笔者从自己的知识结构出发,长期跟踪思考,从跨文化的角度思考文学,积累了一些文章。适逢学科建设的大好机遇,于是把部分文章按照一定的逻辑结构做了简单的编排,提交出版,也算是对该领域相关思考进行的一个概括总结。

需要说明的是,书稿中《民族民间屠龙文本与禳灾隐喻》一文是与研究生樊文合作完成的。